I0036035

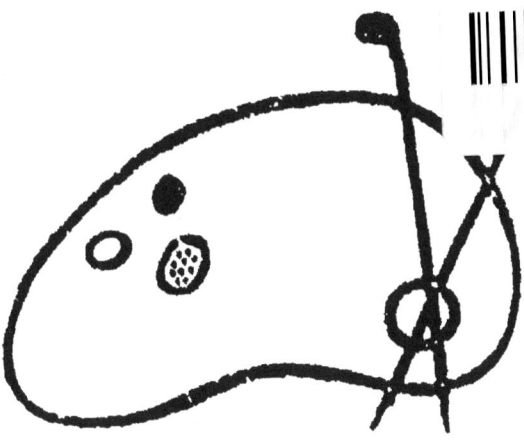

Début d'une série de documents
en couleur

N° 1   COLLECTION ARTHUR SAVAÈTE A 3 FR. 50

*Politique et Littérature, Arts, Sciences, Histoire, Philosophie
et Religion*

CHARLES PÉRIN

CRÉATEUR

de l'Économie Politique chrétienne

PAR

Mgr Justin FÈVRE

> Quærite primum regnum Dei et justitiam
> ejus et hæc omnia adjicientur vobis.
>
> MATH. VI, 33 ; — LUC. XII, 31.

PARIS

ARTHUR SAVAÈTE, ÉDITEUR

76, RUE DES SAINTS-PÈRES, 76

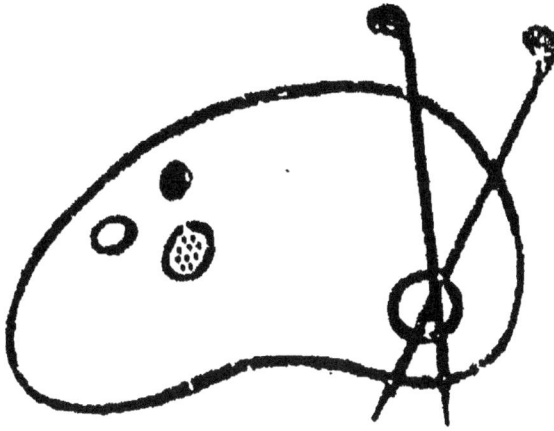

Fin d'une série de documents
en couleur

Couverture inférieure manquante

CHARLES PÉRIN

8°Z

16183 (1)

OUVRAGES POUR LE TEMPS DE LA PERSÉCUTION
Chez le même Éditeur

Histoire du catholicisme libéral. 1 vol. in-8 . . . . 5 fr. »»

La Séparation de l'Eglise et de l'Etat. 1 vol. in-8 . . . . 2 »»

La Restauration du droit canonique en France. 1 vol. in-8. . . . . 2 »»

La propriété des biens ecclésiastiques. 1 vol. in-8. . . . . 2 »»

La résistance à la persécution. 1 vol. in-8 . . . . 2 »»

La défense de l'Eglise en France. 1 vol. in-8. . . . . 2 »»

Devoirs des chrétiens pendant la persécution. 1 vol. in-8 . . . . 2 »»

L'Abomination dans le lieu saint. 1 vol. in-12 . . . . 3 »»

La Désolation dans le sanctuaire. 1 vol. in-12 . . . . 3 »»

La Proscription des ordres religieux. 1 vol. in-8 . . . . 0 75

La Proscription des religieuses enseignantes. 1 vol. in-8 . . . . 0 75

Périls doctrinaux de la situation. 1 vol. in-8. . . . . 0 75

Le Centenaire de Mgr Dupanloup. 1 vol. in-8 . . . . 2 »»

Le Père Aubry et la réforme des études ecclésiastiques. 1 vol. in-8 . . . . . 3 »»

La mise en accusation du ministère. 1 vol. in-8 . . . . 1 50

Vie et travaux de Charles Périn. 1 vol. in-8 . . . . 3 50

Pie X. 1 vol. in-8 . . . . 2 00

SOUS PRESSE

Vie et travaux de M. Emile Ollivier 2 00

N° 1   COLLECTION ARTHUR SAVAÈTE A 8 FR. 50

Politique et Littérature, Arts, Sciences, Histoire, Philosophie et Religion

CHARLES PÉRIN

CRÉATEUR

de l'Économie Politique chrétienne

PAR

Mgr Justin FÈVRE

Quærite primum regnum Dei et justitiam
ejus et hæc omnia adjicientur vobis.
MATH. VI, 33 ; — LUC. XII, 31.

PARIS

ARTHUR SAVAÈTE, ÉDITEUR

76, RUE DES SAINTS-PÈRES, 76

AVANT-PROPOS

En publiant cette étude sur la vie et les œuvres de M. Périn, nous n'entendons pas seulement rendre un juste
hommage au créateur de l'économie politique, fondée sur
les lois de l'Evangile ; nous voulons encore faire acte
d'opposition aux doctrines qui dérogent,. si peu que ce
soit, à l'intégrité de son magistral enseignement.

Les premiers créateurs de l'économie politique étaient
tous libéraux ; ils posèrent, expliquèrent, prouvèrent et
défendirent les lois de l'économie politique, d'après le libéralisme de l'Etat. D'un côté, ils formulèrent avec exac-
titude, en général, les règles du mécanisme économique ;
mais ils commirent la faute énorme, inexplicable, de séparer l'ordre matériel de l'ordre moral. Faute énorme,
disons-nous, car, en principe, ces deux ordres sont con-
nexes ; leur union est indispensable ; et s'ils ne se com-
plètent et ne se soutiennent l'un l'autre, tout défaille, tout
tombe ; faute épouvantable, ajoutons-nous, car, si vous
lâchez la bride aux passions humaines, elles veulent dé-
vorer la terre, et, en réclamant leur proie avec furie, pour
assurer, comme elles le comprennent, le bonheur de
l'homme, elles versent dans le socialisme. Le monde que

ne gouverne plus l'Evangile, devient la pàture des bêtes et tombe sous le joug de Satan. Le bestialisme serait la solution du problème de l'humanité et fatalement sa ruine.

Un honnête homme, à plus forte raison, un chrétien, doit rejeter implacablement, au nom de la foi et du patriotisme, ces deux écoles d'économie politique. Libéraux et socialistes se fourvoient, les uns, en posant un principe de séparatisme ; les autres, en déduisant ses justes et funestes conséquences.

L'union des deux ordres, l'accord de l'ordre moral et de l'ordre matériel, est le gage de leur mutuelle prospérité. Les catholiques doivent le comprendre et devraient être tous d'accord sur ce point capital. Malheureusement, je ne sais trop pourquoi, parmi les catholiques, il y a des esprits faibles ou sans portée, qui croient faire merveille et se montrer sages, en accordant quelque chose à l'ennemi.

Les catholiques libéraux acceptent, des libéraux sans épithète, l'organisation du mécanisme matériel de l'ordre social, et, s'ils n'acceptent pas la séparation du matériel et de moral, du moins, ils n'appuient pas là-dessus et agissent comme si cette séparation était, de fait, acceptable. Les catholiques sociaux ou démocrates se donnent le même tort et s'ils répudient les rêves crapuleux du socialisme, ils entreprennent pourtant de les expurger et de nous offrir un socialisme chrétien.

Socialisme chrétien! Ces deux mots hurlent de leur accouplement. Le socialisme est anti-chrétien ; s'il est chrétien, il n'est plus, il ne peut pas être le socialisme. Quant aux complaisances de certains catholiques, pour l'économie libérale, ce n'est qu'une faiblesse d'esprit ou un manque de cœur. Libéraux catholiques, socialistes chrétiens succombent finalement par voie de conséquence et versent dans le matérialisme d'Adam Smith, de Ricardo, de Malthus, de Say et du grand pontife John Stuart Mill. Et par là qu'ils fraient avec des libéraux, ils s'acheminent, voiles déployées, à toute vapeur, vers les abîmes du collectivisme.

Il n'y a qu'un remède à toutes ces aberrations, l'Evangile accepté comme Code de l'ordre matériel, parce qu'il est la Loi divine de l'ordre moral et religieux.

Poser des principes est très bien ; mais pincer l'oreille de ceux qui les altèrent, les nient ou en faussent l'application, est le meilleur moyen de les faire passer. Dans une préface, impossible de pincer l'oreille des catholiques qui se mettent, en économie politique, à la remorque des libéraux purs ; impossible de pincer l'oreille des catholiques qui se mettent, en économie sociale, à la remorque des socialistes absolus, pour constituer le socialisme chrétien. Mais nous devons déclarer ici que M. Périn est, dans l'ordre des dates, le premier qui ait posé l'économie politique sur le principe du renoncement évangélique ; et, dans l'ordre de mérite, l'économiste le plus important, le plus complet, le plus pur de toute compromission avec les socialistes et avec les libéraux. Le bien-être, pour lui, n'est pas un principe, c'est un résultat : c'est le résultat des facteurs convergents de l'ordre matériel et de l'ordre moral qui fournissent, à l'homme, d'abord le vivre et le couvert, puis les notions de vérité, de vertu, de justice. L'homme ne vit pas seulement de pain, mais de toute parole qui sort de la bouche de Dieu, a dit le Sauveur. Cette triple alimentation matérielle, intellectuelle et morale, c'est là ce qui constitue, dans son harmonie nécessaire, le bien-être de l'homme et des nations.

Dans son n° d'août 1903, *la Revue catholique des insti-*

Bations et du droit, p. 178, porte ce qui suit. « On ne saurait omettre parmi les principaux représentants contemporains de la science économique, M. Charles Périn, professeur à l'Université de Louvain, qui, voulant élever l'économie politique chrétienne jusqu'à *l'idéal*, avait, en 1861, soutenu cette thèse que, dans l'ordre matériel, aussi bien que dans l'ordre moral, c'est par le renoncement, et *ce n'est que par lui*, que l'on peut arriver à des résultats vraiment utiles et vraiment grands. » A quoi la dite Revue oppose le professeur d'économie politique à l'Institut catholique de Lyon, M. Joseph Rambaud. Rambaud répond que les vrais facteurs de la richesse sont, d'une part, le *travail*, fécondé par les *capitaux* déjà formés, et, d'autre part, l'*épargne*, qui est formée pour l'avenir. D'après lui, l'épargne domestique, qui vient après le travail et suppose les produits en quelque mesure surabondants, ne saurait se confondre avec le renoncement qui, n'exigeant pas un travail de production économique, ne fournit pas de produits.

Pour nous, cette critique n'a pas de sens ou, ce qui pis est, offre un contre-sens.

Le travail est un acte par lequel l'homme s'élève au-dessus de sa paresse naturelle et veut appliquer ses forces à supporter la peine que tout travail exige, et voilà le renoncement ; le travail, acte de renoncement dans son *principe* d'initiative, est aussi un acte de renoncement dans son *exercice* continu, puisqu'il exige une continuation de peine, une série de sacrifices et d'immolations. Sous cette double forme, le travail est l'acte même du renoncement.

L'épargne, second facteur, ne se comprend qu'autant que l'homme, après avoir travaillé au prix douloureux du renoncement, continue de se renoncer en ne consommant pas les fruits de son travail. L'épargne, comme le travail, est un acte de renoncement, l'effet d'une vertu morale qui constitue l'ordre économique dans ses justes limites et sous ses justes lois.

L'adversaire, s'il rejette le renoncement comme principe de l'économie politique, est obligé d'accepter, comme principe, le bien-être, et de donner, pour moteur au travail, le désir de se le procurer dans les meilleures conditions. Il n'y a pas de milieu, c'est l'un ou l'autre. De sa part, c'est un troisième contre-sens. La convoitise du bien-être, posée comme base, à l'exclusion du renoncement, ne voudra du travail que le moins possible, et voudra le plus possible de jouissances. Le bien-être, au lieu de créer l'ordre économique, le détruit, parce qu'il l'énerve dans ses forces productrices et dévore, sans mesure et sans terme, faute de renoncement, ses produits.

Poser en principe l'amour du bien-être et vouloir l'universaliser : c'est la propre formule du socialisme.

L'abbé Millot a posé cette question : Que faut-il faire pour le peuple? Pour répondre à cette question, il esquisse, en un fort volume, un programme d'études sociales. Lorsqu'il s'agit, pour lui, de renvoyer aux maîtres de la science, il cite, en première ligne, les écrits de M. Périn. Page 480, il ajoute : « M. Périn, dans ses deux grands ouvrages, se montre économiste savant et penseur original; il aurait exercé une influence profonde par son grand sens chrétien, si sa langue *trop imprécise* n'avait pas nui au succès de ses idées. » La langue de M. Périn n'est pas atteinte d'imprécision. Le P. Liberatore, dans la *Civiltà cattolica*, vante, au contraire, la *limpidezza*, la limpidité, la clarté du style de notre auteur; et le Congrès des juriconsultes catholiques, parlant des œuvres de M. Périn, les célèbre pour le bonheur des maximes, des formules, des axiomes juridiques, par quoi l'auteur exprime l'objet de sa science. Ces jugements graves font autorité; ils sont aux antipodes des regrets de l'abbé Millot, dont l'ouvrage est d'ailleurs louable et conçu dans les bons principes.

J'ai dit que Charles de Coux, après un mariage riche, avait été perdu pour la science. Il faut en rabattre. La condition de ce savant chrétien n'était pas l'opulence; il n'était ni économe, ni prodigue, mais vivait à son aise, toujours fidèle au culte de la science catholique et à l'économie chrétienne : trop heureux de la voir assise sur ses solides bases, fondée sur les bons principes, développée avec force par son disciple de prédilection.

J'ai dit que le roi des Belges était entré dans le conflit des passions hostiles à notre auteur. C'est une erreur. Dans son entourage, des libéraux avaient surpris les faveurs de la cour, avec espoir d'en profiter : le roi ne tenait aucun compte de leurs propos. Prince équitable, sympathique à tous les mérites, il décora notre auteur en lui décernant la croix de Léopold et en signant, pour lui, un diplôme de commandeur.

Je crains de n'avoir pas suffisamment appuyé sur trois ouvrages de notre auteur : *Les libertés populaires*, publiées en 1871, pour concourir à la réformation de la France; elles donnent, sur les nécessités de la décentralisation, la note juste; — *Le socialisme chrétien*, paru en 1879, pour combattre les abbés démocrates par un rappel aux lois chrétiennes de l'économie politique; — et l'*Economie politique d'après l'Encyclique sur les conditions des ouvriers*, publiée en 1861, à la requête du cardinal

Mermillod, pour courir au devant des abus que le socialisme pourrait faire de ce document pontifical.

Nous n'ignorons pas que nos écrits s'attaquent aux passions contemporaines ; nous redoutons peu les coups qu'elles peuvent nous porter et les avanies dont elles savent nous poursuivre. Nous savons aussi que ces passions ne respectent rien et qu'elles excellent surtout à remplir de fiel la coupe domestique. Pour nous réserver le monopole de leurs critiques, nous déclarons ici que le héros de ce livre est étranger à sa publication. Depuis cinquante ans, nous pratiquons les ouvrages de M. Périn, sans avoir eu, avec l'auteur, autre commerce qu'un échange de lettres. Par scrupule d'équité, nous avons fait, cette année 1903, fin août, un voyage en Belgique ; nous avons vu, sous son toit, le vieux maître ; nous l'avons trouvé fidèle à tous ses enseignements, plus intransigeant que jamais, *qualis ab incœpto*. Mais notre livre était imprimé avant : il parait tel que nous l'avons médité ; s'il est bon, tant mieux ; s'il est insuffisant, c'est notre faute ; s'il soulève des récriminations, son héros ne peut en être le juste objet : , *Me me, adsum qui feci, in me convertite ferrum.*

Réserve d'autant plus nécessaire, que nous saisissons au collet nos abbés soi-disant démocrates, docteurs qui prennent le contrepied de l'Evangile et ne sont que les adulateurs bas des passions populaires. Nous croyons leur cœur encore plus faible que leur esprit. Nous leur opposons des doctrines auxquelles ils ne peuvent rien objecter honnêtement ; nous les savons incapables d'y mordre.

Pour terminer cet avant-propos, nous donnons ici des réflexions suprêmes, sorte de testament du créateur de l'économie politique chrétienne. Du moins, nous les croyons assez fidèles dans l'abrégé de ses doctrines, pour leur assigner ce caractère et cette autorité.

L'ordre matériel est subordonné à l'ordre moral, il n'existe vraiment que pour l'ordre moral.

Faire des questions de l'ordre matériel, la préoccupation première dans la science et l'action économique, c'est renverser les choses; c'est égarer l'action aussi bien que la science.

C'est ce que font les socialistes chrétiens pour qui le grand souci, le soin dominant est d'assurer à l'ouvrier une vie aisée, abondante, s'il se peut.

Sans doute l'économiste doit se préoccuper, comme but direct et objet propre, de procurer l'aisance à l'ouvrier, mais on ne peut atteindre ce but qu'en invoquant, particulièrement et avant tout, les forces de l'ordre moral.

Procéder autrement c'est mettre la charrue devant les bœufs.

Les socialistes tout court s'occupent exclusivement du bien-être de l'ouvrier.

Les socialistes chrétiens en font leur préoccupation principale, et ne paraissent pas voir que ce n'est qu'en mettant au-dessus de tout l'ordre moral, en recourant principalement à ses moyens d'action, qu'ils résoudront la question de l'ordre matériel.

Les socialistes tout court ne peuvent s'adresser qu'à la justice de l'ordre légal et à ses sanctions, faute de reconnaître l'ordre moral.

Les socialistes chrétiens, en négligeant de s'appuyer

principalement sur l'ordre moral, se trouvent réduits à demander principalement à l'ordre légal et à ses sanctions, la réalisation du but qu'ils se proposent.

L'ordre moral pour les chrétiens, c'est l'Evangile, et l'Evangile, c'est le renoncement.

L'ordre matériel et l'ordre moral sont pour l'homme étroitement liés. Telle morale, telle économie politique. Laisser de côté la morale en exposant le système des lois économiques, ainsi que le fait l'école libérale, c'est édifier une science fausse et dangereuse dans ses applications. Si l'on ne voit pas cela, on ne voit rien. Il faut alors, ou bien se contenter de considérer en dilettante le mécanisme économique, tel que les ingénieuses recherches des économistes l'ont exposé ; ou bien, si l'on veut passer à l'action et mettre en mouvement ce mécanisme, il faut recourir à la seule des forces impulsives qui puisse agir sur la volonté des hommes lorsqu'on a écarté le renoncement : il faut faire dériver toute l'activité économique de l'amour de soi et de l'intérêt bien entendu... Un théologien publiciste, éminemment compétent sur la question, le Révérend Père Fristôt, a écrit dans les *Etudes* des Pères Jésuites (n° du 5 mars 1903).

« L'école française a le mérite d'attirer l'attention sur le facteur humain ; mais le problème qui se pose peut-il être résolu sans l'intervention de l'élément moral ou la religion revendique une influence nécessaire? L'économie française ne le nie pas ; mais lui a-t-elle fait la part légitime qui lui revient? Il est permis d'en douter. Seule, l'influence chrétienne peut amener les hommes à ces accords des volontés, dont une des conditions premières est l'acceptation de cette loi de renoncement, qui s'impose également au travail et au capital, sous peine de renouveler l'erreur de Bastiat, de laisser à la lutte des intérêts la tâche de réaliser l'*harmonie* sociale. »

En rendant ce jugement, le P. Fristôt ajoute que l'éminent économiste belge s'est placé, par ses œuvres, *au premier rang* entre les fondateurs de l'économie chrétienne.

C'est la conclusion de notre travail.

Avant de finir, ie dois, à mes lecteurs, une déclaration.

En parlant des affaires de Louvain et de Rome, j'ai parlé sans haine et sans crainte, sans autre souci que la vérité. « Il faut, disait Ollé-Laprune, que le prêtre soit de son temps, non pas pour le flatter, non pas pour se laisser séduire par les idées courantes, non pas pour se laisser entraîner; mais, au contraire, pour diriger, pour dominer, et comment diriger et dominer? A force de doctrine, à force de savoir »; et, de plus, à force de désintéressement et de courage.

Pour nous, si l'on nous permet ce retour, depuis plus de cinquante ans, nous portons, d'une main allègre, la plume de l'apologétique. Nous avons choisi de rester au dernier rang dans la maison du Seigneur, plutôt que de prendre place parmi les adulateurs du pouvoir et parmi les adultérateurs de la vérité. Notre zèle à maintenir en ligne de bataille les règles de l'Eglise militante, trop oubliées et tristement trahies, hélas! parmi nous, nous a même valu l'honneur de la proscription. Mais Dieu aime la vérité et la miséricorde; c'est lui seul qui donne la grâce et la gloire. Ni sa main ni son cœur ne privent jamais de biens, l'homme qui marche dans la simplicité de la foi, sous l'armure de l'innocence. Dieu est le Dieu des vertus; bienheureux qui met en lui toutes ses espérances.

Aujourd'hui, avec la multitude d'attentats qui se perpètrent contre l'Eglise, il est impossible que les esprits faibles n'éprouvent pas une espèce d'affolement ; et, dans cette désorientation, il est à craindre que ne se produisent beaucoup d'erreurs. Suivant, avec une vigilance sacerdotale, les divers symptômes d'un esprit mauvais qui inspire et peut égarer un certain nombre d'écrivains, nous sommes émus des périls que font courir à la foi leurs ouvrages répandus dans le public. En assumant la tâche de les combattre, nous ne nous sommes point dissimulé les ennuis et les disgrâces que nous pouvons encourir. Mais l'heure est venue de s'élever au-dessus de toute crainte, de fouler aux pieds les amours-propres et les intérêts personnels, pour ne consulter que l'honneur de la foi catholique, méconnue et trahie ; pour ne servir que les intérêts de ces infortunées Eglises de France, qui, depuis quelques siècles, même peu prospères, n'avaient pas couru de semblables périls.

Nous sommes absolument confondu quand nous entendons des prêtres imputer, aux fautes de l'Eglise, ses propres malheurs. Que, parmi les chrétiens, il y ait toujours quelques défaillants, c'était prévu dans la parabole du filet qui contient toutes sortes de poissons; mais que, depuis trois siècles, l'Eglise, réformée par sa propre vertu et prudente comme elle est, ait pu se créer des torts graves et motiver ses infortunes, non, non, non. Les grands événements de l'histoire se résument dans la déchristianisation progressive de la politique, de la science, des mœurs et des institutions. Il faut avoir le courage de le dire : pertes et gains balancés, il semble que les pertes doivent s'inscrire au budget du catholicisme.

Maintenant les libéraux, même ceux qui se croient

orthodoxes, nous clament que les idées modernes, l'esprit moderne, la culture moderne doivent nous sauver. Non ; ce qu'ils appellent les droits de la science moderne, c'est la négation du surnaturel ; ce qu'ils appellent les droits de la liberté, c'est la négation de l'autorité conférée par Jésus-Christ à son Eglise. C'est cela, avec une concentration de haine et des explosions d'audace, plus des enfantillages de confiance mal placée : pas autre chose.

Entre le monde moderne, tout pénétré de ces négations, et l'Eglise qu'il veut supprimer, il y a antagonisme irréductible, guerre à mort. Au lieu de poursuivre des conciliations impossibles, des compromis inconcevables, que les catholiques se serrent de plus en plus autour de leur Mère ; qu'ils pratiquent absolument, sans la moindre hésitation, le *Sentire cum Ecclesia;* qu'ils se pénètrent même des pures doctrines et se gardent des atténuations qui énervent; qu'ils s'attachent surtout à mettre leur vie en harmonie avec leur foi, car l'Eglise aujourd'hui a encore plus besoin de saints que de savants. Telle est notre foi : elle nous dit que la réforme vraiment urgente, la seule décisive, consiste à fortifier l'esprit surnaturel, et à nous attacher, par une ferme adhérence, à la Chaire du Prince des Apôtres.

Faut-il donc desespérer? Non; c'est agir qu'il faut. L'Eglise, comme fondation divine, ne peut pas périr. L'Eglise, c'est Dieu en ce monde. Par la force de Dieu, c'est l'Eglise qui doit nous sauver. L'essentiel, c'est de réveiller toutes les forces du catholicisme et de s'en servir.

J. F.

Riaucourt, le 6 octobre 1903.

Charles Périn

CRÉATEUR DE L'ÉCONOMIE POLITIQUE CHRÉTIENNE

Les idées politiques et économiques sont tombées, en France, dans une grande misère et dans une particulière perversité. « Nous gardons la civilisation par les armes, disait Donoso Cortès ; nous allons à la barbarie par les idées. » On parle, comme d'une affaire sans conséquence, de la liquidation du vieux monde ; de la reconstruction, sur des bases nouvelles, de la famille et de la société. Refondre l'homme, satisfaire toutes les passions, établir le paradis sur la terre, il y a des gens qui croient facile de réaliser ce mirage. Croire que la vie est une épreuve, que la terre est une vallée de larmes, qu'il faut pour son salut embrasser la croix : des gens d'esprit, même parmi ceux qui ne sont pas dépravés, ne s'inclinent plus devant ce vieux dogmatisme de l'orthodoxie. Il est aisé de voir qu'en sortant de l'Evangile, on va tout de suite se précipiter dans les illusions. Si vous ne croyez pas, en effet, à la déchéance de l'homme et à la rédemption par Jésus-Christ, il est naturel que vous fassiez votre nid dans les sillons, quitte à chanter parfois, comme l'alouette, votre hymne au soleil.

L'état d'âme qui conduit au sensualisme et confine l'homme dans l'animalité, n'est pas seulement l'effet direct de la défaillance de.la foi et de la déroute des mœurs chrétiennes ; il est encore la conséquence naturelle des idées morales, ou plutôt immorales, que préconisa le xviiie siècle. Les hommes de ce temps-là, que leurs talents autorisaient à se croire de l'esprit, ne sont guère, au regard, je ne dis pas seulement de la religion, mais de la philosophie, que des âmes basses qui s'escriment à des rôles de charlatans. Buffon, avec ses phrases élégantes, ne voit guère dans l'homme que le roi des animaux ; Montesquieu explique les phénomènes de l'histoire par l'influence des climats et règle, par les degrés de latitude, la condition des fils de la terre ; Voltaire, démon d'esprit sans cœur, est avant tout, et n'est après tout, qu'un libertin qui sait écrire et qui aime à rire. Le plus pervers de tous, c'est Rousseau ; avec l'éducation d'Emile, il ne peut produire que des crétins ; avec les lettres de la nouvelle Héloïse, il fait des épicuriens ; et avec sa théorie du contrat social, Dieu mis hors du monde, il sème des générations de scélérats. Qu'on vante leur esprit, qu'on apprécie leur goût, soit ; mais impossible de contester sérieusement que ces hommes d'esprit, ces soi-disant philosophes, n'ont été dans leur pays que des bandits littéraires, les corrupteurs brevetés de l'avenir. — Je ne parle pas du troupeau qui les suivait et poussait leurs égarements aux dernières extrémités : c'est un ramassis ignoble de basses canailles. Et même Tircis et même Estelle et Némorin, tout ce beau monde enrubanné, n'aura qu'à jeter sa défroque pastorale, pour devenir un monde où grouillent les tricoteuses et les chourineurs.

Au xviiie siècle, l'esprit français avait séduit le monde civilisé et l'égarait. C'est à cette date que vous voyez naître une science nouvelle, l'économie politique. La famille et la société avaient eu, de tout temps, pour l'exercice de leur constitution morale et religieuse, un service matériel, un ensemble de doit et d'avoir, une économie totalisable dans un budget. Idée n'était point venue en aucun temps, en aucun pays, d'en faire une science séparée ; elle paraissait dominée par l'ordre moral et assurée sous son empire. Au xviiie siècle, on fait, de l'économie matérielle de la société, une science à part et même une science à mettre en tête, au pays de la vérité. Les vieilles idées dogmatiques paraissent avoir fait leur temps. Que vous dois-je, que me devez-vous ? Voilà le nouvel Evangile ; voici la loi et les prophètes de l'avenir. La production, la distribution, la consommation des richesses, c'est la charte constitutionnelle du monde nouveau. L'homme, dira bientôt un célèbre docteur, n'est qu'un tube digestif, percé par les deux bouts. A ce tube, il faut des provisions pour charger son fourneau ; la science qui doit les lui fournir, est la mère-nourrice de l'humanité. Chapeau bas, peuples affran-chis ; saluez la divinité nouvelle : *Incessu patuit dea.*

Voilà donc à peu près cent cinquante ans que l'économie politique a fait son entrée dans le monde. A son début, elle n'a qu'un souci, le bien-être ; qu'un moyen d'action, la ma-tière ; qu'un but, l'assortir aux besoins de l'homme. En France, elle est représentée par les physiocrates, par des hommes qui ne voient dans la société que le jeu des forces économiques, qui ne demandent que des richesses et se ré-servent de se faire, à eux-mêmes, une âme, par leur industrie. Leur nom même indique ce qu'ils représentent, l'empire de la nature, la déification de la physique sociale. En Angle-terre, Adam Smith, Ricardo, Mac-Culloch, tout en approfon-dissant certaines idées particulières comme la division du travail et la rente, ne s'élèvent guère au-dessus de l'horizon matériel. Leurs émules en France au xixᵉ siècle, particulière-ment Jean-Baptiste Say, réputé le patriarche de l'économie politique, ne sont, suivant l'énergique expression de Bona-parte, que des *brasseurs de matière.*

L'économie de la société, réduite à la seule matière, pose bientôt, devant la conscience publique, la question formi-dable des riches et des pauvres. Jusqu'ici les économistes, ne voyant dans le monde qu'un engrenage implacable comme le destin, laissent écraser les victimes et traversent, en stoïciens, les crises de l'industrie. Mais ceux qui ont une âme s'apitoient sur le sort des victimes et veulent les arracher aux dents du Minotaure. Alors ils mettent en cause la propriété et rêvent du socialisme. Babœuf en avait fait une conspiration qui lui valut l'échafaud. La question, constatée par la mort de Babœuf, amena plus tard les rêves pantagruéliques de Fourrier et la conception du Christianisme industriel de Saint-Simon. Bientôt la France se passionnera pour ces théories, et vous verrez défiler le droit au travail de Louis Blanc, le communisme de Cabet, le *Circulus* humanitaire de Pierre Leroux, les fantaisies idylliques de Considérant, l'individualisme de Proudhon : toutes théories que Proudhon lui-même appelle les *rêves de la crapule en délire*.

Les théories prestigieuses et décevantes du socialisme eurent immédiatement, dans la société civile, un terrible contre-coup. Sous la République de 1848, l'invasion de la Chambre le 15 mai, l'insurrection de juin, des agitations dans la rue et dans le Parlement, marquent les incidents de cette guerre sociale. Le coup d'Etat du 2 décembre 1851 y mit fin. Alors la dissolution, qui ne pouvait plus se poursuivre activement, se réfugia dans les livres. Pour prouver que l'avenir était au socialisme, Proudhon publia son livre : *La Révolution sociale démontrée par le coup d'Etat du 2 décembre*. A l'entendre, l'empire ne pouvait être qu'une étape, un acheminement à la liquidation du vieux monde, à l'installation d'un monde nouveau, exclusivement occupé d'économie politique. A voir ce qui se passe aujourd'hui, on peut croire que le célèbre socialiste ne se trompait pas beaucoup. L'empire tombé, c'est l'anarchie et le socialisme qui prennent sa place, c'est la Commune qui vient, à la lueur de l'incendie, expliquer l'apocalypse des nouveaux cieux et de la nouvelle terre. Et puis, après une courte période de tâtonnements politiques, la révolution se présente comme solution du problème social, et pendant que le collectivisme esquisse ses programmes, la guerre à l'Eglise catholique montre le parti révolutionnaire acharné à sa ruine, pour préparer une place libre aux constructions de l'avenir.

La question actuelle se réduit à ces trois points : 1° Que l'économie politique, entendue dans un sens exclusivement matériel, est la propre formule et l'application sociale du sensualisme ; 2° que le sensualisme, accepté comme loi suprême de l'ordre social, pose la question des riches et des pauvres, du travail et du capital, de l'ouvrier et du patron ; 3° que cette question, entendue dans le sens révolutionnaire, ne peut se résoudre que par l'anarchie, le collectivisme et l'internationalisme.

Que l'économie politique, entendue dans le sens libéral, avec le mot d'ordre : *Laisser faire, laisser passer*, ait été la préface de ce gâchis, confus et désespérant, cela est hors de doute. Pour être juste envers les personnes, il faut dire que nombre d'économistes, dans les derniers temps, avaient aperçu le péril et pris leur précaution pour l'écarter. Les uns voulaient réduire l'économie à la pure spéculation et laisser à la police d'Etat la discipline des mœurs ; les autres, Michel Chevalier, Rossi, Bastiat, préparaient la réforme ou au moins la transformation de cette science et descendaient dans l'arène pour combattre le socialisme. L'académie des sciences morales et politiques, en présence du gouffre béant, voulut elle-même, par une série de petits traités, rasséréner l'esprit public et maintenir l'ordre dans les consciences. En louant ces efforts, nous constatons leur insuccès et leur défaut de logique. « Le socialisme, disait Donoso Cortès, est fils de l'économie politique, comme le vipereau est fils de la vipère. » Quand la maison brûle, on n'éteint pas l'incendie en mettant de l'huile dans les pompes ; et quand les frères ennemis s'entretuent, on ne cicatrise pas les plaies en versant sur les déchirures quelques gouttes de vitriol.

Maintenant il faut revenir sur nos pas et à notre sujet.

Lamennais, à l'époque de sa réaction très énergique contre le gallicanisme, ne se dissimulait pas que le gallicanisme avait empoisonné tout l'ordre social ; son vaste esprit avait conçu le dessein d'une réforme générale ; et, dans cette réforme, la restauration de la science économique avait sa part. Lamennais avait partagé, à ses disciples, toutes les provinces du royaume de la vérité. A l'un, il avait donné la théologie dogmatique et morale; à l'autre, le droit canon et la liturgie; à celui-ci, l'histoire de l'Eglise; à celui-là, les sciences et les arts; à d'autres, la philosophie naturelle, les traditions des Gentils, la mythologie. Dans ce partage, l'économie politique était échue à Charles Decoux, celui-là même qui ouvrit, avec Lacordaire et Montalembert, l'école libre. Charles Decoux s'y appliqua quelque temps; il publia des fragments de son œuvre restauratrice, dans l'*Université Catholique* de Bonnetty. Un peu plus tard, s'étant marié à une femme riche, il fut perdu pour la haute science. Alors, il transmit à un disciple l'œuvre qu'il abandonnait; le restaurateur, le créateur de l'économie politique chrétienne, c'est l'homme dont nous venons parler, Charles Périn.

I

Henri-Xavier-Charles Périn naquit à Mons, en Belgique, le 25 août 1815 ; sa famille appartenait à l'administration et à la magistrature. Au sortir des écoles primaire et secondaire, il étudia le droit et l'économie politique à Louvain. Docteur, il exerça quelques années au barreau de Bruxelles ; puis fut nommé, en 1844, par l'épiscopat belge, professeur à l'Université catholique, dont il avait été l'un des plus brillants élèves. Chargé d'abord du cours de droit public, il fut, l'année suivante, sans quitter cette chaire, appelé à la chaire d'économie politique. Dans les desseins de Dieu, il devait occuper cette chaire par son enseignement et l'illustrer par ses écrits, pendant une quarantaine d'années. Ce professeur, chargé d'années et de mérites, vit encore ; cette circonstance ne nous permet pas de franchir le mur de la vie privée. En le louant autant que le veut notre estime et autant que le prescrit notre parfait accord sur les principes et les pratiques de l'intransigeance doctrinale, nous craindrions de paraître nous louer nous-même. Grand homme de bien, également habile dans l'art de parler et d'écrire, poussant les principes dans toutes leurs légitimes conséquences, soldat dans la vie civile, il mourra comme il a vécu, fidèle jusqu'au dernier soupir aux deux grandes causes de l'Eglise et de la patrie.

Au cours de son enseignement universitaire, le professeur ne se contenta pas d'enseigner ; il voulut, comme le veulent les hommes profondément convaincus, immortaliser ses doctrines par ses ouvrages. Voici la nomenclature de ses œuvres :

1º *Les économistes, les socialistes et le christianisme*, in-8º d'environ 200 pages, 1849.

2º *Du progrès matériel et du renoncement chrétien*, in-8º, 1850.

3º *De la richesse dans les sociétés chrétiennes*, 2 vol. in-8º, 1861.

4º *Les lois de la société chrétienne*, 2 vol. in-8º, 1875.

5º *Des doctrines économiques depuis un siècle*, un vol. in-12 de 350 pages, 1880.

6º *Mélanges de politique et d'économie*, 1 vol. in-18 de 514 pages, 1883.

7º *Le patron*, sa fonction, ses devoirs, sa responsabilité, 1 vol. in-12 de 190 pages, 1886.

8º *L'ordre international*, 1 vol. in-8º, 1888.

9º *Premiers principes d'économie politique*, 1 vol. in-12, 437 pages, 1896.

10º Plusieurs brochures sur l'usure et la loi de 1807, sur le socialisme chrétien, la corporation chrétienne et le modernisme dans l'Eglise d'après les lettres de Lamennais.

En présence de cette collection d'ouvrages originaux, tous produits de la même pensée : Déduire des lois de l'Evangile les règles d'une sage économie politique, nous aurons deux choses à faire : Recueillir les jugements qu'en ont portés Pie IX et Léon XIII, puis justifier, par une analyse démonstrative, les appréciations des Pontifes romains.

Voici d'abord le jugement de Pie IX :

A notre cher fils Charles Périn, professeur de droit public et d'économie politique à l'Université de Louvain.

PIE IX, PAPE

Cher fils, salut et bénédiction apostolique,

« Les choses que vous Nous avez dites, cher fils, lorsque vous vous êtes trouvé en Notre présence, touchant les principes qui vous guident, aussi bien que les doctrines que vous avez exposées dans plusieurs écrits, témoignent clairement que toujours vous avez cru et enseigné que le bonheur des peuples a pour fondement la justice, dont la règle nous est donnée par la loi divine ; que cette loi divine est la sauvegarde des droits des souverains et de la vraie liberté du peuple, et qu'elle-même est inviolablement gardée par l'Église et par ce Siège apostolique ; que, par conséquent, il faut considérer comme de perfides ennemis des princes et des peuples ceux qui tentent de soustraire au souverain domaine de Dieu les lois et les empires, ceux qui voudraient briser les liens qui unissent la puissance spirituelle et la puissance civile, ou bien encore ceux qui essayent d'imposer des entraves au souverain Pontife dans le libre exercice de sa charge suprême.

« Telles sont les vérités que, de nouveau, vous vous êtes efforcé de faire comprendre dans un écrit récent, ayant pour titre *les Libertés populaires*. Dans cet écrit, vous marquez avec votre netteté habituelle, le vrai caractère de la liberté ; vous faites voir comment elle comporte des développements et des modes divers, suivant la diversité des âges, et suivant la diversité des formes de la société chez les différents peuples ; vous montrez comment la pratique de la liberté peut être viciée soit par la licence des passions, soit par les fausses doctrines ; enfin, vous appuyant à la fois sur la raison et sur l'expérience, vous cherchez à ramener à la vérité les esprits qui s'en écartent, et, remontant à la cause des maux présents, vous vous appliquez à y apporter le vrai remède. Dieu seul peut dissiper les ténèbres de l'erreur qui obscurcissent les esprits ; qu'il lui plaise de favoriser votre entreprise. Quant à Nous, assurément, Nous avons reçu avec un sentiment de grande satisfaction ce travail, dans lequel Nous voyons un nouveau gage de la fermeté de votre foi.

Quant au jugement de Léon XIII, voici ce que nous trouvons en tête d'un mémoire intitulé : *Rome* et *Louvain* :

« M'étant rendu à Rome au mois de juillet 1881, sur le désir que le Pape m'avait fait exprimer par un prélat de sa cour, je recueillis, de la bouche de Sa Sainteté lui-même, l'approbation la plus complète pour mes doctrines. Les cardinaux et les théologiens avec qui je me trouvais en relation par ordre de Sa Sainteté, furent unanimes à déclarer que mes écrits étaient *hors de toute contestation.* »

Cette déclaration de l'auteur suffit à la probité de l'histoire.

II

Avant d'aborder le compte rendu des ouvrages de notre auteur; il faut mentionner brièvement les incidents de son existence.

Vous voyez passer chaque jour à la même heure, avec le même calme, le professeur qui se rend à son cours; vous dites : Voilà un homme bien tranquille. Vous exprimez une illusion commune; vous supposez aux autres une paix que vous n'avez point. La vérité, c'est que personne ne la possède, cette bienheureuse paix. Nous avons tous à résoudre, dans notre esprit, le problème assez mystérieux de l'existence humaine. Notre intelligence, aux prises avec ce problème, y travaille pendant toute la durée de notre vie. A la vérité, les hommes appliqués aux travaux musculaires et aux arts mécaniques, trouvent, dans leurs occupations, une distraction et un moindre souci. Parfois même la fatigue du corps va jusqu'à la suppression de l'exercice de la pensée. Mais les hommes dont la vie est surtout intellectuelle ont, au cerveau, le foyer de leur puissance. Le cerveau est, comme l'esprit, toujours en activité, parfois en ébullition. Par la continuité du travail, le cerveau résorbe en lui toutes les forces de l'organisme. Cœur et bras, tout se ramène au cerveau, s'y concentre et s'y épuise. Le cerveau, dans cette hypertrophie de vitalité, devient le tourment de l'existence humaine. Une tempête dans un crâne, ce n'est pas une figure de rhétorique; c'est un fait permanent et universel.

Ce n'est pas tout. Aux craintes et aux soucis du dedans s'ajoutent les combats du dehors. Fussiez-vous relégué dans la solitude, du moment que vous exprimez votre pensée, vous entrez dans le tourbillon de toutes les agitations humaines. Les penseurs gouvernent le monde; mais, pour s'en disputer l'empire, ils s'accordent peu et sont presque toujours sous les armes. En vain, votre barque est amarrée à un rivage désert, dans une anse obscure, les vents sauront bien la détacher, la mener en pleine mer et la jeter dans les ouragans. Il ne faut ni s'en étonner, ni s'en plaindre. C'est le sort de tous ceux qui pensent profondément. Non seulement ils sont des athlètes; les passions veulent encore les avoir pour victimes. Contre eux volontiers elles se coalisent et cherchent encore plus à écraser le rameur qu'à briser la barque. Ne vous troublez point, homme de peu de foi. Il y a un Dieu au ciel et une vérité sur la terre. Cette vérité, du moment que vous la défendez, fera votre force; et le Dieu que vous servez en le défendant, saura vous ménager des triomphes. Et quand encore vous n'en remporterez aucun, ne savez-vous pas que le Verbe incarné, la vérité substantielle, après avoir passé en faisant le bien, a été crucifié au Calvaire; du haut de ce gibet, l'Evangile a vaincu le monde. Ce fait historique est la prophétie du ciel sur les béatitudes des auteurs.

Ceci dit, venons au fait.

La Belgique est un petit Etat. Sous Napoléon, elle était incorporée à l'Empire; en 1814, elle fut rattachée politiquement aux Pays-Bas. Le roi Guillaume lui donna une Constitution, soi-disant libérale, où était inscrite l'égale protection des cultes. Cette disposition, introduite depuis peu dans le système général des lois de l'Europe, n'était pas applicable rigoureusement à la Belgique, pays complètement catholique, où il ne se trouvait que 10.000 dissidents. Depuis la conversion des Belges au Christianisme, jamais on n'avait introduit cette dangereuse nouveauté, dans ces provinces, que par la violence. L'empereur Joseph II avait essayé inutilement de l'y maintenir. La tyrannie du gouvernement français l'avait établie en théorie; s'il n'en résulta aucun trouble religieux, c'est que le chef de l'Etat ne protégeait pas plus la communion protestante que l'Eglise catholique; mais après le renversement de cette puissance, l'Eglise de Belgique recouvra tous ses droits religieux. Par arrêté du 7 mars 1814, le gouvernement général de la Belgique avait déclaré « qu'il maintiendra inviolablement la puissance spirituelle et la puissance temporelle dans leurs bornes respectives, ainsi qu'elles sont fixées par les *lois canoniques* et les *anciennes lois* constitutionnelles du royaume ».

En édictant les libertés constitutionnelles des cultes, de la presse et l'égale admission de tous les citoyens à tous les emplois, le roi Guillaume violait donc les lois de l'Eglise et de l'Etat; il agissait ainsi, suivant la phraséologie libérale, dans l'intérêt de la liberté et du progrès; mais il mettait de côté les volontés expresses de la majorité de la nation, compromettait son avenir et sacrifiait les droits sacrés de la sainte Eglise. Au fait, il n'est pas vrai que toutes les religions soient bonnes, qu'on puisse également se sauver dans l'une ou dans l'autre. L'admissibilité de tous à tous les emplois fait que les intérêts de l'Eglise, ses lois, sa morale, sa discipline tomberont entre les mains de ses ennemis, toujours empressés à les trahir. Conséquences d'autant plus funestes que le gouvernement démocratique détruit la notion de toute espèce de droit, et quand il ne vient pas à la suite de l'athéisme, il l'enfante. La souveraineté du peuple, représentée au Parlement par une majorité, se croit le droit de changer et de modifier, comme il lui plaît, la religion du pays. Il suit de là manifestement que la démocratie, qu'on nous représente comme le terme extrême de la liberté, n'est que le dernier excès du despotisme; car, quelque absolu qu'on le suppose, le despotisme d'un seul a pourtant des limites, le despotisme de tous n'en a point.

Guillaume des Pays-Bas, fidèle aux aberrations révolutionnaires, ordonna que ses sujets belges devaient prêter serment à la Constitution libérale. Les évêques belges, par un *jugement doctrinal*, déclarèrent illicite la prestation de ce serment. « C'est pour remplir un des devoirs les plus essentiels de l'épiscopat, disent les évêques, que nous avons jugé nécessaire de déclarer qu'aucun de nos diocésains respectifs ne peut, sans *trahir* les plus chers intérêts de sa religion, sans se rendre coupable *d'un grand crime*, prêter les différents serments prescrits par la Constitution, par lesquels on s'engage à observer et à maintenir la nouvelle loi fondamentale, ou à concourir au maintien et à l'observation de la dite loi. »

Les ministres crurent pouvoir rassurer certains membres des Etats généraux en disant que la prestation du serment pouvait se faire avec telle *vinculation ou réserve* que dicterait la conscience. Le roi écrivit, dans un sens analogue, pour rassurer le prince de Méen, ancien évêque de Liège ; le prince prêta donc le serment avec certaines restrictions, d'ailleurs mal expliquées et insuffisantes. Le pape Pie VII le blâma et lui refusa même ses bulles pour le siège métropolitain de Malines. Pour obtenir ses bulles, le prince de Méen dut prêter un nouveau serment avec toutes les clauses et réserves admises par la Chaire apostolique. De la limitation apportée par le Saint-Siège, il suit que la protection jurée au profit des dissidents n'a pour objet que la sécurité de leurs personnes et de leurs intérêts civils. En d'autres termes, le serment est restreint à la tolérance, telle qu'elle est entendue et justifiée, en certain cas, par les canonistes, tolérance qui n'est nullement la protection au point de vue sectaire, encore moins une protection égale à celle qui est due à l'Eglise catholique.

De 1815 à 1828, les griefs des catholiques s'accumulèrent,

et en 1830 la Belgique se sépara politiquement des Pays-Bas. Qui le croirait? La Belgique affranchie s'inspira elle-même et aggrava encore la Constitution qu'elle avait repoussée en 1815; elle proclama, dans un accès de fièvre, la liberté de pensée, de conscience, de presse, de culte; séduite par les doctrines de Lamennais, elle crut le Christianisme, assez fort par son principe divin, pour braver et vaincre toutes les puissances de l'enfer. C'était établir en Belgique un foyer d'irréligion et d'impiété; on doit le regretter avec d'autant plus d'amertume que les catholiques, en 1830, eussent pu restreindre les libertés accordées aux dissidents; ils eussent pu même les supprimer. Les ecclésiastiques, présents au congrès, sont bien coupables de s'être prêtés à ce crime contre leur patrie. Par suite, la mort de la Belgique catholique n'était plus qu'une affaire de temps; à moins que, par la grâce de Dieu, sous l'action du temps et à l'école du malheur, l'opinion publique ne se transforme, n'amène à reconnaître les vrais principes sociaux et à les faire respecter.

Nous ne dérogeons pas aux justes doctrines. « Que si, dans un Etat, la religion vraie et divine n'existe pas seule, si le refus fait par le prince de tolérer les autres religions peut compromettre la tranquillité de ses Etats et l'exposer lui-même à perdre sa couronne, ou seulement à souffrir une notable diminution de son autorité sur les peuples, il peut les tolérer en effet pour le bien actuel et immédiat de ses sujets. L'Eglise catholique l'a toujours entendu ainsi, parce que, dans ce cas, la tolérance civile n'implique pas une déclaration d'indifférence pour toutes les religions et suppose seulement que telle ou telle mesure civile en faveur de la religion catholique, serait alors nuisible à la société, et, par conséquent, à la religion [1]. »

Il y a donc une tolérance, dictée par des circonstances impérieuses, pour le bien même de la religion. Mais qu'on y

---

[1] Mgr Doney, *Lettres et mandements*, p. 496.

prenne garde ! il ne s'agit pas d'une tolérance de fait accordée à telle ou telle classe de dissidents, qui, de leur personne, ne sont point en cause ; il s'agit d'une déclaration générale, absolue, insérée dans le droit public d'une nation chrétienne, à la requête, non des dissidents, mais des libres penseurs, portant que les sectes seront protégées ni plus ni moins que si elles étaient la vraie religion. Entre la tolérance, telle qu'elle a été entendue, jusqu'aux temps modernes, par les canonistes et les jurisconsultes, et la tolérance actuelle qui implique une égale protection et un égal mépris, il y a une énorme distance, et, la supprimer, c'est confondre toutes les notions.

Ce fut là, en 1830, la faute et le crime du libéralisme belge. Et ce qui étonnera éternellement l'histoire, c'est que ce clergé, si justement susceptible, contre les présents du roi calviniste des Pays-Bas, désarmera en présence de la Constitution de 1830. Bien plus, il se trouve, dans son sein, des autorités pour entendre, dans un sens latitudinaire, les restrictions des théologiens. Le serment prêté à cette Constitution ne doit pas s'entendre seulement dans le sens traditionnel de la doctrine catholique, mais dans le sens de l'ordre civil. C'est-à-dire que les libertés constitutionnelles constituent un ordre social légitime, solide et durable, tandis que, partout où elles sont proclamées, elles ne servent avec le temps et le concours des passions, qu'à détruire l'ordre social, après avoir méconnu l'ordre religieux.

On ne peut donc pas, étant catholique, être libéral, pas plus qu'on ne pouvait autrefois être gallican ; je cite, en faveur de cette conclusion, une lettre de Veuillot :

« NE SOYEZ PAS GALLICAN !

« Tirez-vous de ce pays d'ergoterie, de mesquinerie et de taquinerie ; quand Dieu vous offre l'espace, ne vous rencoignez pas. Le gallican est un rencoigné, un oiseau qui renonce au vaste champ de l'air pour se donner le lustre d'habiter une petite cage où il sifflotte quelques notes d'une chanson mal tolérée qui détonne au milieu de l'harmonie universelle ; et s'il osait achever la chanson, alors la cage se fermerait et le pauvre oiseau serait reclus, c'est-à-dire exclu.

« Le gallicanisme a été très subtilement inventé pour pousser insensiblement le prince sur l'autel et le Pontife dans l'antichambre. Protestantisme, anglicanisme, gallicanisme, popisme, ce sont des nuances de la même mauvaise chose. Le dernier couplet de la chanson gallicane, c'est que Dieu a un maître qui est l'homme, et vous voilà tout juste au *guéroultisme*. Faites-y bien attention. L'homme qui croit que Dieu a un maître devient tout de suite esclave de ce maître qui devient une brute. Le culte de César aboutit au culte du singe. Ce n'est qu'une affaire de temps et, aux jours où nous sommes, de peu de temps. »

III

LES PREMIERS DISSENTIMENTS

A ses débuts et pendant longtemps, notre professeur ne se mêla point aux affaires de Belgique. La jeunesse l'inclinait à la modestie ; sa profession l'obligeait au travail, à ses études d'approfondissement que poursuivent toujours les esprits bien doués. Petit à petit, les ailes poussent ; parfois aussi le bec et les ongles. La circonstance décisive, pour Charles Périn, fut le voyage à Rome en 1868. Pie IX était un pontife d'un sens très élevé et d'une résolution très militante ; il n'avait pas d'autres protocoles que le *Credo* et les commandements de Dieu, pas d'autre diplomatie que les longues prières devant son Crucifix. Aux écrivains, il était très accueillant ; volontiers il les poussait au combat ; et n'eût-il rien commandé, il suffisait d'entendre pour se sentir des verges pousser aux mains. Avec sa nature droite et généreuse, Périn ne pouvait faire exception ; lui aussi sut se dire qu'il fallait être un bon soldat du Christ. Le nonce Cattani l'encouragea fort dans ces dispositions. L'évêque de Namur, Gravez, avec qui il avait soutenu les bonnes doctrines, lui fit même un cas de conscience de lutter sur le terrain universitaire. L'occasion qui lui mit l'épée à la main fut la fondation des *Croisés de Saint-Pierre*, par le comte Joseph de Hemptinne, de Gand. Cette idée d'une croisade à l'intérieur marque un coup d'œil sûr et une généreuse résolution.

L'association est une force ; elle ne se constitue pas seulement par l'addition des unités, mais par l'échange de leur puissance électrique. Cette puissance résulte des doctrines, des intérêts à servir, du zèle qu'on met à les défendre, cela demande de l'abnégation. Sur la question de la déférence aux évêques dans l'action politique, spécialement sur le terrain électoral, la plupart des membres des *Croisés* se séparèrent de leur directeur. Sur les conseils du Nonce apostolique, il se forma une autre association, qui se nomma la *Confrérie de Saint-Michel*. L'idée était la même : dans la première, on avait mis la croix sur son écu ; dans la seconde, on s'armait de la lance de l'archange pour percer la gueule du démon, coup le plus efficace pour prévenir ses morsures ou arrêter ses ravages. Les confrères en saint Michel choisirent Charles Périn pour leur président. Dès lors, le nouveau président fut mêlé plus que jamais aux difficultés de l'action catholique, sur le terrain libéral de la Constitution belge. La tâche n'était pas au-dessus de ses forces : à un sens très droit, à un esprit très pénétrant il joignait une énergie égale à ses convictions. La nécessité, plus d'une fois, lui fit un devoir d'inspirer, aux défenseurs des doctrines romaines en Belgique, une certaine direction et de stimuler vivement leur zèle.

La Belgique était alors le grand champ des expérimentations libérales. Depuis 40 ans, les Belges avaient inscrit, dans leur Constitution, spontanément et follement, tous les principes du libéralisme, c'est-à-dire de la destruction. Leurs constituants avaient été pris de la fièvre révolutionnaire et s'étaient laissé prendre aux prédications insensées de Lamennais dans l'*Avenir*. On avait alors une telle horreur de l'ancien régime et un tel goût du nouveau, qu'on perdait la tête et quelquefois plus. Mais la fièvre passe et le bon sens réclame ses droits. Il faut vivre, vivre dans le travail, la concorde et la paix. Et, pour toutes ces vertus, il faut des principes solides et des pratiques assorties aux principes éternels. Les Belges, avec leur foi, ne demandaient pas mieux que de céder à ces exigences ; mais la Constitution était là : il fallait se battre, au moins pour la forme. Les évêques, corps religieux essentiellement politique, s'aperçurent qu'on allait à la dérive et, pour conjurer la dissolution, fondèrent l'Université catholique de Louvain : c'était une inspiration de la sagesse même. Les libéraux, sous l'impression de l'impiété, qui fait le fond de leur symbole, fondèrent, à Bruxelles, une Université libre, ou si l'on veut libertine, et, pour dire le mot propre, nihiliste, livrée à toutes les tempêtes de l'anarchie intellectuelle, ne pouvant avoir que l'unité de la haine. Dès lors le libéralisme, soutenu à Bruxelles et à Gand, se porte à toutes les extrémités des aberrations doctrinales ; les catholiques ne parurent pas opposer, à ces écarts et à ces attentats, le radicalisme intransigeant de la vérité orthodoxe. Les historiens, les philosophes, les politiques, se réclamèrent volontiers des *gueux*, appellation que la provenance historique n'autorisait pas, mais que leur vertu, sujette aux éclipses, devait accepter ; les politiques, chrétiens et conservateurs, s'essaient à les combattre et souvent y réussissent par les habiletés de la stratégie et les bonnes fortunes de l'appel au peuple ; nous n'avons pas à raconter cette histoire.

Le côté le plus beau de l'histoire contemporaine de la Belgique, c'est le côté religieux. En 1860, lorsqu'il fut évident que la révolution voulait détruire le pouvoir temporel des Papes, des légions de Belges accoururent à la défense de leur père en Dieu. Rien ne prouve mieux combien ce peuple avait, dans les réserves de sa foi et de sa vertu, de forces d'avenir. Les Belges se mirent jusqu'en 1870 au service pontifical. Pour la croisade à l'intérieur, ils avaient leurs confréries et fondèrent des congrès. Dans ces congrès, Guillaume Verspeyen et Cartuyvels se firent, à force de bon sens et d'esprit, une illustration de bon aloi. Les coucous du libéralisme gâtèrent ces congrès en venant y pondre leurs œufs ; le cardinal Wisemann, présent à l'un de ces congrès, se crut obligé à des observations critiques ; Pie IX mit le hola ; Charles Périn s'était

déjà retiré, ne voyant rien de bon à espérer de ces divagations
éloquentes sans doute, mais peu raisonnables et mal fondées
en doctrine. A l'Université de Louvain même, tout n'était
pas droit ; le professeur Ubaghs, incliné vers l'ontologisme,
fut deux fois repris officiellement par le Saint-Siège. Le recteur Laforêt, esprit plus distingué, avait rendu d'importants
services ; son prédécesseur, appliqué à l'hagiographie locale,
avait opposé les saints flamands aux gueusards de terre et de
mer. Mais évidemment la Belgique, comme tout peuple livré
au libéralisme, ressemble à la femme du patriarche ; elle a
deux enfants dans son sein ; de ces enfants naissent deux familles contraires, hostiles, qui se combattent à mort : c'est
leur secret pour préparer l'avenir.

Au point de vue religieux, l'homme qui domine tout, c'est
l'archevêque de Malines. La prééminence de métropolitain
n'ôte rien au mérite des autres évêques ; je dirais plutôt qu'elle
l'augmente. A cette date, nous pouvons citer spécialement Ma-
lou, savant évêque de Bruges. Nous savons que le prince de
Méan n'avait pas été un modèle ni de clairvoyance doctrinale,
ni n'énergie patriotique. Engelbert Stercks, sur ce même
siège, homme d'ailleurs bien méritant, s'était abusé sur le
sens exact des documents politiques et avait incliné un peu à
gauche. Victor-Auguste Dechamps, simple rédemptoriste,
qui devint évêque de Namur, archevêque de Malines, cardinal de la Sainte Eglise, était surtout un orateur ; mais il ne
dédaignait pas d'écrire. On lui doit quelques brochures populaires et des volumes de plus forte contenance, notamm-
ment : Le *Christ et les Antéchrists,* ouvrage où il réfute la
christologie insensée des novateurs allemands ou dignes de
l'être ; et *Entretiens sur un essai de démonstration de la vérité
catholique,* en réponse à la théologie libérale et laïque du
prince Albert de Broglie, homme d'ailleurs infaillible, surtout lorsqu'il se trompait et donnait des leçons à l'Eglise. Où
Victor Deschamps prévalut avec plus d'avantage ; c'est quand
il aborda la thèse de l'infaillibilité et fut mis dans la nécessité

de se défendre contre Gratry et Dupanloup. Dechamps n'a pas la science victorieuse d'un Guéranger ; il ne paraît pas même très fort en haute théologie ; mais il triomphe de ses bruyants adversaires par la décision du bon sens, le calme de l'esprit, la force des arguments et les grâces du discours.

Le cardinal Dechamps, instruit et zélé comme il était, ne pouvait pas s'abuser sur la grande erreur du temps : il écrivit deux lettres, l'une sur le libéralisme, l'autre sur les catholiques libéraux. En général, c'est bien touché et appuyé de documents décisifs. Entre écrivains strictement orthodoxes, la question n'est pas de savoir si l'Etat peut et doit tolérer certains maux dans le corps social : tout le monde est d'accord là-dessus ; mais s'ils déterminent *exactement* le sens du serment qui astreint les consciences à observer la Constitution. Sur ce point il y a une lettre du directeur général du culte catholique au royaume des Pays-Bas, Gonbau. Gonbau écrit : « D'après les principes, tout serment doit être prêté d'après *l'intention* de celui qui le défère, *juxta mentem petentis ;* le fonctionnaire, qui prête purement et simplement le serment dont il s'agit, est et ne peut être censé le prêter que sous *le rapport civil.* Par conséquent, toute *clause restrictive, toute addition,* toute *rétractation* qu'on exige de ceux qui ont prêté ce serment, sont non seulement hors de saison, mais sont *inconvenantes* par la raison qu'elles *altèrent,* qu'elles *combattent,* qu'elles *détruisent* même le *sens* dans lequel le serment a été déféré, et par conséquent le *sens dans lequel il a été prêté.* » Cette lettre est un chef-d'œuvre de phraséologie et de perfidie. Pour la traduire simplement en français : Le serment à la constitution est pris dans le sens civil, la constitution étant un document de cette nature ; et comme elle est hérétique et qu'on lui prête serment sans réserves, on prête serment à l'hérésie. Plusieurs dignitaires de Belgique s'y laissèrent prendre.

La catholique Belgique n'était donc pas tant dans le faux que dans le vague ; mais à la faveur du vague et des nébuleuses, le diable tendait ses fils et tissait sa toile. Pour dissiper les nuages et conjurer les périls, un groupe de jeunes catholiques résolurent de publier un journal intransigeant, intitulé : *La Croix*. L'intransigeance de cette *Croix* n'allait certainement pas à contester la thèse traditionnelle de la tolérance ; mais à la restreindre dans ses justes bornes. Les bornes, c'est ce que ne voulaient pas ces âmes, généreuses peut-être, mais certainement mal éclairées, qui se ruaient avec des enthousiasmes saugrenus, à l'admiration des libertés constitutionnelles. La *Croix* avait donc sa raison d'être et pouvait rendre un grand service. En combattant *mordicus* le catholicisme libéral, elle devait dissiper les incertitudes et éliminer les poisons.

Ces faits n'échappaient pas à la clairvoyance de Pie IX. Lui qui avait fait, contre le catholicisme libéral, le serment de destruction, ne manquait aucune occasion de poursuivre son dessein. Quand le Pontife sut qu'il s'établissait, en Belgique, une fédération générale des cercles catholiques, il écrivit à leur président le 8 mai 1873 :

« Ce que nous louons le plus dans cette entreprise pleine de piété, c'est que vous êtes, dit-on, rempli d'aversion pour les principes *catholiques libéraux*, que vous tâchez de déraciner des intelligences, autant qu'il est en votre pouvoir. Ceux qui sont imbus de ces principes font, il est vrai, profession d'amour et de respect pour l'Eglise et *semblent* consacrer à sa défense leurs talents et leurs travaux ; mais ils s'efforcent néanmoins de *pervertir* sa doctrine et son esprit ; et chacun d'eux, d'après la diversité de ses goûts et de son tempérament, incline à se mettre *au service de César* ou de ceux qui revendiquent *des droits* en faveur d'une *fausse* liberté. Ils pensent qu'il faut absolument suivre cette voie pour enlever *une cause de dissensions*, pour *concilier* avec l'Evangile le *progrès* de la société actuelle et pour rétablir l'ordre et la tranquillité, comme si la lumière pouvait coexister avec les ténèbres et comme si la *vérité ne cessait pas d'être la vérité* quand on la détourne violemment de sa véritable signification et qu'on la dépouille de la fixité inhérente à sa nature. Cette erreur, pleine d'embûches, est plus dangereuse qu'une inimitié ouverte, parce qu'elle se recouvre du *voile spécieux* du zèle et de la charité ; et c'est assurément en vous efforçant de la combattre, et en mettant un soin assidu à en éloigner les simples, que vous extirperez la *raison fatale* des désordres et que vous travaillerez *efficacement* à produire et à entretenir l'union étroite des âmes. Sans doute, ce n'est pas vous qui avez besoin de ces avertissements, vous qui adhérez avec un dévouement si absolu à tous les documents émanés de ce Siège apostolique, que vous avez vu condamner, à *différentes reprises*, les principes libéraux ; mais le désir même de faciliter ses travaux et d'en rendre des fruits plus abondants nous a poussé à vous rappeler le souvenir d'un point si important. »

L'année suivante, le 21 mai 1874, le même Pontife adressait à la *Croix* de Bruxelles de plus explicites encouragements : « Vous faites justement remarquer, cher Fils, que le renversement de l'ordre religieux et politique est amené, encouragé et propagé, par l'apostasie d'un grand nombre, par les *transactions si fréquentes* aujourd'hui entre la vérité et l'erreur ou par la *pusillanimité* de la plupart ; vous faites voir qu'il n'y a pas d'autre arme à employer, pour repousser l'invasion du désordre, que la force de la vérité, qu'il faut absolument chercher là où le Christ a établi la Chaire de Vérité... C'est pour nous un devoir de louer le dessein que votre lettre nous fait connaître, et auquel nous avons appris que votre journal répond pleinement, à savoir : de produire, de répandre, de mettre en lumière, de faire pénétrer dans les esprits tout ce que le Saint-Siège a enseigné contre les doctrines coupables, ou contre les doctrines pour le moins fausses et reçues en plus d'un lieu, notamment contre le libéralisme catholique, qui tâche de concilier la lumière avec les ténèbres, la vérité avec l'erreur. Sans doute, vous avez entrepris une lutte très rude et très difficile, puisque ces *doctrines pernicieuses*, qui *ouvrent le chemin* à toutes les entreprises de l'impiété, sont, en ce moment, soutenues avec violence par tous ceux qui se glorifient de favoriser le prétendu progrès de la civilisation ; par tous ceux qui, professant *extérieurement* la religion, mais n'ayant pourtant pas son véritable esprit, parlent partout et très haut de paix, alors qu'ils ignorent *la véritable voie* de la paix, attirant à eux, par ce procédé, le nombre très considérable des hommes que séduit l'amour égoïste du repos. »

La *Croix*, ainsi confirmée par le Pape, pouvait faire grand bien en Belgique ; mais plus sa mission était nécessaire, plus son œuvre était clairvoyante et courageuse, plus sa tâche devenait difficile. Le signe particulier des catholiques libéraux, c'est une grande susceptibilité de l'épiderme. Quand ces théophilanthropes d'une nouvelle manière forment troupe et se sentent piqués, ils poussent des cris comme des oies qu'on plume ; et le seul cataplasme efficace pour les blessures qu'ils ont à la peau, c'est l'arrêt de mort de leurs critiques. Libéraux d'étiquette, despotes au fond, rien que la mort n'est capable d'expier les forfaits commis contre leurs peu sacrées personnes. Or, ils estiment à forfait tout jet de lumière jeté à profusion sur leurs propres yeux. La *Croix*, il faut le dire à son honneur, eut le noble courage de multiplier ces crimes.

Dans ces conjonctures, Charles Périn fut conduit à prendre plus d'une fois une attitude plus accusée que celle qu'il avait en quittant les Croisés de Saint-Pierre. En ce qui concerne le journal la *Croix*, il manifesta une adhésion et montra un zèle qui ne concordaient pas absolument avec ses sentiments antérieurs. Ce changement de disposition fut déterminé par des instructions qu'il reçut de Rome. L'autorité pontificale lui fit connaître des sentiments qu'il ne connaissait pas. J'en trouve l'expression dans une lettre d'un prélat dont Pie IX se servait souvent pour transmettre ses ordres. Cette lettre était alors confidentielle ; elle ne l'est plus aujourd'hui. L'histoire a des droits supérieurs contre lesquels les considérations de personnes ne sauraient prévaloir.

Paris, le 5 octobre 1875.

« J'ai reçu votre dernière lettre du 22 septembre et je l'ai crue digne d'être montrée au Saint-Père; car elle vous fait honneur et montre comment les catholiques sans épithète pensent, parlent et agissent. Le Saint-Père en a été bien content, d'autant plus qu'il partage vos craintes sur l'Université de Paris. — Je reçus, il y a quelque temps, une lettre de M...., collaborateur du journal la *Croix*, pour me la recommander. Mais il en avait écrit une autre au Père... où il se plaign ait d'une nouvelle persécution, excitée contre le journal, par l'évêque de Gand et secondée par l'archevêque de Malines. Je ne sais si vous connaissez tous les précédents, une partie desquels est secrète et doit rester telle. Lorsque l'épiscopat belge, tout entier, excité par l'évêque de Gand, voulait la mort de ce journal, on en fit examiner, à Rome, deux fois, la doctrine. On la trouva *irréprochable* et alors on encouragea les rédacteurs par un Bref et, en même temps, on envoya une instruction à Mgr Cattani, pour parler aux évêques. Mais on fit sentir aussi, indirectement, aux rédacteurs, leur devoir de garder les règles de la modération et de la prudence, soit pour le choix des sujets, soit pour la manière d'écrire, soit pour la docilité vis-à-vis de l'autorité ecclésiastique et de ne *choquer* personne.

« En effet, ils se présentèrent à l'archevêque de Malines pour le prier de leur indiquer ce qui lui déplaisait dans leur journal. Il leur défendit de parler de la Constitution, des lois et du double pouvoir du Pape. Ils ont promis d'obéir et ils ont tenu parole. — Mais voilà que M... se plaint que l'évêque de Gand avait toujours conservé sa vieille antipathie pour ce journal, et ne pouvant pas l'interdire solennellement, le fait de vive voix dans tout son diocèse et que le cardinal de Malines vient d'écrire, au nom de tout l'épiscopat belge, une lettre au *Bien public*, où le journal est décrié pour en éloigner les souscripteurs.

« Ce serait vraiment dommage de tuer un journal *purement catholique*, parce qu'il fait la guerre au libéralisme, au moment où celui-ci menace toujours et se rend plus dangereux. M... nous recommande de le sauver ; mais que faire ? Tant que l'évêque de Gand n'agit qu'en cachette, on ne peut lui rien dire, et, par rapport à la lettre du cardinal, nous ne la connaissons pas. — Pourriez-vous nous faire connaître nettement le vrai, vous entendre avec le comte de Hemptinne et nous indiquer ce qu'il y aurait à faire. » — Cette lettre est signée, à l'original, d'un nom allemand ; ce prélat est mort depuis longtemps.

Ce document appelle quelques réflexions. L'idée de ne choquer personne dans un journal, nous paraît chimérique. Un journal est une machine de guerre ; à la guerre on se bat ; avec une machine on doit frapper plus fort. Remplacer la machine par un verre d'eau sucrée, cette liqueur serait douce aux estomacs ; mais inclinerait peu aux résolutions et produirait encore moins d'éclaircissements. Interdire, à un journal belge, de parler de la Constitution, des lois, du pouvoir du Pape, cela nous rappelle le mot de Beaumarchais : Pourvu que vous ne parliez ni du roi, ni de la reine, ni des princes, ni de la cour, ni du lieutenant de police, ni du déficit, ni des Etats, la presse jouit d'une liberté absolue. Prétendre que cette liberté, dans son exercice, ne doit toucher ni aux personnes, ni aux questions brûlantes, c'est la supprimer dans ses plus utiles applications. L'esprit catholique, dans les coins éloignés du monde, est sujet à des aberrations étranges. Par exemple, nous avons vu des catholiques prétendre qu'on pouvait, sans blesser la conscience, prêter le serment du *test* et signer les trente-neuf articles d'Elisabeth. La Constitution belge est moins certainement hérétique, mais plus insidieuse, et s'il y a quelque chose à dire contre, il ne peut être que juste et digne de l'exprimer. Supprimer un journal parce qu'il a ce courage, c'est, en présence du mal, supprimer le remède ; et jeter sur lui la défaveur publique, il nous semble que c'est mal comprendre le gouvernement de l'Eglise.

La *Croix* eut une vie courte. Sa rédaction était savante et modérée ; mais elle allait contre les vents et marées du libéralisme. La coalition des illusions et des amours-propres eût, tôt ou tard, amené sa ruine. Un procès, qu'elle perdit, l'obligeait à publier, comme rectification, des déclarations libérales. Par un noble excès de délicatesse, elle aima mieux mourir que de publier des blasphèmes, même par autorité de justice. Sa mort fut un deuil pour tous les amis de l'Eglise et de la papauté ; elle fut un sujet de paix pour les sectaires libéraux. Un journal ecclésiastique d'Orléans, la *Défense sociale et religieuse*, dit à ce propos : « Je viens d'apprendre une nouvelle qui n'est pas sans importance ; le journal la *Croix* cesse sa publication... Personne ne le regrettera ; c'était une *peste* dans les rangs de la presse catholique ; nous en sommes heureusement délivrés. » La *Défense* a disparu de même et eût mérité un pareil éloge, à contre titre. Mais retenons cet aveu compromettant : un journal purement catholique, jugé tel à Rome, c'est un fléau de l'Eglise. La vraie nourriture des peuples chrétiens, c'est la promiscuité du bien et du mal ; la vraie politique, c'est la vérité et l'erreur jouissant d'une égalité de droit. La *Défense* d'un côté, avec Dupanloup ; la *Croix* de l'autre, avec Pie IX.

IV

La *Croix* mourut noblement et ressuscita, dès le troisième jour, dans la *Correspondance catholique*. Ce fut l'œuvre propre d'un écrivain belge ; nous ouvrons une parenthèse pour lui rendre, ici, le plus explicite hommage.

Clément-Théodore-Joseph-Ghislain Van Doren était né à Bruxelles le 13 mars 1828, de parents chrétiens, appartenant à la bonne bourgeoisie ; il fit ses premières études au collège de la Sainte-Vierge à Termunde, ses humanités au collège Saint-Michel de Bruxelles, ses cours universitaires à Louvain. Docteur en médecine, chirurgie et accouchements, il abordait en 1853 la carrière médicale. Marié en 1855, père d'une jeune fille dont la mère était morte après l'avoir mise au monde, le docteur Van Doren trouva, dans son veuvage et dans l'état de sa santé, un double motif pour restreindre, puis pour abandonner la pratique de sa profession. L'éducation de sa fille absorbait ses soins ; cette enfant mourut en 1880, au moment où elle achevait son noviciat chez les Dames du Sacré-Cœur. Dans les loisirs que lui laissait l'éducation de sa fille, plus tard dans la solitude sanctifiée par toutes les pratiques de la piété chrétienne, le docteur se décida, par piété même, à écrire. En digne et intelligent chrétien, il voulut travailler, par la confession de sa foi, au bien de son pays.

La Belgique, livrée au constitutionnalisme libéral, lui apparaissait, par la forme de son gouvernement et encore plus

par le mauvais esprit de basse impiété qui fait le fond obscur
du libéralisme, un pays voué aux ravages qu'entraîne forcément la promiscuité des doctrines. Ce qui caractérise, en
effet, le libéralisme, c'est qu'il supprime ou plutôt désarme
l'autorité ordonnée de Dieu, pour combattre les passions des
hommes et les faiblesses de l'esprit, comme les autres. Par le
jeu, souvent aveugle, des élections, le nombre décide de tout ;
le pouvoir législatif et exécutif n'est qu'un mandat éphémère
et révocable ; il dispense de conscience et décharge de toute
responsabilité. C'est la presse et la tribune qui soufflent le
chaud et le froid ; leur haleine enfle les voiles du vaisseau qui
enserre, dans ses flancs, la fortune publique ; leur aveuglement et leurs colères en déchirent souvent les voiles, en cas-
sent parfois la mâture et laissent rarement cette fortune sans
péril. Dans l'état général de l'Europe, après trois siècles d'aberration protestante, un siècle de révolutions libérales, la Belgique, séparée de la Hollande, en 1830, pour défendre sa foi,
doit la perdre par l'effet de ce libéralisme gangréneux dont
elle s'est fait une constitution. Le peuple belge est catholique ;
son gouvernement est libéral. Ceci tuera cela, avec le temps,
par l'effet nécessaire de la promiscuité des doctrines et des
passions que sait toujours caresser l'erreur.

Telle est, en substance, l'idée génératrice des écrits du
docteur Van Doren. Nous l'avons beaucoup connu par ses
livres et pratiqué, mais seulement par correspondance : nous
croyons en parler à bon escient. A la place d'un gouvernement d'élections et de majorités, dont l'athéisme fait le fond,
le docteur belge veut un gouvernement chrétien, catholique,
apostolique, romain ; un gouvernement qui prenne, pour
charte, l'Evangile ; pour lois de l'esprit, le Symbole des
Apôtres ; pour règle de la volonté, le Décalogue ; pour assistance des âmes, la grâce des sacrements et le ministère de
l'Eglise ; un gouvernement qui observe ponctuellement les
stipulations du droit canonique et s'inspire des consignes du
Saint-Siège. Le docteur Van Doren, dans sa politique, était

catholique jusqu'au fond des entrailles ; je ne suis pas éloigné de croire que, docile à l'esprit de Dieu, il avait, à lui tout seul, plus d'esprit que la Belgique officielle.

Comme tous les hommes de cœur et de foi, Van Doren a beaucoup écrit. Une première série de ses œuvres est consacrée aux études de religion et d'histoire. Je cite, sans m'y arrêter un instant : 1° Les anges considérés dans leur nature ; 2° Les anges dans l'ancien et dans le nouveau Testament ; 3° Histoire du peuple de Dieu ; 4° Esther ou notre espérance ; 5° Les deux Tobie ; 6° Les apparitions du diable ; 7° Aperçu de l'Apocalypse ; 8° Coup d'œil sur l'histoire de la Belgique pendant les trois derniers siècles.

La série, à mon gré la plus importante, des œuvres de Van Doren, a trait aux questions politiques. Je cite également sans appuyer : 1° La constitution belge est-elle condamnée ? 2° Etudes sur le catholicisme libéral ; 3° Qu'est-ce que la liberté ? 4° Les hiérarchies terrestres ; 5° Ne touchez pas à la constitution ! 6° Religion et diplomatie ; 7° Exposé historique de la question du serment constitutionnel ; 8° La Belgique indépendante et catholique libérale ; 9° Le lendemain des élections ; 10° A propos d'un *Imprimatur* ; 11° Entretiens sur le catholicisme libéral ; 12° Entretiens à propos de l'Encyclique ; 13° Les abbés du congrès de 1830 ; 14° Opportunité et nécessité de dire la vérité ; 15° A propos du prétendu silence ; 16° Le libéralisme constitutionnel ; 17° Un peu plus de lumière ; 18° Les principes du congrès national ; 19° Le lendemain des élections de 1884 ; 20° La réforme scolaire jugée par la presse catholique ; 21° Les deux manifestes du 5 juin et du 15 octobre 1884.

Ces titres disent quelque chose : ils marquent un esprit, élevé et juste, qui suit tous les mouvements de l'opinion et les actes de la politique ; qui dit sur chaque chose le mot propre de la religion, du droit et du bien public ; qui sacrifie son temps, son argent, sa santé pour soutenir, par ses efforts, la dignité de sa patrie. On peut être aussi estimable que le docteur Van Doren ; on ne peut pas l'être plus.

En 1884, lorsque la *Croix* voulut disparaître plutôt que de servir d'écho au blasphème, Van Doren voulut joindre, aux engagements partiels et intermittents de la brochure, une campagne continue de journalisme : il fonda la *Correspondance catholique* de Bruxelles et la soutint de ses deniers jusqu'à son dernier soupir. D'après son organisation et d'après son titre, cette Revue mensuelle devait avoir pour rédacteur ses abonnés ; elle devait, un peu comme le *Correspondant* de Paris en 1834, reproduire les lettres venues de partout ; mais à la différence du recueil français, les lettres devaient être toutes dirigées contre la grande hérésie du XIXe siècle, le libéralisme. Le point capital était de bien choisir les correspondants ; c'est la chose strictement nécessaire ; mais moins aisée à réussir qu'on ne l'imagine. Le libéralisme est, après le jansénisme, l'hérésie la plus subtile que le diable ait tissée ; elle se fourre partout ; elle est théologique, politique, civile, économique, pieuse, confite en dévotion et même en mysticité. Tous ceux qui lui obéissent ou s'en inspirent, ne suivent pas moins les vrais principes du diable. Sous les beaux dehors, il y a toujours une défaillance de vertu, une dépravation de l'esprit, et, j'ose le dire, une trahison.

· Nous ne manquons pas aujourd'hui de chrétiens catholiques dans la vie privée, mais libéraux dans la vie publique. Il se trouve même, parmi les prêtres et les évêques, des hommes certainement croyants et fidèles ; mais qui, par esprit de conciliation, pour parvenir ou pour se maintenir, acceptent l'anesthésie du libéralisme ; ils tolèrent dans leur gouvernement, ils admettent dans la société, comme licites ou tolérables, des choses qu'ils devraient repousser, comme monstrueuses dans leur conscience. Le monde va par là à une gigantesque hérésie qui livrera définitivement la société au Démon, et ne laissera plus que le for intérieur des âmes, à Jésus-Christ, rédempteur des âmes, roi des nations et dominateur immortel des siècles. *Christus heri et hodiè et in sæcula.*

Si le docteur belge eût choisi ses correspondants parmi les gens de cette ondoyante espèce, il eût commis la faute du pompier qui jette l'huile sur le feu : il eut meilleur flair. Parmi le petit nombre des adorateurs zélés, il choisit ceux qui n'ont pas admis, même à l'état de dilution infinitésimale, les principes de 89 ; ceux qui n'ont jamais, si peu que ce soit, fléchi le genou devant le Baal du libéralisme. Tous ne nous sont pas personnellement connus ; plusieurs ne signaient pas leurs lettres ; mais nous pouvons citer Michel Maupied, grand théologien et grand canoniste, auteur primitif de la formule de définition de l'infaillibilité pontificale qui prévalut au concile, mort depuis dans la pauvreté et dans la disgrâce ; le P. Hilaire de Paris, capucin, grand théologien aussi, le plus grand même des théologiens français du xixᵉ siècle, si j'en crois Scheeben, en disgrâce aussi dans son couvent ; le P. At, prêtre du Sacré-Cœur, canoniste, qu'on retrouve à la *Revue du monde catholique*, avec le *Chant du Cygne*, après l'avoir vu aux *Annales de philosophie*, à l'*Univers* et à la *Correspondance catholique* ; mais s'il n'est pas en disgrâce, peu s'en faut. La prétendue paix dont nous jouissons en France depuis vingt-cinq ans, — paix plus funeste même qu'une guerre désastreuse, et la guerre ne pouvait pas l'être, — offre ce trait significatif que les écrivains, décorés par Pie IX, sont tous plus ou moins frappés et chargés d'entraves. Nous ne croyons pas nécessaire de les défendre ni de les plaindre : il y a une béatitude dans la persécution pour la justice. Nous constatons seulement, à leur honneur, qu'il ne leur a été demandé aucune abdication d'esprit. C'eût été un supplice pire que la mort. La mort nous efface de cette terre, mais nous délivre de ses turpitudes ; l'abdication nous les fait subir. On a toujours, au surplus, le droit de protester contre l'aveuglement, l'inertie et l'injustice : *Adversùs hostem, æterna auctoritas esto.*

Cette *Correspondance catholique* dura plusieurs années,

plus ou moins abondante, suivant le zèle de ses rédacteurs, tous retenus ailleurs par d'autres besognes ou d'autres devoirs. Mais là, ils avaient toutes les immunités dont avaient joui précédemment les congrès libéraux de Malines ; ils s'en donnaient à cœur joie, favorisés encore par le voile possible de l'anonyme, dont, au reste, ils n'abusaient pas. On savait être brave sans cacher son nom. Par le fait, cette Correspondance est devenue, suivant un titre fourni par Jules Morel, une *Somme* contre le catholicisme libéral. Quand la Belgique, politiquement bien surmenée, voudra revivre dans la plénitude divine du catholicisme, elle s'appliquera les doctrines de la *Correspondance* Van Doren.

A la pureté des doctrines, la *Correspondance* ajoutait un autre mérite, l'intégrité du dévouement. — Au Moyen Age, pour concourir au mouvement rénovateur du monde et au progrès à venir, il fallait fonder des monastères et bâtir des églises ; dans les temps modernes, pour réagir contre la perversité des doctrines qui ont tout compromis et qui peuvent tout perdre, il faut courir à la plume, composer des livres, publier des journaux et des revues. Espérer arrêter l'Europe sur la pente vers l'abîme où tout se précipite, c'est une entreprise ou un dessein qui promet peu de succès immédiat. En présence de l'infatuation universelle, nous ne voulons pas dire que tout est perdu, mais on peut le craindre. On ne doit pas moins se raidir contre la mauvaise fortune. La patience active ne se décourage point, tous les mauvais jours précèdent des jours meilleurs. En mettant la chose au pis ; en supposant la mort des nations dont se composait autrefois la chrétienté, si la Providence a décrété leur résurrection, elle ne s'opérera que par la vérité. Ceux donc qui croient et qui voient d'avance, doivent, autant qu'il est en eux, préparer le pur froment à semer, puisque cette récolte aidera seule à nourrir les hommes sortis des ruines.

Telle était la résolution du docteur Van Doren qu'il voulut prendre à sa charge tous les frais de rédaction et de publicité, sans demander, à ses lecteurs, aucun frais d'abonnement, mais seulement les frais de poste. La gratuité du ministère apostolique était la loi de sa Correspondance ; il donnait gratuitement tout ce qu'il avait reçu de Dieu. Pour soutenir plus longtemps son œuvre, il n'hésita pas à sacrifier sa fortune, à s'imposer même des privations, choses méritoires sans doute, mais de peu de prix, en comparaison de cette semaille de ces doctrines saintes dont il était l'aumônier. Il y en a, dit saint Bernard, qui étudient pour savoir, et c'est une curieuse ambition ; il y en a qui étudient pour s'illustrer et c'est une frivole convoitise ; il y en a qui étudient pour amasser de l'argent ou monter aux honneurs et c'est une cupidité honteuse. Mais il y en a qui étudient pour édifier et pour s'édifier et c'est, devant les hommes et devant Dieu, une très digne, une très louable entreprise.

Tel fut le mérite du docteur Van Doren. Si l'on ajoute qu'au sacrifice de sa fortune, il joignit constamment les souffrances de la maladie et ne poursuivit son œuvre qu'en se crucifiant, il faudra dire qu'il fut, pour les bonnes doctrines, un confesseur et un martyr. Le génie peut conquérir la gloire ; la sainte grâce de Dieu sait seule multiplier les vertus.

V

Cet hommage rendu au docteur Van Doren, nous revenons à notre héros. — La première difficulté grave qu'il rencontra dans l'Université de Louvain eut trait à des articles de Revue. Cette Université publiait une Revue mensuelle, petit in-quarto, couverture verte ; la Revue de Louvain avait, de prime abord, acquis dans l'Eglise, par l'intégrité de ses doctrines, une grande renommée ; on la citait, dans les séminaires de France, comme une autorité indiscutable. Puis on s'aperçut qu'elle déclinait ; qu'elle était moins nette et moins ferme ; qu'elle diminuait en autorité, parce qu'elle laissait fléchir son intransigeance. C'est un peu l'histoire de toutes les revues. Le souci du succès amène des concessions et les concessions tuent le crédit.

La Revue avait un comité de direction. Le professeur Périn, qui subodorait le fumet de ses cuisines, avait d'abord refusé d'en faire partie. Sur les instances du recteur Laforêt, avec qui il avait toujours vécu dans les meilleurs termes, il revint sur son refus, par cette considération principalement que l'épiscopat belge faisait, de son entrée au conseil, la condition de son acquiescement à la reconstitution de la Revue. Périn mit lui-même, à son adhésion, cette réserve, que le chanoine Lamy serait exclu du conseil et qu'il serait remplacé par le professeur Moulaert. On voit que si, bientôt, quelque dissentiment doit se produire avec ce dernier, ce n'est pas une susceptibilité de personne, mais uniquement une susceptibilité de doctrine.

Un premier dissentiment se produisit à propos d'articles du chanoine Labis sur la nature des Concordats. Les Concordats sont des conventions diplomatiques entre le Saint-Siège et les gouvernements politiques, pour mettre fin, par des concessions mutuelles, à des conflits qui ont duré plus ou moins longtemps. Ces Concordats sont-ils des contrats dans le sens strict du mot ? sont-ils simplement des *indults*, révocables au gré du Pape quand ils tournent au détriment de l'Eglise, détriment dont le Pape est seul juge ? On a établi là-dessus une controverse : les uns tiennent pour l'indult, les autres pour le contrat : nous ne pouvons entrer ici dans ce litige. D'une part, une convention est, à coup sûr, un engagement des deux parties ; d'autre part, il est sûr qu'ils ne se concluent que sur des concessions du Pape. Mais comme les gouvernements politiques violent les Concordats sans vergogne et parfois même les tournent contre leur but, jusqu'à faire, d'un instrument de paix, une arme de persécution, on ne peut pas décemment soutenir que le Pape est obligé de subir, désarmé, ces iniquités et ces violences ; il a droit de briser cette arme déloyale aux mains de l'ennemi.

Au fond, il y a, dans cette controverse, comme, en général, dans toutes les questions soulevées par les hérésies, un côté moral, qui touche aux plus profonds mystères du cœur humain. La vérité est une, elle est absolue, sans tache ni ombre ; elle doit faire loi. Mais au regard de la vérité absolue, les hommes se partagent en deux sections : les uns, les clairvoyants, les pénétrants, les désintéressés, les vertueux tiennent pour cette vérité dans toute sa rigueur ; les autres, les nonchalants, les vulgaires, les mous ne l'envisagent pas sous ses aspects austères ; ils l'aperçoivent sous des angles qui la diminuent et ils en maquignonnent dans leur intérêt ou pour leurs passions. Les premiers sont plutôt les soldats de l'Eglise ;

ils la défendent avec courage et parfois se font tuer à son service ; les autres sont plutôt les bienveillants serviteurs de l'Etat ; ils n'opèrent pas, sans doute, toujours pour avoir une récompense, mais ils excellent volontiers à attraper les bureaux de tabac.

Une controverse beaucoup plus grave fut soulevée par le professeur Moulaert, celui-là même que M. Périn avait fait entrer au Conseil de Direction. Dans l'affaire Labis, Moulaert avait montré patte rouge : il avait soutenu que la théorie du contrat irrescendible était l'enseignement commun des théologiens et qu'il était, lui, prêt à la signer des deux mains. Dans un article à lui, il produisit une erreur analogue ; il affirma et soutint que l'assistance de l'Eglise par l'Etat n'est point une obligation *principale* de l'Etat ; mais seulement une appartenance *secondaire* de sa mission. Selon nous, cette proposition est inintelligente et sophistique. Ou il y a obligation d'Etat ou il n'y en a pas : s'il y a une obligation d'assistance imposée par Dieu à l'Etat, l'Etat doit, en travaillant au bien matériel, à l'ordre civil, à la paix sociale, procurer ce bien, dans les conditions déterminées par Dieu ; ces conditions sont strictement obligatoires ; si l'Etat s'y dérobe, il ne désobéit pas seulement à Dieu, il trahit la société. Croire qu'il peut, selon ses goûts et ses fantaisies, se croire obligé ou non, c'est pousser la naïveté au delà des bornes. L'Etat, dans ces conditions, s'affranchit toujours ; l'obligation secondaire est, pour lui, l'équivalent de rien ; le prêtre, qui a fait prévaloir cette distinction, a trahi, c'est-à-dire livré l'Eglise à l'Etat.

Cette question était grave pour le professeur de droit public ; elle venait l'attaquer dans son enseignement ; la confiance que lui témoignaient les évêques et le Saint-Siège pour maintenir, à l'Université, la doctrine catholique en matière sociale et politique, ne lui permettait pas de garder le silence. S'il n'eût tenu qu'à lui, il ne se fût point occupé d'hommes et de choses peu dignes d'attention. A raison du double intérêt de ses cours et du bon renom de l'Université, dès qu'il eût lu l'article Moulaert, il écrivit à ce professeur pour lui faire part de l'intention où il était de le combattre sur ce point. « Je ne saurais, écrit-il, vous cacher que cette proposition m'a causé un étonnement pénible. C'est le contraire qui me paraît être la vérité ; je crois que l'assistance positive de l'Eglise est dans les obligations essentielles de l'Etat. Je considère comme un devoir d'affirmer hautement cette conviction dans mon enseignement du droit public et de combattre de toutes mes forces les systèmes qui se résument dans la proposition émise par vous. Ne soyez donc pas étonné, si l'occasion se présentait, que je me pose en adversaire de votre doctrine. Il m'en coûte infiniment de prendre vis-à-vis de vous, cette attitude ; mais vous savez le proverbe : *Amicus Plato, sed magis amica veritas.* Je crois d'ailleurs qu'en une telle rencontre, la franchise est la meilleure preuve d'estime et de sympathie qu'on puisse donner à ceux dont on ne partage pas les vues et c'est la raison qui me décide à vous parler comme je viens de le faire. »

Presqu'en même temps, à la Revue de Louvain, se produisit un autre incident. Un correspondant, Tancrède de Hauteville, avait adressé une lettre où il dévoilait et appréciait justement les doctrines et les manœuvres de certains libéraux de France : cette lettre fut refusée à l'impression et bien à tort. On s'imagine que les catholiques libéraux n'intriguèrent qu'au Concile : erreur totale : ils intriguèrent dès leur berceau. Quand Dupanloup vit Pie IX créer le séminaire français, pour soustraire les prêtres à la contagion gallicane, il envoya dans cet établissement un élève dont la mission était d'introduire la peste dans ce séminaire. Battu au concile, il intriguait de plus fort en France, en Italie, à Rome, en Belgique et partout avec une ruse qui rappelle les Jansénistes et une audace qui rappelle les Ariens sous Constance.

Quand M. Périn eut acquis la certitude que, pas plus dans

cette question que dans l'affaire Moulaert, il ne serait soutenu par le comité directeur, il donna sa démission, de ce comité, par une lettre au recteur Namèche. « Je viens d'apprendre, lui dit-il, que la direction de la *Revue catholique* persiste à refuser l'insertion du passage où notre collaborateur signale l'étrange attitude des catholiques libéraux dans les controverses auxquelles ont donné lieu les paroles du Saint-Père aux députés des différentes nations catholiques. Après ce refus, je ne puis plus conserver de doute sur la voie dans laquelle la Direction de la Revue est engagée et je me trouve dans la nécessité de donner ma démission de membre du comité de Rédaction. Il y a environ deux ans, une difficulté analogue, mais moins grave, s'est présentée ; je crus alors devoir déclarer que si pareil fait se présentait, je me verrais dans la nécessité de me retirer. Aujourd'hui cette nécessité est d'autant plus impérieuse que l'esprit de la Revue est affirmé davantage, d'abord dans l'article du chanoine Labis sur les concordats et tout récemment dans les propositions Moulaert sur l'union ou la séparation de l'Eglise et de l'Etat. Des explications que donnera, sans doute, notre savant et consciencieux collègue, pourraient faire disparaître ce qu'il y a de fâcheux dans le passage sus-indiqué ; mais le refus de la correspondance Hauteville reste et cela suffit pour m'obliger, à mon très grand regret, de prendre le parti de quitter le comité. Il m'en coûte de me séparer sur ce point de collègues que je compte parmi mes meilleurs amis ; mais il y a, ici, pour moi, une de ces questions de devoir sur lesquelles on ne transige pas. J'ai mûrement réfléchi ; cette résolution est définitive. »

Plusieurs évêques, notamment l'évêque de Namur, à qui M. Périn avait demandé une direction doctrinale pour l'affaire Moulaert, regrettèrent sa sortie d'un comité où il eût pu empêcher quelque mal ; en expliquant ce regret, ils déclarèrent ne pouvoir blâmer cette résolution. Saisis d'ailleurs de l'affaire Moulaert dans leur réunion annuelle du mois d'août, les évêques, y compris Labis, évêque de Tournai, jugèrent inexacte la doctrine de Moulaert et décidèrent qu'il serait invité à la modifier dans un article subséquent ; l'évêque de Namur, Gravez, devait faire la revision de ce second article. C'était une victoire pour M. Périn.

L'affaire se passa, du reste, comme il faut, entre braves gens. Après avoir reçu, de l'évêque de Namur, l'approbation sans réserve de son second article, le professeur Moulaert écrivit au professeur Périn : « J'aurais été, je vous assure, heureux de vous donner cette satisfaction, dès le premier jour, si je vous avais compris. Il ne me reste plus qu'à prier Dieu de tout mon cœur qu'il daigne vous épargner toujours, à vous et à vos enfants, des peines semblables à celles que j'ai endurées depuis deux mois. » — « Soyez persuadé, répondit M. Périn, le 25 septembre 1872, que toute cette affaire m'a été, à moi-même, infiniment pénible. Si je me suis adressé directement à vous dès le début, c'était surtout en vue de vous amener à fournir des explications qui auraient coupé court à tout. Si ces explications avaient été données plus tôt, vous vous seriez épargné des peines que je comprends et auxquelles je prends autant de part que personne. Il répugne à mon caractère de créer des difficultés qui peuvent être si cruelles pour des hommes qui ont toute mon estime. Mais les devoirs que créent certaines situations parlent plus haut que tous les sentiments personnels. Ce n'est pas sans regret que j'ai quitté le comité de la Revue ; à présent que c'est fait, je me plais à penser que, n'ayant plus aucune part à la direction du recueil, je ne me verrai plus dans la nécessité de remplir de pareils devoirs. »

C'était parler droit. Tout est bien qui finit bien. Ne nous flattons pas cependant d'un trop brillant avenir. Quand l'erreur a mis le pied quelque part, elle ne décampe pas si vite ; elle sait s'attacher par ses racines et par je ne sais combien de vrilles. Les faiblesses de l'esprit et les bassesses du cœur sont, en secret, de compte à demi dans toutes ses manœu-

vres ; les vues de l'amour-propre et les audaces de la pensée
se coalisent pour en assurer le succès. Quand ces choses sont
le fait des gens d'Eglise, il y a parfois, sous un scrupuleux
décorum, une plus vivace perfidie. Alors on sait donner, à
tous les complots, les apparences du dévouement et le prestige
du haut savoir. On se fait presqu'un point d'honneur de
trahir ou de déserter.

VI

Un autre incident, relatif à Moulaert et à sa doctrine, vint bientôt mettre le professeur Périn en demeure d'intervenir. Ici les intérêts de son cours étaient directement en cause, et, pas plus que dans le cas précédent, il n'aurait pu, sans manquer à ses devoirs, se dispenser d'agir.

Le grand nom de droit, dont le devoir forme le corrélatif, est, ici-bas, la règle, la garantie et la protection des choses divines et humaines. Dans la hiérarchie des droits, on distingue le droit canon qui règle les rapports religieux des hommes avec Dieu et avec leurs semblables ; le droit civil, politique et international qui règle les rapports des citoyens entre eux et des nations entre elles. Tout à fait au dernier échelon, sous le régime des concordats, on a imaginé un droit civil ecclésiastique. Ce droit essaie de codifier les circulaires ministérielles, les documents administratifs, les avis ou arrêts du conseil d'Etat, la jurisprudence des tribunaux, pour tout ce qui se rapporte au temporel des cultes. Mais, comme ce droit a, pour agir, le gouvernement politique, il est moins un droit qu'une dérogation au droit ; il est plutôt une collection de licols administratifs, de nœuds coulants législatifs, d'empiètements illicites, de tendances mal venues, par quoi l'Etat s'ingénie à inféoder l'Eglise. Que les curés en connaissent exactement les dispositions pour administrer la fabrique de leur Eglise, soit ; mais qu'on en fasse une province du haut enseignement, cela n'apparaît plus que comme un accroc au droit international et au droit sacré de la sainte Eglise.

Or, on mit, au programme de la Faculté de droit, comme obligatoire, sans que la Faculté ait été entendue, le cours de droit civil ecclésiastique de Moulaert. Ce cours avait été destiné, dès le commencement, à faire contrepoids au cours de droit public dans lequel Périn enseignait les doctrines purement romaines. Ce fut par surprise que l'on fit, au programme, ce changement, qui devait avoir de sérieuses conséquences. Le recteur Namèche, qui avait autorisé la mesure, disait, en août 1881, à M. Périn, qu'on l'avait trompé ; qu'on lui avait fait accroire qu'il s'agissait simplement du temporel du culte ; et qu'il avait ignoré qu'on voulût imposer, à la Faculté, comme obligatoire, l'enseignement suspect de M. Moulaert sur les rapports de l'Eglise et de l'Etat.

Sur les instructions des évêques de Namur et de Liège, M. Périn adressa une protestation contre cette mesure, au recteur magnifique de l'Université ; et en transmit copie à tous les membres du corps épiscopal de Belgique. Par cette distribution, les deux évêques voulaient prévenir un procédé de l'archevêché, qui consistait à retenir des documents qui pouvaient exciter ses ombrages. Dans l'affaire d'Ubaghs, on avait arrêté, au passage, une pièce venue de Rome, dont la conséquence immédiate eût été le désaveu, par ce vénérable prêtre, des idées que Rome n'approuvait pas. Ubaghs, dûment averti, eût désavoué ces idées et échappé à l'Index ; non saisi, il encourut les censures. Cette fois, on ne voulait pas que l'arrêt à Malines empêchât la protestation de parvenir au corps épiscopal. Voici ce document dans un texte officiel :

« Notre doyen, M. Biervliet, vous communiquera la protestation votée à l'unanimité par la Faculté de droit contre l'introduction du cours de droit civil ecclésiastique, comme cours obligatoire dans les deux années de doctorat.

« J'ai, en cette affaire, un devoir particulier à remplir. Il y a, entre l'enseignement de M. Moulaert et le mien, quant aux doctrines, des divergences que tout le monde connaît. Je proteste contre la mesure qui, en imposant à mes élèves, le cours de droit civil ecclésiastique, détruit l'unité de l'enseignement du droit public, dans notre Faculté.

« Soyez persuadé que toute idée d'opposition à votre égard est loin de mon esprit et de mon cœur. Je connais la droiture de vos intentions. Des suggestions regrettables ont, en cette question, égaré votre jugement. Vous voulez le bien et on vous a induit à des mesures, qui, à divers égards, causeront à l'enseignement de la Faculté de droit, un grave détriment.

« Vu l'importance de la question, je me crois obligé d'envoyer une copie de la présente protestation à chacun de nos seigneurs les évêques. »

L'archevêque de Malines, partant pour Rome, avait enjoint de surseoir jusqu'à son retour, avant de connaître de l'affaire. Le corps épiscopal estima, au contraire, qu'il y avait urgence. A son avis, il fallait mettre fin, sans délai, à la situation créée par les intrigues des catholiques libéraux et empêcher qu'on ne pût arguer plus tard du fait accompli. En conséquence, il enjoignit au recteur et au professeur de se présenter devant les deux évêques délégués pour les entendre.

Le recteur, en l'absence de l'archevêque, allégua ses ordres pour refuser de répondre à la situation. On lui répondit que l'Ordinaire de l'Université n'était pas l'archevêque de Malines, mais le corps épiscopal de Belgique. En conséquence, il lui était enjoint de se présenter sans délai, pour fournir, aux évêques, les explications demandées.

La présentation eut lieu le 30 octobre 1876. Le recteur Namèche, introduit le premier, rendit compte de la mesure relative au cours de droit civil ecclésiastique ; il protesta de sa parfaite bonne foi et de la droiture de ses intentions. En preuve, il rappela qu'une note lue à la réunion des évêques sur la nécessité de la fréquentation du cours, n'avait soulevé qu'une seule observation. Ensuite il représenta que le retrait de sa mesure affaiblirait son autorité et discréditerait le professeur Moulaert. D'ailleurs il n'admettait pas que ce cours pût produire aucun danger ; en tout cas, il n'avait causé, dans l'Université, aucune émotion.

Les évêques lui répondirent que la protestation de la Faculté était une preuve évidente du mécontentement que la mesure avait produit ; que la Faculté n'ayant pas été consultée, une certaine satisfaction lui était due ; que l'agitation avait gagné les étudiants ; qu'il importait beaucoup dans les circonstances actuelles, de ne point entretenir cette agitation ; et que tous les évêques, sauf son Eminence, étaient d'avis qu'il fallait, sans retard, retirer cette mesure.

A la séance annuelle des évêques, après la lecture de la note, le silence des prélats ne pouvait être pris pour un acquiescement, attendu qu'il n'y avait eu ni proposition, ni discussion, ni décision.

Le professeur Moulaert, introduit à son tour, se déclara désintéressé dans la question ; il n'avait jamais eu l'intention de faire rétribuer son cours ; il était soumis d'avance à la décision du corps épiscopal ; il demandait seulement qu'on ménageât son honneur et qu'on ne mît pas en doute l'orthodoxie de son enseignement.

Les évêques répondirent qu'on garderait volontiers tous les ménagements possibles ; qu'on ne mettait pas en doute l'orthodoxie du professeur ; qu'il existait cependant des divergences entre son cours et le cours de droit public ; et que ces divergences, même purement accessoires, pourraient troubler les esprits et donner lieu à de fâcheuses discussions.

Le recteur, prié de rentrer, on convint que, pour ménager tous les intérêts, le professeur Moulaert écrirait au recteur Namèche que la transformation du cours de droit civil ecclésiastique ayant causé quelque mécontentement, en ce sens qu'il deviendrait une surcharge pour les élèves, il était prié de ramener les choses au *statu quo* antérieur. Le recteur agréerait cette proposition ; le professeur notifierait aux élèves le retrait de la mesure et c'était affaire finie.

Ce que le procès-verbal, publié par Mgr Dumont, ne dit pas, c'est que ce retour à l'état antérieur avait pour but de neutraliser les procédés du cardinal Dechamps, lorsqu'il s'agissait de faire échec, dans l'Université, aux doctrines déclarées bonnes par le souverain Pontife et de favoriser les doctrines douteuses. Non pas que le cardinal fût catholique libéral ; il était seulement l'ami de plusieurs personnes de cette trempe et doux de caractère ; il inclinait beaucoup, peut-être trop, à la conciliation. La transformation du cours Moulaert avait été d'ailleurs subreptice et il était juste de remettre les choses dans l'ordre : *Omnia honestè et secundum ordinem.*

VII

Ces difficultés et les intrigues qui les faisaient naître, n'étaient que les préludes d'incidents plus graves qui allaient surgir. Les articles et le cours du professeur Moulaert n'avaient ni une grande importance, ni un grand retentissement. Tout à coup le professeur voulut les publier en un volume intitulé : l'*Eglise et l'Etat*. Le volume imprimé ne pouvait pas avoir plus de portée que l'enseignement verbal; mais il donnait un corps à des articles fugitifs et à des paroles volantes, promptes à s'effacer, fussent-elles même confinées dans des lithographies. De plus, c'est autour de ce livre et de cette chaire que se groupaient les catholiques libéraux de Belgique ; et chaque jour aussi, de plus en plus, les catholiques libéraux de l'étranger, même de Rome. Ce concert de la secte, pour se rallier autour de l'Université de Louvain, où elle trouvait, dans une institution canoniquement organisée, un précieux point d'appui, devait donner, à l'affaire Moulaert, des proportions considérables. Les intrigues cosmopolites expliquent la violence des hostilités contre notre héros, après l'élection de Léon XIII, lorsque la secte, on ne savait pourquoi, se déclara libre d'agir. Mais n'anticipons pas sur les événements.

On verra combien l'affaire était sérieuse. On peut en juger par ce mot d'un théologien, appelé par Pie IX, à s'en occuper : « Si l'affaire arrive à sa conclusion, il n'y aura pas eu, sous le règne de Pie IX, d'acte plus important. La question de Louvain disparaît dans une question plus vaste et plus haute.»

Un évêque belge, Mgr Dumont, très convaincu lui-même de la gravité de l'affaire, déféra, de son propre mouvement, l'ouvrage de Moulaert au jugement du Saint-Office. Le préfet en avertit M. Périn, et par lettre de son vicaire général Hallez, le pria de vouloir bien lui transmettre, sur ce livre, ses observations. M. Périn répondit : « Je me réjouis de la mesure que vient de prendre notre vénéré évêque, au sujet du manuel de M. Moulaert. L'intervention de l'autorité supérieure devient ici indispensable et rien n'est plus opportun que l'appel au Saint-Siège.

« L'*Osservatore Romano*, du mardi 10 février 1877, contient une appréciation du dernier livre d'Audisio, par le P. Zigliara, dominicain d'une très grande portée. Elle renverse, par les principes de S. Thomas, les fondements de la doctrine de M. Moulaert. Il y a toujours entre le trop célèbre chanoine de Saint-Pierre et MM. Labis et Moulaert, qui ne font qu'un, une très grande similitude de principes. C'est, en effet, chez M. Moulaert, la conception première qui est mauvaise. L'excellent homme a l'esprit faux et borné : il ne voit pas ce qu'il faudrait voir ; et souvent, pour plaire au libéralisme, il fausse les termes mêmes dont il se sert. Pour vous dire mon sentiment intime, je doute qu'on puisse faire, de ses élucubrations, rien d'utile. Le résultat heureux de la revision faite à Rome sera de l'obliger à renoncer à propager des doctrines que Rome repousse et qu'il dissimule sous des subtilités que beaucoup sont incapables de démêler.

« Je ferai ce que vous me demandez le plus tôt possible. Malheureusement, je suis dans des circonstances très pénibles qui pourraient retarder mon travail. Je compte aussi sur le secret ; je ne fournirai mes observations que pour obéir à mon évêque ; point du tout pour dénoncer à Rome un collègue »,

La mort de son beau-frère Du Bois et de sa sœur Pauline empêchèrent M. Périn d'écrire ses observations sur Moulaert. Du reste, il y eut remède à cette contrariété des circonstances. Le professeur fut envoyé, à Rome, par les évêques, avec deux collègues, pour représenter l'Université de Louvain au jubilé pontifical de Pie IX ; et chargé, par Mgr Dumont, d'instructions auxquelles il sut se conformer en conscience. Le Saint-Père, apprenant qu'il était en route pour Rome, dans le désir de lui parler immédiatement, donna ordre de l'informer sans retard de son arrivée. Après quelques jours, en effet, il reçut, sans l'avoir sollicité, un billet d'audience.

Pie IX reçut M. Périn le 16 mai au soir, dans sa chambre à coucher. Le Pontife voulut donner, à son visiteur, des marques de très grande bonté et le mit en rapport avec un des plus hauts prélats, qui avait reçu les instructions de Pie IX. Ce prélat était Mgr Schaetzler, également distingué par son dévouement au Saint-Siège et par sa science théologique. En 1874, il avait publié un ouvrage intitulé : *Divus Thomas, contra liberal'smum invictus veritatis catholicæ assertor ;* il était rapporteur dans l'affaire Moulaert. A ce moment, l'affaire était déjà très avancée ; le dossier qui devait servir à la rédaction du *Votum* était considérable. Par ordre du Pape, le professeur Périn fut interrogé ; il répondit comme doit répondre un témoin cité, par l'autorité compétente, dans une procédure régulière. On sait que, de sa nature, la procédure devant le Saint-Office est secrète.

Peu après surgit, dans l'affaire, un incident curieux. Le livre de Moulaert était déféré au Saint-Office ; le cardinal Dechamp obtint qu'il fût examiné par un consulteur de l'Index. L'Index n'examine pas les livres à imprimer, mais les livres imprimés et dénoncés ; l'examen des livres à imprimer n'appartient qu'au Saint-Office, si l'on suppose qu'il y a quelque chose à reprendre. La démarche du cardinal de Malines était donc irrégulière et, de plus, inconvenante, malvenue, propre seulement à créer des confusions et des embarras. D'ailleurs elle laissait trop voir que le cardinal n'avait pas grand'confiance dans la cause Moulaert et que, prévoyant une condamnation, il voulait l'éviter par un subterfuge. Comment le cardinal de Luca se laissa prendre à cette ruse, nous l'ignorons ; il était d'une parfaite bonne foi et ignorait sans doute que l'ouvrage était soumis à la sainte Inquisition.

L'examen du théologien de l'Index donna lieu à un *parere* anonyme, envoyé par le secrétaire de l'Index au cardinal Dechamps. Aussitôt que le cardinal l'eut reçu, il l'envoya à l'évêque de Tournai, Mgr Dumont, en lui disant : Rome a parlé, la cause est finie. Mgr Dumont déféra au Pape les manœuvres par lesquelles on avait obtenu ce *parere* anonyme et communiqua, en même temps, au Saint-Siège, une lettre de son vicaire général Hallez contre les erreurs de Moulaert. Cette lettre fait, au pieux et savant grand vicaire, un honneur tout particulier ; nous la transcrivons en partie ; elle est adressée à Moulaert lui-même.

« La publication de votre travail sur l'*Eglise et l'Etat* donne lieu à des difficultés auxquelles j'étais loin de m'attendre. Comme j'ai été chargé de correspondre avec vous, vous voudrez bien me permettre de préciser la suite des négociations.

« Malgré vos instances réitérées, Mgr l'évêque de Tournai s'est toujours maintenu dans la plus grande réserve ; tout en adoucissant son refus d'approuver. Je ne vous ai pas caché qu'il ne pouvait se déterminer à couvrir l'œuvre de son nom et à la recommander à son clergé. Les questions que vous y traitez sont d'une nature excessivement délicate. Monseigneur n'était pas d'ailleurs pleinement rassuré sur les tendances de l'auteur, qu'il avait eu occasion d'observer à Louvain. Les feuilles lithographiées ne justifiaient que trop sa défiance. Pour ces motifs et d'autres encore, il a constamment décliné votre demande ; et lorsque, pour vaincre sa répugnance, vous avez allégué les avis favorables, non pourtant sans restriction, d'un évêque et d'un chanoine, il s'est borné, par déférence, à ne pas s'opposer à ce que vous imprimiez, mais en dehors de son intervention propre.

« Vous avez eu d'autant moins sujet de vous méprendre sur ce point fixe que, finalement, pour vous donner une satisfaction qui s'accorde avec le bien de l'Université, je vous ai engagé à soumettre votre ouvrage au Saint-Siège, proposition que vous avez accueillie avec le plus louable empressement. En conséquence, Monseigneur a transmis à Rome les deux exemplaires que vous lui aviez fait remettre. Il a accompagné cet envoi d'un témoignage très honorable pour les dispositions de l'auteur.

« J'ignore comment vous avez été amené ensuite à faire une démarche particulière près de la congrégation de l'Index. Par suite de votre instance, un théologien canoniste a été, semble-t-il, chargé officieusement de lire votre travail. Son rapport nous parvient sous le voile de l'anonyme. Vous vous êtes dit autorisé à joindre, à l'*Imprimatur* du Recteur, l'avis du théologien anonyme.

« Monseigneur n'a pu s'empêcher de vous faire observer le caractère purement officieux et très cauteleux du message. A ce propos, il vous a demandé raison des divergences qui existent entre votre enseignement et celui de M. Périn et précisément sur les points que signale le théologien en question. « Parse a tutti non piacera quel che l'autore discorre delle nove constituzioni che proclamano il principio della liberta di conscienza, come ipotesi, et che riconoscono il principio della separazione della Chiesa dallo stato. »

« Monseigneur vous a rappelé les encouragements remarquables, donnés par le Saint-Siège, à l'enseignement de votre collègue et l'importance du Bref que lui a valu son ouvrage sur les *lois de la société chrétienne*. Votre réplique a beaucoup étonné et peiné. En effet, vous avez tellement atténué la valeur du Bref, que, selon vous, l'écrit, qualifié *Eximia lucubratio*, n'aurait obtenu qu'un éloge assez commun. Parce que le Saint-Père n'a lu que des extraits, vous concluez que la doctrine, exposée dans l'ouvrage, n'a pas reçu une approbation formelle. Si vous avez hasardé cette réflexion, ce ne peut être dans la pensée que le suffrage, qui vous est donné par le théologien canoniste anonyme, contrebalancera le Bref mémorable dont le Saint-Père a honoré votre éminent collègue. Relisez, du reste, les termes mêmes du Bref : *Licet pauca de tuis voluminibus delibare potuerimus, merito commendari censuimus perspicuitatem et libertatem, quâ sana principia exponis, explicas, tueris.*

« Netteté et franchise dans l'exposé, dans l'explication et dans la défense des bons principes, voilà ce que le Saint-Père juge devoir relever à juste titre, *merito*, dans l'œuvre de M. Périn, bien que Sa Sainteté n'ait pu que l'effleurer, ce qui est déjà un honneur qui n'est pas accordé à tout le monde. Et, non content de cet éloge, le Saint-Père ajoute un trait plus significatif encore : « Tu vero qui, posthabito adversariarum opinionum conflictu, contemptor qui, illecebrâ captandæ gratiæ, liberè pro veritate scripsisti, merito certe præmio apud Deum non carebis. » Le Saint-Père trace assez clairement, aux docteurs, aux professeurs, aux écrivains catholiques, la voie qu'ils ont à suivre, afin de se rendre vraiment utiles. Il faut qu'ils s'élèvent au-dessus du bruit des opinions contraires, et que, sans se mettre en peine de la faveur des hommes, ils soutiennent librement les droits de la vérité.

« Or, ne serait-ce pas sous ce rapport, que votre travail laisse de véritables lacunes? Si vous voulez bien me permettre un franc aveu, je vous dirai qu'à mon sens, vous vous attachez beaucoup plus à ménager les systèmes politiques en vogue et à réconcilier l'Eglise avec nos modernes constitutions, qu'à faire ressortir les vices et les dangers des erreurs dominantes. Le catholicisme libéral s'accommodera sans difficulté de la théorie que voici : Lorsque les nécessités politiques demandent que l'Etat soit séparé de l'Eglise, un gouverne-

ment, même catholique, peut et doit prononcer cette séparation. Or, ces nécessités existaient en Belgique en 1830, et, du
reste, l'appréciation de ces nécessités est du domaine de la
politique. Vu donc l'état actuel de la société chez nous, on
pourrait dire que le régime constitutionnel sous lequel nous
vivons, malgré le vice de son principe, est ce que nous pouvons désirer de mieux.

« Ainsi présumez-vous de trancher des questions tellement
graves, que le Saint-Siège lui-même en a différé jusqu'ici la
solution explicite et complète. En attendant, il exhorte vivement les écrivains catholiques à unir leurs efforts : « Pour défendre les bons principes, pour combattre les erreurs modernes, nommément le catholicisme libéral, lequel témérairement présume pouvoir concilier les immortels principes de la
vérité avec les erreurs accréditées de nos temps ; et cela, avec
la vaine espérance d'obtenir, par les concessions mal enten-
dues, quelquefois même illicites, la paix de la part de ceux
qui ne cherchent pas la paix avec la sainte Eglise, quoi qu'ils
en disent, mais qui visent plutôt à la rendre de plus en plus
esclave des mêmes erreurs. » Ce sont les termes d'une réponse adressée au nom de Sa Sainteté, à l'épiscopat de Belgique, sous la date du 23 septembre 1874.

« Dans un rescrit du 12 avril de la présente année, notre
Saint Père le Pape revenant sur des avertissements tant de fois
réitérés, nous prémunit de nouveau contre les transactions
politiques modernes : « Souvent, dans le trouble présent des
choses, nous avons averti les fidèles de se tenir en garde
contre ceux qui, feignant l'obéissance envers la religion, se
flattaient d'entreprendre des choses nouvelles, seulement
pour l'accroissement, la prospérité et le progrès des nations ;
et nous avons dit que leurs desseins ne visent qu'à la ruine
de l'Eglise. Beaucoup cependant, alléchés par leurs promesses et trompés par leur hypocrisie, pensent qu'il faut attendre de grandes choses de leurs efforts, pour le bien de la
société civile, et croient qu'il n'y a rien absolument à

craindre pour la religion ; ils sont donc descendus spontanément à leur opinion ; ils disent qu'il faut les seconder et mar-
cher amicalement avec la puisssance laïque ; ils adressent des
reproches à ceux qui improuvent leurs nouveaux desseins ;
et comme l'Eglise est opposée à leurs conseils, ils s'efforcent
de la concilier avec ses adversaires, criant que c'est œuvre de
prudence et bienfaits de paix. »

« Voilà indubitablement les maximes et les règles que tout
écrivain sincèrement catholique, et à plus forte raison un professeur chargé de donner le cours de droit civil ecclésiastique
à l'Université de Louvain, ne peut se dispenser d'avoir toujours présent à l'esprit, en traitant des rapports de l'Eglise et
de l'Etat. — Je ne prétends pas que vous les ayez perdues de
vue, jusqu'au point d'encourir quelques censures. Il ne m'appartient pas de m'ériger en juge de votre enseignement. Mais
ce que je suis obligé de reconnaître à regret, c'est que vous ne
vous êtes pas conformé parfaitement à ces maximes et à ces
règles ; et que l'élément civil occupe une place beaucoup trop
large au détriment de l'élément ecclésiastique.

« Avec cette droiture de cœur que tout le monde s'accorde
à louer en vous, vous ne me saurez pas mauvais gré, j'en suis
sûr, de ces franches et amicales explications. »

Noble lettre, magnifique entente de l'affaire et des intérêts
de l'Eglise, dévouement à la vérité, égard envers les personnes,
sincérité absolue : tout y est. Il est à souhaiter que tous les
grands vicaires entendent et remplissent ainsi les devoirs de
leur profession ; et qu'on ne trouve plus jamais, dans les évê-
chés, ces laquais insolents et revêches qui ne savent que ram-
per devant le maître et faire sentir, au public, leur puérile
importance.

A la suite de ces incidents, le Pape fit écrire à l'évêque de
Tournai, par son secrétaire pour les Brefs aux Princes, Mercurelli, la lettre suivante : « La lettre et les documents que
votre Grandeur m'a envoyés, j'en ai fait, selon votre désir,
rapport et présentation à Notre–Seigneur Pie IX. Lui-même

n'ignorait pas que sur votre persuasion, le chanoine Moulaert avait soumis son ouvrage intitulé : *L'Eglise et l'Etat*, à l'examen de la sacrée Congrégation de l'Inquisition, dont la fonction est d'examiner les livres des auteurs. Le Pontife s'est étonné que, le jugement de cette Congrégation n'étant pas rendu, l'ouvrage ait été cependant déféré à la Congrégation de l'Index, certainement point par vous, comme vous le dites et comme cela est évident. Du reste, il est clair qu'il ne convient pas du tout qu'un ouvrage, soumis par l'acte et la volonté de son auteur à l'examen du Saint-Office, soit publié tant qu'il n'a pas été déclaré, par cette Congrégation, exempt de toute tache. Cette conclusion n'est point repoussée, mais confirmée pleinement, par la lettre du secrétaire de la Congrégation de l'Index affirmant qu'il n'appartient pas à l'Index d'examiner et d'approuver les livres qui doivent être publiés. Et moins encore l'appui, le suffrage adjoint d'un théologien et canoniste anonyme, car s'il recommande en général l'ouvrage, il ne néglige point d'en noter certaines choses qui paraissent dignes de censures. Le même Seigneur Pape pense donc que vous avez à bon droit refusé votre assentiment à la publication de cet ouvrage et loue en ce point votre prudence. »

La manière de procéder, de Mgr Dumont, sur l'incident, était donc officiellement et absolument approuvée. Le 21 août le consulteur du saint Office, chargé du rapport dans l'affaire Moulaert, écrivait à M. Périn. Déjà le 25 juillet, Mgr Schätzler, retiré momentanément en Suisse, pour raison de santé, lui avait adressé quelques questions auxquelles le profeseur, témoin régulièrement cité, devait répondre en conscience. Au cours de cette lettre, le consulteur disait : « Le remède qu'il faudrait, selon moi, ce serait de nommer recteur Mgr Feye, nomination qu'on aurait dû notifier aux évêques, comme voulue par le Saint-Siège, au moment où Mgr Feye fut nommé prélat domestique. Or, malheureusement cette promotion a eu lieu dans des circonstances qui lui enlèvent la signification voulue. Mais on trouvera bien moyen de notifier aux évêques que Mgr Feye est le candidat de Rome. »

Le 21 août 1877, Mgr Schätzler, annonçant son retour à Frascati, écrit à M. Périn : « L'approbation donnée par le Recteur, s'appuyant sur le *parere* du théologien canoniste, qu'il me semble connaître, c'est maintenant mon affaire de montrer que ce théologien romain est libéral lui-même ; que le secrétaire, en envoyant *motu proprio* un pareil *parere* à Malines, a compromis gravement le Saint-Siège ; et, par conséquent, qu'il faut maintenant, pour éclairer le public induit en erreur, un acte doctrinal de ce même siège. — Mgr... ne m'a pas communiqué le rapport reçu de Mgr de Tournai, lequel probablement lui aura envoyé les quatre documents que vous énoncez dans votre lettre, documents qui nous sont de la plus grande nécessité pour détruire le fondement doctrinal de l'approbation accordée à M. Moulaert. »

Ces deux lettres donnent quelques autres détails sur l'affaire Moulaert ; elles montrent en quel crédit était tenu M. Périn, et quelle importance y attachait le Saint-Siège, eu égard à l'auteur, dans l'intérêt de l'Université de Louvain et des bonnes doctrines. Pie IX agissait, dans le gouvernement de l'Eglise, conformément aux principes définis dans ses actes doctrinaux. L'expédient auquel on recourut plus tard est un indice du changement de direction dans la politique pontificale. Ces lettres attestent surtout un fait au sujet duquel plusieurs grands dignitaires exprimaient leurs inquiétudes dès 1877 : le grand nombre de catholiques libéraux qui se trouvaient à Rome même. Un prélat de haut rang, très mêlé au gouvernement de l'Eglise, disait dès lors : « Les catholiques libéraux sont ici en nombre considérable ; ils sont aussi rusés, aussi obstinés que les jansénistes, et aussi puissants que les ariens. »

Cette parole nous remet en mémoire une lettre de Veuillot écrivant 1° qu'il avait des ennemis à Rome, même dans l'entourage du Pape ; 2° que l'intégrité de sa doctrine était moins bien vue dans le monde que celle des libéraux voulant accommoder l'Evangile au siècle ; et 3° que si l'on allait aux voix dans Capharnaüm, Dupanloup pourrait bien avoir la majorité. Cet aveu jette un jour sur les agissements et les roueries de l'évêque d'Orléans, même dans la capitale du monde chrétien. Vous vous attendez à en voir les éclats dans l'avenir. Pour le moment, vous vous expliquez son zèle, jusqu'à vouloir surprendre le Sacré-Collège, et, quand il croit avoir réussi, son empressement à courir plus vite à Rome en doublant la dose d'un remède anti-goutteux. Le salicylate fut, pour ce conspirateur, le grain de sable de Pascal dans l'urètre de Cromwell.

L'incident du *parere*, dans l'affaire Moulaert, offre quelque analogie avec l'intrigue montée dans l'affaire Ubaghs, par l'archevêque de Malines et ses adhérents de Louvain, au sujet de la déclaration des quatre professeurs. Dans le cas d'Ubaghs, ce fut le préfet de l'Index lui-même qui se prêta à la manœuvre. Cette affaire fut la cause de la démission du cardinal d'Andrea et le point de départ des égarements où se laissa entraîner ce malheureux cardinal.

Il est impossible de ne point le remarquer : les hommes qui exercent à Louvain l'influence dirigeante ont toujours aimé à se rapprocher de ceux qui, à Rome et ailleurs, se tiennent sur une mauvaise pente. Ainsi en fut-il pour Gioberti, pour Dœllinger, pour Audisio, pour le cardinal d'Andréa et pour plusieurs autres, plus ou moins marquants ; mais, depuis, bien démarqués, comme on dit que la chose arriva de même, à M. de Marca.

VIII

A l'époque où la congrégation du Saint-Office était saisie de l'examen de l'ouvrage du professeur Moulaert, les libéraux-catholiques de Malines, de Louvain et de Bruxelles déférèrent, à la même congrégation, le livre du professeur Périn, intitulé : *Les lois de la société chrétienne.* En quoi, ils se trompaient d'adresse ; c'est à l'Index qu'ils eussent dû aller, comme ils avaient fait pour Moulaert. Mais, dans leur profonde politique, ils espéraient impressionner favorablement pour l'un l'esprit des juges, en les impressionnant défavorablement pour son adversaire. Ruse cousue de fil blanc qui laissait trop voir leur peu de confiance dans la doctrine contestée et leur peu de probité à la défendre avec les armes d'une pauvre diplomatie.

Le motif de leur délation, c'était le *Baïanisme politique* de M. Périn. Baïanisme politique, il n'y a que de grands esprits qui puissent trouver une si savante imputation. Ce qu'il y a de commun entre l'anthropologie confuse de Baïus et l'enseignement politique du professeur, on ne le sait pas ; on ne peut même le deviner. Mais Baïus ayant enseigné à Louvain et Périn enseignant à la même Université, c'était le cas ou jamais de recourir au sophisme : *Post hoc, ergo propter hoc.* Seulement il y a un malheur, c'est que Moulaert enseignant à la même école, se trouvait englobé dans la même accusation. Et encore il n'y avait pas de motif pour restreindre, à deux, l'accusation de baïanisme ; en vertu de la même logique, on pouvait l'imputer à tous les professeurs. Marque de docte ignorance et de très respectable imbécillité.

Sous cette qualification bizarre, on visait la doctrine constamment professée par l'Eglise, sur l'union de l'ordre temporel et de l'ordre spirituel, doctrine qui ne permet pas de considérer comme régulier et comme aussi acceptable qu'un autre, l'état d'une société qui serait exclusivement fondée sur les principes naturels de la sociabilité humaine et où l'on placerait indistinctement tous les cultes, sous le régime du droit commun.

Les catholiques libéraux, qui accusaient Périn, ne voulaient point admettre ce que la théologie a enseigné de tout temps, savoir : qu'on ne peut considérer comme établies dans leur état normal que les sociétés dont l'ordre public et particulier repose, non seulement sur les vérités naturelles de la morale, mais encore sur l'intervention d'une force supérieure, par laquelle Dieu ajoute, aux biens que la société tire de l'ordre naturel, les biens qui proviennent des dons gratuits de sa grâce et qui élèvent la société à l'ordre surnaturel, à toute la perfection dont elle est susceptible sur cette terre.

Le chauvinisme belge et la manie constitutionnelle des accusateurs se trouvaient contrariés par la doctrine mise en lumière dans les *Lois de la société chrétienne*. D'après la doctrine générale et constante de cet ouvrage, c'est dans la force *surnaturelle* qui anime les sociétés chrétiennes, que se trouve la raison de leur prééminence sur les sociétés qui vivent des seuls principes de l'ordre *naturel*. En sorte que, si une société chrétienne rejette, de ses institutions et de son existence collective, le principe de la vie *surnaturelle*, elle se met, par le fait de son apostasie, dans un état d'abaissement et d'infirmité, qui entraînent, comme conséquences, des désordres graves et une inévitable ruine.

En d'autres termes, les accusateurs des *Lois de la société*

chrétienne, avec leur prodigieuse invention de *baïanisme* politique, avaient moins découvert l'insuffisance des doctrines du
professeur, qu'ils n'avaient mis à nu les aberrations de leur
propre enseignement. Seulement ils ne voulaient point faire
leur *meâ-culpâ;* mais le faire faire par un autre, sur sa propre
poitrine. En matière de repentir, la substitution n'est pas ad-
mise ; il faut se repentir soi-même pour obtenir soi-même son
pardon ; et si les mérites d'un autre nous sont imputables, ce
n'est qu'une grâce de plus pour l'innocence.

On conçoit que la doctrine obligatoire du surnaturel social
déplaise aux catholiques libéraux qui considèrent la constitution belge comme le meilleur régime des temps modernes.
Dupes d'une telle illusion, victimes d'une pareille infatuation,
ils devaient se condamner aux derniers efforts pour obtenir
de Rome une condamnation des *Lois de la société chrétienne.*
Mais qu'on aille à Rome dans un tel but, voilà qui surpasse.
Le Rédempteur des âmes est le roi des nations ; il faut que le
Christ règne ; Rome est la dépositaire sacrée de ses doctrines
et de ses espérances, l'agent choisi de ses immortels triomphes.
Le jour où le signe de la bête serait admis à Rome, serait un
jour triste et terrible pour l'humanité.

La qualification de *baïanisme politique* avait été inventée
par quelques théologiens libéraux de Louvain ; elle s'était rapidement propagée parmi les tenants du parti. Les esprits
bornés, faibles, faux, ne sont pas rares ; mais, comme ce sont
des esprits, ils se souviennent plus volontiers de leur nature
qu'ils ne conviennent de leur misère. Les esprits méchants
leur fournissent, par des inventions profondes en apparence,
sottes en réalité, le moyen de dissimuler leur pauvreté sous
le voile de l'orgueil. Avec certains mots de passe, on a comme
une monnaie inusable ; c'est sans valeur, mais ça court les
rues et ça invite les paons à faire la roue. Le moyen, je vous
prie, de contester la valeur d'un homme qui parle du *baïanisme politique !* Evidemment c'est un malin de haute futaie.

Le cardinal Dechamps avait toujours été de compte à demi

avec Moulaert pour sa théorie des rapports entre l'Eglise et l'Etat ; il fut assez peu fier pour user lui-même de ce vocable saugrenu. Un jour, s'entretenant avec M. Périn, il laissa tomber de ses lèvres les mots de baïanisme politique. Le professeur, très respectueusement, mais très nettement, lui signala l'erreur et le tort.

Il n'est pas étonnant, au surplus, que le cardinal, après avoir défendu aux rédacteurs de la *Croix*, les articles sur le double pouvoir du Pape, ait vu d'un mauvais œil un ouvrage où le double pouvoir du souverain Pontife est affirmé hautement et soutenu avec force, comme garant de la civilisation chrétienne. Ce n'est qu'à la suite d'un voyage à Rome, après que le Saint-Office se fût prononcé, que le cardinal comprit l'impossibilité d'admettre une si ridicule accusation. Même dans une de ses brochures, il a mis, en note, sans aucune défaveur, mais plutôt avec honneur, les *lois de la société chrétienne*.

Dans un mémoire autographe, intitulé *Rome et Louvain*, dont l'auteur est M. Périn lui-même, nous lisons, p. 32, ces paroles : « Je tiens à dire ici très sincèrement que je ne mets d'aucune façon en doute la bonne foi du cardinal Dechamps et de M. Moulaert. Tous les deux subissaient l'influence du milieu dans lequel ils vivaient ; sous l'empire d'un sentiment patriotique, étroit et mal entendu, ils cherchaient à justifier la constitution belge et travaillaient à écarter les objections théologiques et philosophiques sous lesquelles tombe le système politique, inauguré en Belgique en 1830. Ni l'un, ni l'autre n'avaient assez de portée d'esprit pour discerner la vérité en ces hautes questions ; pas assez de caractère pour secouer la domination des préjugés qui régnaient autour d'eux, pour se soustraire à l'influence des niaiseries politiques, qui ont cours dans le petit monde parlementaire de Belgique. »

Le cardinal Dechamps et le professeur Moulaert s'inspiraient d'une conviction qui leur était commune avec le plus grand nombre de ceux qui défendent, en Belgique, la liberté et les intérêts de l'Eglise. De très bonne foi, ils croyaient rendre à la cause catholique le plus signalé service, en atténuant des vérités souvent inculquées par les Papes. Comme tous les catholiques libéraux, ils détournaient de son véritable sens l'enseignement constant des théologiens, dans l'espoir de faire adopter par le libéralisme, la liberté de la doctrine, du ministère et des œuvres catholiques. En habillant l'Eglise à la moderne, ils croyaient la sauver, ils ne voyaient pas qu'ils la perdaient; car si elle n'était dans le monde que ce qu'ils disent, elle ne serait plus l'Eglise telle que Jésus-Christ l'a faite, elle se trouverait dépouillée des droits sans lesquels elle ne peut accomplir sa mission divine.

Pendant son séjour à Rome, en 1877, notre professeur avait eu le soupçon de ce qui se tramait, en secret, contre son ouvrage. L'attitude de certains grands dignitaires et éminents personnages, avec qui il se trouvait en relation, lui avait donné l'éveil. Plus tard, ses soupçons se changèrent en certitude ; à Rome, comme ailleurs, les hommes sont hommes ; ils tiennent d'ailleurs des balances pour un usage universel. Mais à quelque chose malheur est bon. Le rapport sur les *Lois de la société chrétienne* fut confié au Père Camille Guardi, supérieur général des Camilliens, théologien de premier ordre ; il fut entièrement favorable à notre auteur. La congrégation du Saint-Office après examen régulier, discussions et rapport conforme, aboutit à cette conclusion : Que l'enseignement et les écrits de M. Périn étaient hors de toute contestation. L'observatoire de Rome, avec ses lunettes à juste portée, n'avait pas pu, malgré ses recherches, découvrir une ombre de baïanisme politique.

IX

L'affaire Moulaert n'eut une solution que sous le pontificat de Léon XIII.

A partir du moment où l'instruction avait été terminée, les catholiques-libéraux redoublaient d'efforts pour éviter une condamnation. A Rome, on ne marche en affaires qu'avec une circonspection irréprochable. Ici, il y avait une question politique et la diplomatie s'en mêlait. Or, dans une congrégation de cardinaux, même sous un pape intransigeant, comme Pie IX, les considérations d'opportunisme politique sont d'un grand poids. Au fond, on pense toujours comme il faut, mais on s'abstient d'agir, ou, au moins, de conclure.

La procédure du Saint-Office étant secrète, on pourrait nous dire : Comment pouvez-vous en parler? — Nous en parlons d'après des confidences du cardinal Bilio, à ce autorisé par le souverain Pontife.

L'examen de l'ouvrage du professeur Moulaert avait été régulièrement poursuivi jusqu'au *Votum* inclusivement. Le *Votum* concluait contre l'ouvrage. En caractérisant ses conclusions, le cardinal Bilio disait : « Le *Votum* était terrible. »

Suivant les expressions d'un consulteur qui en parlait en toute liberté : « Le livre de M. Moulaert a été condamné par le Saint-Office », l'assemblée des théologiens de cette congrégation ayant adopté le *Votum* fortement motivé, le *Votum* terrible, qui concluait à la condamnation.

Mais on sait que l'assemblée des consulteurs ne fait qu'un travail *préparatoire* et que la décision est portée par la congrégation des cardinaux, que préside le souverain Pontife. Lorsque cette affaire fut mise en délibération devant cette congrégation cardinalice, de grandes difficultés surgirent. Non qu'on élevât des doutes sur le fond, mais on craignait des embarras extérieurs. Certains réclamai nt, sur la question, de nouvelles lumières. On fit appel à un canoniste qui s'était trouvé en défaveur sous le règne de Pie IX et qui était bien connu à Rome pour ses opinions libérales, Mgr Vecchiotti.

De ce prélat, je ne dirai qu'une chose : il fut du petit nombre de ceux qui allèrent publiquement saluer, à la gare de Rome, l'archevêque de Paris, lorsque ce prélat quitta le Concile pour protester, par sa retraite, contre le vote de l'infaillibilité pontificale.

On opposa, dans la congrégation, les conclusions de Mgr Vecchiotti, à celles du rapporteur du Saint-Office. L'argument sur lequel on s'appuyait, pour épargner Moulaert, c'est qu'on ne trouvait, dans son livre, aucune proposition *précédemment condamnée* par l'Eglise.

Cet argument est bien faible, à supposer que c'en soit un. Si l'Eglise avait procédé de cette façon dans les temps antérieurs, des erreurs capitales eussent échappé à ses censures, vu que c'étaient des erreurs *nouvelles*, qui n'avaient pu jusque-là encourir aucune condamnation et qui étaient soumises pour la première fois au jugement de l'autorité ecclésiastique.

Il est à noter, du reste, qu'aucun *Dimittatur* ne fut prononcé par le Saint-Office. La congrégation s'arrêta à un déclinatoire, au moyen duquel elle put se dispenser de prendre une résolution. Ce déclinatoire fut notifié à l'archevêque de Malines, par une lettre du 27 mai 1878. Sans entrer dans la procédure antérieure du Saint-Office, le secrétaire se bornait à dire qu'il n'était pas coutume, dans ce suprême tribunal, d'examiner les ouvrages en vue de les approuver pour la publication par la presse. En conséquence, l'ouvrage de Moulaert était renvoyé au cardinal Dechamps, « afin qu'observant tout ce qui est de droit dans la revision des ouvrages destinés à la publicité, et particulièrement de ceux qui doivent servir à l'enseignement, Votre Eminence statue et décrète, sur le livre dont il s'agit, ce que, devant le Seigneur, elle jugera le plus convenable ».

Le cardinal archevêque de Malines devait s'abuser sur le sens et la portée de cette communication. Au reçu, il en fit part à ses suffragants, par une lettre ou on lisait : « Le Saint-Office ne néglige jamais de relever des erreurs que contiennent les ouvrages qui lui sont déférés, surtout quand ils le sont par l'autorité épiscopale. Mais lorsqu'il n'y a pas lieu à un pareil jugement, ce n'est pas l'usage que ce suprême tribunal approuve les livres pour en autoriser la publication. » En conséquence, après l'examen ordinaire de la Faculté, le cardinal avait nommé lui-même d'autres examinateurs pour procéder à la revision de l'ouvrage en cause : Or, Moulaert et ses amis, autorisés à faire lire la lettre du cardinal aux évêques, sans en délivrer copie, donnaient le change sur les résultats de l'examen effectué par le Saint-Office ; ils faisaient passer pour une approbation en forme, un simple moyen de procédure, afin de n'avoir pas à se prononcer. Où la congrégation s'était abstenue, Moulaert et consorts la faisaient parler d'une façon flatteuse pour leur amour-propre. Cette erreur s'accrédita même tellement, que les hommes bien informés, qui ne la partageaient point, furent réduits au silence et laissèrent triompher les partisans de Moulaert.

Au bout de quelque temps, on fut informé à Rome de cet état de choses. Mgr Dumont y envoya une copie de la lettre du cardinal Dechamps. Cette étrange façon d'interpréter le fameux : Rome a parlé, la cause est finie, quand Rome s'est abstenue de parler, causa bien quelque étonnement. La congrégation du Saint-Office résolut alors de dissiper ce malentendu, et de rétablir la vérité de la situation. Ce fut l'objet d'une lettre du cardinal Caterini au cardinal Dechamps, lettre dont je transcris le texte intégral, mais en traduction : « La sacrée congrégation de l'inquisition universelle a récemment eu connaissance de la lettre adressée par V. E., en date du 30 juin 1878, à ses vénérés suffragants, lettre par laquelle vous leur faisiez part de la permission par vous donnée de publier l'ouvrage du chanoine Moulart ayant pour titre : *L'Eglise et l'Etat.* S'il est certain, ainsi que cela résulte de ma lettre du 26 mars 1878, que la congrégation du Saint-Office s'est abstenue de porter *aucun jugement* sur l'ouvrage du chanoine Moulart, il y a lieu de s'étonner qu'on ait saisi cette occasion d'émettre *faussement* l'opinion que la congrégation n'avait trouvé absolument *rien à reprendre* dans cet ouvrage. Il est de la *plus haute* importance que cette opinion erronée soit *redressée,* de crainte que le public, qui n'est pas sur ses gardes, ne puisse être trompé. En effet, les Eminentissimes Pères, inquisiteurs généraux, mes collègues, ont pensé, comme votre Eminence le sait très bien, qu'il n'était pas de leur compétence d'instituer un examen formel du dit ouvrage, lequel n'était pas encore publié. C'est à vous, Eminentissime Seigneur, qu'ils ont remis le soin de connaître de toute l'affaire, en observant ce que de droit. D'ou il résulte à l'évidence qu'ils n'ont jusqu'ici porté aucun jugement sur les doctrines professées dans le dit ouvrage, et qu'ils n'ont dit ni qu'il fût exempt d'erreur, ni qu'il en fût entaché : *Nullum protulisse judicium, nempe an (doctrinæ traditæ) ab erroribus immunes an iis infectæ censendæ sunt.*

Cette lettre du 28 mai 1879 contenait une verte réprimande et devait causer quelque embarras. Cet embarras est visible dans la lettre par laquelle le cardinal communique, à ses collègues dans l'épiscopat, le rescrit de la congrégation. D'abord il s'étonne qu'à l'occasion de sa lettre précédente, on ait pu dire que le Saint-Ooffice avait porté un jugement, quand, au contraire, elle renvoyait au cardinal de Malines la charge de donner lui-même l'*Imprimatur*. D'autre part, il confesse avoir cru qu'au Saint-Office, on n'avait pas trouvé, dans ce livre, quelque chose digne de censure. Mais jamais il n'a pensé que le Saint-Office ait soumis ce livre à un examen formel, ni porté sur lui un jugement proprement dit. La mission reçue prouvait même évidemment le contraire. Donc le cardinal ne peut comprendre qu'on ait affirmé que l'Inquisition avait porté un jugement sur le livre et l'avait déclaré exempt d'erreur, car il ignore qui a pu se permettre de si étranges affirmations. Mais comme, d'après le cardinal Caterini, il est de la plus haute importance que cette opinion erronée soit réformée au plus vite, le cardinal envoie la lettre de Rome aux évêques belges et au recteur magnifique de l'Université de Louvain. La publicité par la presse lui paraît impliquer de trop tristes conséquences et il ne suppose pas que le Saint-Office puisse la vouloir.

L'acte d'énergie du Saint-Office devait donc avoir pour effet de faire taire, ou du moins d'obliger à plus de circonspection ceux qui avaient affirmé que l'enseignement de Moulart était approuvé à Rome et qui avaient transformé en *Dimittatur*, le déclinatoire du Saint-Office.

Ainsi, d'un côté, l'enseignement et les livres de M. Périn, dénoncés au Saint-Office, n'avaient point été retenus, mais avaient été renvoyés indemnes après examen; de l'autre, l'enseignement et le livre de son contradicteur Moulart, censurés par les théologiens de la congrégation, n'échappaient aux censures que par un déclinatoire, également aimable et embarrassant, des cardinaux inquisiteurs. Le cardinal belge ne pouvait pas en triompher, le professeur belge encore moins.

Il n'y a rien de petit pour les passions humaines; tout ce qui les sert, les exalte; et là où elles espèrent prévaloir, elles ne consentent pas volontiers à se laisser vaincre. On ne s'étonne donc pas que la perspective d'un pouvoir humain, abaissant toutes les barrières dans l'ordre social, leur plaise. Dans cet abaissement, elles croient trouver une compensation aux rigueurs de l'Eglise, ignorant que, qui leur lâche la bride et leur assure licence de s'assouvir, celui-ci est, au contraire, l'ennemi du genre humain. Mais, suivant une grande parole de saint Augustin, les choses contraires à la foi et aux bonnes mœurs, l'Eglise ne les fait pas, l'Eglise ne les approuve pas et l'Eglise ne se tait pas, lorsqu'elles viennent à se produire. Aux yeux de l'Eglise, les impiétés et les mauvaises mœurs, quels que soient les voiles dont elles s'enveloppent et les prétextes qui se flattent de les autoriser, sont toujours abominables devant Dieu. C'est donc un vain projet, une erreur grossière, une entreprise malfaisante et malséante, d'entreprendre de faire fléchir, sur ce point, la nécessaire rigueur de la Sainte Eglise. C'est par là surtout que l'Eglise fait voir les augustes tendresses de sa maternité; c'est en se montrant justement rigoureuse, qu'elle nous sauve. Quant aux amalgameurs de doctrines latitudinaires, aux sophistes qui les combinent et aux malheureux qui les propagent, quels qu'ils soient, prêtres ou laïques, ce sont les corrupteurs de l'humanité, et dans la mesure même où ils réussissent à capter les suffrages et à abuser les populations, ils méritent le mépris des honnêtes gens et les anathèmes de l'histoire.

X

Une tempête dans un verre d'eau est évidemment une expression qui ne doit se prendre qu'en figure. Un verre, si vaste qu'on le suppose, ne peut recevoir, dans sa concavité, des vaisseaux et se prêter à un combat naval. Quand même les appareils maritimes auraient été fabriqués dans les arsenaux de Lilliput, les moindres exercices militaires briseraient les parois de cet océan factice et les unités de combat se trouveraient bientôt à l'ancre, sur le plancher des vaches. Mais ce qui est impossible dans un verre, se voit tous les jours, depuis le commencement du monde, dans des horizons aussi bornés qu'un simple verre. Les hommes se disputent, sans cesse et sans fin, entre eux, qui pour un atome d'argile, qui pour un atome de vérité, qui pour un atome de droit ou de devoir. La cause du litige est imperceptible ; les passions des hommes, pour s'exalter, en grossissent l'importance. Toutefois, de toutes les contentions imaginables, les plus vives ne sont pas encore celles où les choses figurent au procès, mais celles où les hommes sont en cause avec leurs amours-propres. Ici la bataille mettra en jeu toutes les ressources du génie humain, et, pour prévaloir, c'est à qui trouvera la raison la plus forte, l'argument le plus décisif, l'autorité la plus importante. Ne vous troublez pas à l'aspect de ces combats. *Transivi et ecce non erat :* Une minute après dans la grande arène des siècles, il n'y a plus rien.

Nous ne disons pas cela pour diminuer l'intérêt des questions, quand il s'agit de vérité et de droit. L'histoire est pleine de grandes controverses, qui durèrent des centaines d'années et où l'on se battait autour d'un iota. En apparence, un iota n'est qu'un trait de plume; en réalité, dans l'espèce, c'est tout un monde. Au fond de la dispute, il y a, en discussion, un de ces grands systèmes de philosophie, de théologie, de métaphysique ou de morale, d'où dépendent les destinées du genre humain. Les acteurs représentent le monde entier, passé, présent, avenir. On ne doit pas seulement les excuser, mais les glorifier, d'avoir voulu, parfois à des prix bien douloureux, soutenir la cause de la vérité, de la vertu et de la justice.

Les disputes diminuent d'importance, s'il s'agit des personnes. Toutefois quelque chose peut les relever aux yeux de l'histoire : c'est quand la discussion entre personnes roule sur une question de principes. Alors on tient ferme, on ne cède rien, et c'est bien heureux, puisqu'on soutient l'honneur des pures doctrines, les intérêts des peuples et la paix du monde.

Depuis longtemps, on le devine, la secte catholique libérale, — qui est bien une secte comme le jansénisme, et non pas une opinion libre qu'on peut soutenir ou abandonner, — cette secte honorait M. Périn de ses haines. Cet homme au coup d'œil profond, à la foi pure, à la conscience droite, à la résolution intransigeante, ne pouvait convenir à cette poussière d'hommes et à ce mortier de passions que forment les libéraux. L'affaire de la *Croix* avait été un premier ferment ; le cours de droit civil ecclésiastique était devenu une prise d'armes ; le livre de Moulart était devenu une déclaration de guerre, troupes en campagnes, rencontres fréquentes, obstinations pour défaite ou pour victoire. Le moins qu'on puisse dire, c'est que les catholiques libéraux n'y avaient pas brillé beaucoup, ni par la solidité de l'esprit, ni par la probité de la conduite. Sous des affectations de grandeur d'âme, ces gens-là ne sont que la faiblesse de l'esprit, la défaillance de la belle humeur. Ils ne sont pas sans se le dire quelquefois, et s'aigrissent d'autant. Battus alors, ils reprennent l'offensive et vous allez voir comme ces orgueilleux vont vous fournir la preuve de leur impuissance. L'invention du *baïanisme* politique, chose absolument inintelligible, vous a fait voir une première fois que, s'ils ont quelque chose dans le ventre, ils n'ont absolument rien dans la tête. Nous voici maintenant au second acte, à la prouesse où va se déployer toute la vaillance de ces paladins.

En 1880, au mois d'octobre, avait paru, dans un journal de Mons, une partie de la correspondance privée entre Mgr Dumont évêque de Tournay, et M. Périn, professeur de droit public à Louvain. Des lettres tout le monde en écrit ; en les écrivant, on ne se gêne pas ; on dit tout et on le dit suivant sa bonne ou sa mauvaise humeur, sans s'occuper beaucoup de la rectitude des idées, de la mesure parfaite des expressions. Parfois même, on écrit bride abattue, laissant courir la plume, allant à tous les enthousiasmes, parfois même à toutes les causticités du discours. Ces épanchements ne tirent pas à conséquences. On les écrit en secret, on les envoie dans une enveloppe fermée, sous un sceau. Le correspondant les lit, les déchire ou les brûle, et, s'il les conserve, est tenu de ne leur donner aucune publicité, sans l'agrément de l'auteur. S'il en pouvait être autrement, ce serait, dans le monde, une triste contrainte et un grand désordre. On ne pourrait plus se soulager plume à la main. Il faudra toujours craindre qu'en écrivant selon vos idées ou vos fantaisies, vous ayez commis quelque crime pour vous faire pendre. « Avec quatre lignes d'un homme, disait Richelieu, on peut toujours lui promettre le gibet de Montfaucon. »

Ce sont là des réflexions de bon sens ; elles sont conformes aux exigences du droit naturel et à la jurisprudence des tribunaux.

Un avocat du barreau de Rennes, dans une lettre à un client qui venait de perdre un procès, s'était livré à des appréciations très vives à l'égard du président de ce tribunal. Après la mort du destinataire, la lettre de l'avocat fut trouvée par un notaire dans les papiers du défunt et transmise au président outragé. Le président saisit le parquet qui fit traduire l'avocat devant le Conseil de l'Ordre. Le Conseil renvoya l'avocat inculpé des fins de la poursuite, par le motif que « la lettre étant confidentielle, son auteur devait bénéficier d'une immunité absolue ».

Le procureur général forma appel devant la Cour; la Cour confirma la décision du Conseil de l'Ordre, par ce motif : « Que l'inviolabilité des correspondances privées intéresse essentiellement l'*ordre social* et la *morale publique;* qu'une lettre, contenant l'expression intime et secrète de la pensée de son auteur, est confiée à la discrétion du destinataire et qu'elle *ne peut* être divulguée sans l'assentiment de l'expéditeur. »

La Cour de cassation, appelée à se prononcer sur le recours du procureur général, confirma, par le rejet du pourvoi, la décision de la Cour d'appel de Rennes. La haute Cour reconnut : « Qu'en aucune matière, il ne peut être porté atteinte au principe de l'inviolabilité du secret des lettres, au moyen de procédés délictueux, ce principe de haute moralité intéressant l'ordre public. » De quoi, la Cour de cassation conclut que la Cour de Rennes a fait une irréprochable application de la Loi, en disant qu'il n'y avait lieu de faire état de la lettre incriminée [1].

« Il n'y a lieu de faire état d'une lettre que lorsque le destinataire, par un véritable abus de confiance, a publié contre la volonté de l'expéditeur. » Telle est la seule doctrine que la justice civile et l'équité naturelle puissent avouer.

Nous ignorons comment ont été publiées les lettres confidentielles de M. Périn à Mgr Dumont. Est-ce par une aberration d'esprit du prélat ? est-ce par l'effet d'un larcin commis

---

[1] SIREY, *Recueil de jurisprudence*, année 1887, 1re partie, p. 264.

à son préjudice et par un coup de Jarnac des libéraux ? Toujours
est-il que cette publication vint fournir un prétexte aux passions impatientes de se produire et mit littéralement le feu aux
poudres. On "eût faite à ce dessein, il était impossible de mieux
réussir. Les catholiques libéraux de toute volée et de toute
couleur, ceux de l'Université de Louvain, ceux de l'archevêché de Malines, ceux du Parlement et de la Cour, se liguèrent
dans le dessein d'obliger le professeur à quitter la chaire de
droit public. Ce professeur enseignait la doctrine de tout
temps soutenue par les théologiens catholiques, confirmée
par de fréquents décrets et par la longue pratique du Saint-
Siège. C'était là son crime.

La campagne, entamée contre lui, avait pour but de le réduire à cette alternative : Ou de souscrire des rétractations qui
auraient ôté toute autorité et toute dignité à sa personne ; ou
de descendre de chaire pour se soustraire à la nécessité des rétractations. On verra comment il ne fit ni l'un ni l'autre et sut
réduire au silence les adversaires. Mais procédons par ordre.

D'abord il faut mettre, sous les yeux du lecteur, les pièces
du procès ; il faut lire ces passages de lettres qui ont servi de
point d'appui aux attaques. « De ces lettres, publiées sans
ma participation, dit M. Périn, je ne rapporterai que ce qui
est indispensable, pour donner l'explication des hostilités
dont j'ai été l'objet. Obéissant aux nécessités de la cause que
je servais, laquelle était celle de la vérité catholique elle-même,
dans l'ordre d'idées et de faits, où elle est aujourd'hui plus en
dangers, je me suis vu contraint de porter, sur les hommes et
les choses, des jugements parfois sévères, d'émettre des allégations, vraies toujours, mais fâcheuses quelquefois pour ceux
qu'elles atteignaient. Je ne veux pas, en reproduisant inutilement ces jugements et ces allégations, aggraver le mal qu'a
pu faire, à mon grand déplaisir, la publicité coupable donnée
à des communications confidentielles [1]. »

[1] *Rome et Louvain*, 2ᵉ cahier, pp. 44-45.

Voici, dans les lettres publiées indirectement, les passages relatifs à l'Université de Louvain et au cardinal Dechamps. « Nous avons toujours ici la vie rude, car les intrigues catholico-libérales ne font que redoubler. Je suis rendu de fatigue et de dégoût, et, s'il ne s'agissait de la cause de Dieu, il y a longtemps que j'aurais renoncé à ce travail de Sisyphe. (Louvain, 6 mai 1879.)

« Je suis chargé, par des personnages, de recommander à Votre Grandeur de se défier beaucoup de... Il est, en réalité, avec celui que je ne veux pas nommer, la principale cause du mal chez nous. — Cet auteur de nos misères est parfaitement apprécié ici. Il y a quelques mois, on lui a fait entendre qu'on le connaissait bien et il ne se vantera pas des compliments qu'on lui a faits. A propos de ce personnage, on m'autorise à vous dire qu'une réponse a été faite, en date du 17 avril, à l'adresse que les évêques belges avaient envoyée au Saint-Père. On craint que cette réponse n'ait pas été communiquée aux évêques. J'ai lu la minute de cette pièce, qui est terrible. Celui qui l'a écrite, m'a dit qu'il avait eu l'intention de faire le portrait en pied du personnage. La pièce est restée vingt-quatre heures, après la lecture donnée, entre les mains de celui qui l'a signée (le Pape), lequel a dit qu'elle était très bien. « On n'a nommé personne, a-t-il dit, mais on peut le reconnaître : c'est ce qu'il faut. »

« J'ai vu, en passant à Lyon, M. Lucien Brun et le Recteur de la nouvelle Université : ils sont décidés à modeler leurs statuts sur ceux de Lille. Le Recteur me rappelle beaucoup M. Hallez, notre digne vicaire général. A Lyon, l'évêque est tout à Rome et veut que son Université soit vraiment romaine. Quelle honte pour celle de Louvain de rester ce qu'elle est, devant de tels exemples ! » (Rome, 17 mai 1877.)

Le style, c'est l'homme. Ces fragments sont, de tous points, respectables. La correspondance est sincère, directe, point répandue en bavardages, prise sur le vif, à Louvain sur

Louvain, à Rome pour dire ce qu'on y pense des affaires belges, dans les antichambres du Vatican. Un professeur, écrivant à un évêque, ne pouvait en dire moins ; ou il devait s'abstenir, et il ne le pouvait pas, ou il ne pouvait en moins dire. Les intéressés, bien conseillés, eussent dû se taire ; ils eussent dû mettre la mercuriale dans leur poche et le mouchoir par-dessus. Mais non ; les valets de chambres excellent à ces petites exécutions ; dans le désir de plaire au maître, ils lui plongent le poignard au cœur, ils le retournent dans la plaie, d'une main habile et d'un cœur affectueux. Parfois même, ils vont jusqu'à verser dessus les petits poisons de leurs compliments adulateurs. On sait, par le *Lutrin*, de Boileau, comment les prélats reçoivent ces attentions de la discorde.

La divulgation de ces lettres imposait à l'auteur l'obligation d'écrire au cardinal Dechamps. Naturellement il ne pouvait rien rétracter, n'ayant dit que la vérité, ne l'ayant dite qu'en conscience, pour des motifs graves et après mûres réflexions. Toutefois il devait à la dignité du cardinal dans l'Eglise ; à sa situation au sommet de la hiérarchie ecclésiastique en Belgique, une explication accompagnée des témoignages de respect, auxquels le cardinal, nonobstant certaines défaillances, avait incontestablement droit. Le professeur ne pouvait d'ailleurs, sans injustice, oublier que ces défaillances du prélat ne procédaient point d'intentions blâmables, encore moins d'erreurs positives, mais d'une disposition naturelle à la conciliation, qui explique et atténue les torts. Comme cette lettre est une base d'argumentation et un document décisif, je la cite en entier :

« Lorsque furent publiées les lettres confidentielles qui servent maintenant de pâture à tous les ennemis de l'Eglise, une de mes premières préoccupations fut de rechercher comment pourrait être réparé le mal fait à la foi et à la cause catholique. en même temps que l'offense commise envers un prince de l'Eglise, qui a droit, de toutes façons, à tous les respects.

« Mon intention a été, dès le premier moment, de charger l'éloquent avocat, qui parlera pour moi devant le tribunal de Mons, de faire connaître mes sentiments à l'égard de Votre Eminence. Cette déclaration sera amenée tout naturellement par la cause elle-même, puisque le principal dommage que me fait la publication de mes lettres, c'est de permettre à un certain public qui ne me connaît pas, de m'attribuer des sentiments que je n'ai point et de donner matière à la malignité de certains hommes, qui font tourner en haines personnelles des dissidences de doctrine et de conduite politique.

« Mais je trouve, après réflexion, que ce n'est point assez de cette déclaration devant les juges et qu'il faut que j'explique directement, à Votre Eminence, le fond de ma pensée.

« Je suis assuré d'abord que Votre Eminence n'a pas attribué plus d'importance qu'elles n'en méritent à des expressions reproduisant des impressions du premier moment, que quelques heures de réflexion avaient suffi à dissiper. Une des conséquences les plus regrettables d'une publication comme celle que fait la *Tribune*, c'est précisément de donner, par le temps écoulé, le caractère de propos réfléchis, à une conversation où les paroles peu mesurées s'excusent et s'expliquent par la vivacité du premier mouvement.

« Quant au reste, parmi ceux qui me connaissent, on sait fort bien quels sont mes pensées, mes sentiments à l'égard de Votre Eminence. Il est arrivé peut-être que je me suis plaint d'une certaine disposition naturelle à la bienveillance, qui, par moments, a pu rendre Votre Eminence indulgente pour les doctrines, parce qu'il lui en coûtait d'affliger des personnes dont elle connaissait les bonnes intentions. J'ai pu d'ailleurs différer quelquefois d'opinion avec Votre Eminence, sur des questions de conduite politique et sur l'application des principes ; et, lorsqu'il y avait lieu, je n'ai pas hésité à signaler ces divergences à Votre Eminence, elle-même, tout en me gardant d'en parler à d'autres, si ce n'est dans l'intimité. Mais sur la personne de Votre Eminence, sur les quali-

tés de son cœur, sur son dévouement sacerdodal, je n'ai jamais
eu d'autre opinion que celle de ses meilleurs amis, dont
quelques-uns sont aussi les miens.

« De plus, je dois à la vérité d'affirmer que ceux à qui je
communiquais mes impressions ou ceux de qui je recevais des
confidences, ne pensent pas autrement que moi et que tous
avaient, à l'égard de Votre Eminence, des sentiments qui,
dans leur for intérieur, ôtaient toute amertume aux appréciations qu'ils émettaient sur son attitude en certaines questions
du moment et toutes contingentes.

« J'aurais un égal regret, et comme catholique et comme
homme de cœur, si l'on s'obstinait à donner, à mes paroles,
une interprétation qui pût faire croire que je me suis départi,
envers Votre Eminence, du respect que sa dignité et ses qualités personnelles doivent lui assurer.

« C'est un devoir de conscience que j'accomplis en vous
donnant les explications que vous étiez en droit d'attendre. Ce
service, je le trouve plus impérieux encore, lorsque j'entends
s'élever, contre votre personne, tant d'odieuses imputations.

« D'ailleurs, je ne supporterais pas l'idée d'avoir pu fournir
quelque aliment à des dissensions qu'on ne saurait trop dé-
plorer et d'avoir contribué à rompre la grande unité de l'armée catholique, nécessaire en tous les temps, mais nécessaire plus que jamais aujourd'hui, que l'Eglise se trouve en
face d'ennemis qui ont juré de l'anéantir.

« Lorsque je défends les principes de la politique catholique, tels que le Saint-Siège les a tant de fois proclamés, c'est
à rendre vraie et solide l'union des forces catholiques que je
travaille. Telle est la pensée de tous mes amis aussi bien que
la mienne. Tous sentent comme moi la nécessité de se tenir
plus que jamais étroitement serrés autour de leurs pasteurs,
et savent, quand il le faut, défendre, avec une énergie tout
apostolique, les principes de salut. »

Cette lettre avait été vue et approuvée par plusieurs collègues, les uns ecclésiastiques, les autres laïques, pour expri-

mer la révérence due, sans porter préjudice à la vérité ; plusieurs la trouvaient même excessive dans la déférence. Si l'âme du cardinal avait été vraiment ouverte à toutes les délicatesses chrétiennes et en parfaite sérénité d'intelligence, elle se fût déclarée satisfaite ; elle eût même cru pouvoir faire aussi son *meâ-culpâ*. Pour dire la vérité, le cardinal ne fut satisfait qu'à demi, et quand les entours eurent excité ses passions, il ne le fut plus du tout. Cependant il écrivit au professeur en novembre 1880 : « J'ai reçu votre lettre et j'ai vu que vous n'êtes pas seulement un homme de talent, mais un homme de cœur, un vrai chrétien. Je suis content que vous reconnaissiez la nécessité de m'écrire et aussi la nécessité d'une réparation publique. Si je comprends bien tout ce que vous me dites, il reste encore chez vous quelques traces de votre erreur à mon égard. Ce que vous appelez ma bienveillance ne m'a jamais fermé les yeux sur les erreurs libérales. Je pourrais vous le prouver ; mais le temps me manque à Rome. Veuillez lire les opuscules que j'ai publiés depuis deux ans : Le *libéralisme*, — les *catholiques libéraux*, — le *serment aux constitutions modernes*, — la *morale universelle*, — la *loi sur l'enseignement*, — et le *singulier malentendu*. Vous verrez que j'ai constamment dit, écrit, imprimé et fait la même chose. J'ai toujours été surpris que mes actes laissassent ainsi se tromper sur mon compte. »

Quelque temps après l'échange de ces lettres, des amis informaient le professeur que le cardinal était toujours extrêmement irrité, peut-être moins par son fait que par l'excitation de son entourage. On lui avait suggéré que sa dignité lui défendait de se contenter d'une simple explication, mais exigeait une réparation dans toutes les règles. Cette maladresse ne pouvait que déplaire au professeur ; elle prouvait que ses critiques, même *impromptu*, avaient, près de ses contempteurs, beaucoup de poids. Mais ces derniers s'engageaient un peu à la légère ; le point capital n'est pas d'exiger des réparations, mais de les obtenir. A la vérité, les amis du premier degré s'offraient pour rendre la chose plus facile et plus efficace ; ils s'offraient spontanément pour aller trouver le cardinal et l'adoucir par d'aimables propos. Comme il trouvait que sa lettre au cardinal disait tout ce qu'il était permis de dire ; qu'on ne pouvait aller plus loin sans mentir et sans manquer à la vérité, le professeur se refusa à l'expression de sentiments qu'il ne lui était pas permis d'avoir ; il pria donc ses amis de s'abstenir de toute démarche et de laisser l'affaire suivre son cours.

Peu après, les évêques belges s'assemblaient pour s'occuper des affaires de la province ecclésiastique. L'affaire vint en délibération. En l'absence de l'évêque de Namur, retenu par la maladie, le cardinal s'abstenant pour n'être pas juge et partie, sur la proposition de l'évêque de Tournai, tendant à prononcer la destitution du professeur, on alla aux voix ; les évêques se trouvèrent deux contre deux ; Liège et Bruges repoussèrent la proposition. On se rabattit alors sur la proposition de demander, au professeur, une réparation par écrit, plus explicite que sa lettre au cardinal et de nature à être publiée. Les meneurs s'attendaient que M. Périn refuserait cette réparation et que, par suite, sa révocation serait de plein droit.

La résolution du corps épiscopal fut transmise au professeur par le recteur magnifique, Mgr Namèche. Avant de répondre à cette communication, M. Périn prit conseil de ses amis, puis adressa au recteur une lettre qui prit presque les proportions d'un mémoire. Cette lettre concluait à un refus de plus ample réparation ; mais la conclusion, il faut l'avouer, était motivée par des considérations de la plus grande force.

Le point capital, c'était l'innocence absolue de l'inculpé. La reproduction de sa correspondance privée n'était point son fait ; elle avait été divulguée sans son aveu, contre son gré et plus probablement pour lui nuire. On le voit assez à l'acharnement des aboyeurs ; et ici vient l'adage : *Is fecit cui prodest*. La signature de l'auteur donnait sans doute, à sa parole, un particulier prestige ; mais ce qui choquait le plus c'était ce qu'il disait, et non pas qu'il le dît. Or, où l'avait-il puisé ? A Louvain, dans la conversation avec ses pairs ; à Rome, dans l'antichambre pontificale. La pièce terrible, c'était la réponse soulignée de Pie IX ; c'était le portrait en pied du cardinal Dechamps esquissé par ordre du Pape, expédié pour divulguer les torts du personnage. C'est cela qu'il aurait fallu effacer, et le pouvait-on en vexant M. Périn ? On voyait bien qui se sentait blessé ; on ne voyait pas le moyen de cicatriser la blessure. Plus on s'agitera pour conjurer le coup, plus on le rendra sensible. Cette plaie restera, toute sa vie, au flanc du cardinal ; depuis sa mort, elle l'accuse et ce n'est pas avec l'emplâtre de vains panégyriques, qu'on peut l'ôter des dossiers de l'histoire.

Un illustre évêque de France, envisageant la chose à un autre point de vue, disait à notre professeur : « Je suis bien affligé de l'acte criminel que vient de commettre Mgr Dumont, en publiant les lettres que vous lui aviez adressées, comme un diocésain à son évêque. Ces confidences devaient être sacrées pour l'ancien évêque de Tournay. J'espère que les catholiques de Belgique comprendront que ce sont là des documents sur lesquels ne peut ni ne doit s'élever *aucune discussion*, parce qu'ils sont non avenus par le public. »

Le cardinal de Malines n'était même pas nommé ; juridiquement il n'était pas recevable à plainte ; en *camini* on pouvait rire à ses dépens ; mais lui n'avait pas le droit d'en revendiquer l'ennui. En conscience, M. Périn eût pu s'en tenir à la stricte justice et à un silence absolu. Personne n'eût été en droit de lui en faire un grief ; il n'était pour rien dans la publication, qui motivait d'ailleurs de justes plaintes. Mais spontanément, par bonté d'âme et délicatesse de conscience, il rend hommage à la dignité et aux vertus du cardinal ; il reconnaît sa parfaite orthodoxie, il atténue ses torts. D'autre part, il intente un procès au journal de Mons ; il fait faire par le public une déclaration devant le tribunal. Que veut-on de plus? C'est bien la peine de demander, tous les jours, l'humilité à Dieu ; de dire avec componction : ayez pitié de moi, Seigneur, selon votre grande miséricorde ; de crier même du fond des abîmes, pour que Dieu exauce vos prières : si le frôlement d'une humble plume vous exaspère et si, peu à peu, vous vous transformez en volcan qui vomit ses flammes.

Sur l'Université, M. Périn n'a dit que des choses connues de tout le monde. Les expressions dont il se sert, les détails qu'il donne, n'apprennent rien au destinataire de la lettre. De sa part, c'est un simple soupir de douleur. Tous les évêques, tous les membres de l'Université savent qu'il y a, dans son sein, de profondes divisions, quant aux doctrines et quant aux opinions. Comment l'Université, qui est un corps, peut-elle se sentir blessée par ses reproches qui ne s'adressent qu'à une partie de ses membres ? Les critiques, dont quelques-uns peuvent avoir à se plaindre, répondent au sentiment de beaucoup d'autres, et, en faisant réparation aux premiers, on blesserait certainement les derniers. L'Université, dans son être moral, n'a donc pas été offensée ; à moins d'admettre que l'auteur a voulu s'offenser lui-même. Il serait contraire à toute raison juridique d'accorder des réparations à qui n'a pas subi d'offense. »

Cette procédure fut entièrement approuvée par le recteur Namèche. Entre le recteur et le professeur, sur des questions de doctrine et l'appréciation de certains actes, il s'était bien produit quelques divergences, mais sans déchirures. « M. Périn et moi, disait Mgr Namèche, avec sa bonhomie et sa finesse habituelle, nous sommes comme deux frères, qui, par moment, se querellent sur des affaires de famille, mais se réconcilient bientôt et ne s'en aiment pas moins. »

La lettre, qui refusait plus ample réparation, fut transmise aux évêques, avec apostille favorable du recteur. Les meneurs se trouvaient pris au piège qu'ils avaient eux-mêmes dressé. Les évêques, favorables à la demande, ne poussèrent pas plus loin ; ils savaient que l'affaire tomberait dans le domaine public et que l'opinion leur donnerait tort. Ceux qui n'avaient que cédé à la violence se réjouirent de voir tomber l'affaire et à la réunion générale des évêques, il n'en fut plus question ; personne n'en dit même un mot.

XI

Les passions, dans l'impossibilité de se satisfaire, ne peuvent consentir à s'arrêter. Le mauvais génie qui les inspire les pousse toujours davantage contre la raison qui les accuse et la politique qui les accable. Plus elles s'exaltent, plus elles croient toucher au but, plus elles s'en éloignent. Jusqu'à présent, dans l'affaire de la *Croix*, dans l'affaire du cours de droit civil ecclésiastique, dans l'affaire Moulaert, elles ont eu manifestement le dessous. Leur invention de baïanisme politique a disparu comme une fusée qui s'éteint au milieu des éclats de rire. Pour se racheter de toutes ces disgrâces, elles ont enfin trouvé une plate-forme où elles pourront évoluer avec éloquence ; elles ont entrepris d'exalter l'archevêque de Malines, cardinal Dechamps. Exalter le représentant de l'autorité pontificale, le plus élevé dans la hiérarchie, personne ne peut blâmer cette initiative ; mais il y a un cheveu dans l'affaire, c'est que le pape Pie IX a mis une sourdine aux éloges de ce cardinal ; il a fait esquisser son portrait en pied, et l'a fait expédier, en soulignant l'envoi, mais sans écrire au bas : *Ex dono auctoris*. En ce bas monde, on sait ce que parler veut dire ; on comprend tout, même le silence ; et même les carillonnements d'une fête savent parfois qu'elle est sans objet. Alors on se rabat sur les circonstances. Il y a ce professeur de Louvain qui est un honnête homme, un savant de premier ordre, un maître dont le mérite suréminent écrase ses détracteurs. Raison de plus pour s'enflammer à le détruire. On a donc voulu l'enfermer dans un cercle de feu, et, comme il en est sorti, on va maintenant, pour l'anéantir, recourir aux dernières extrémités. C'est maintenant l'heure et la puissance des ténèbres.

Depuis quelque temps, dans les couloirs de la politique à Bruxelles, s'était répandu le bruit qu'il y avait, dans les papiers de Mgr Dumont, une lettre de Pie IX, qui disait : « Si Pecci devient pape, ce sera un grand malheur pour l'Eglise. » Cette lettre serait tombée entre les mains du chef de la politique radicale, Frère-Orban, qui ne manquerait pas de s'en servir contre le gouvernement et contre le Saint-Siège. Or, cette lettre fut attribuée d'abord à Pie IX, puis à un prélat de sa cour ; mais ces attributions successives ne faisaient pas le compte des meneurs, ils attribuèrent la fameuse lettre, que personne n'a jamais vue, à ce pelé, ce galeux, ce Périn, qu'il fallait, au plus vite, effacer de la terre des vivants, et portèrent vite ce bruit à Rome. Léon XIII a sans doute beaucoup de mérites ; mais on le dit ombrageux ; en tout cas, il fit demander, par le cardinal Nina, des explications au professeur incriminé. C'est le cas de rappeler le mot de d'Aguesseau : « Si quelqu'un m'accusait d'avoir volé les deux tours de Notre-Dame, je commencerais par passer en Belgique. » Propos qui prouve la candeur du chancelier ; car il n'y a plus de sécurité, même à Bruxelles, pour les voleurs des tours de Notre-Dame.

On est humilié pour soi-même d'avoir à répondre en pareilles conjonctures. Plus les accusations sont misérables, plus on répugne à s'en laver. Mais enfin puisque Rome interrogeait, il fallait répondre. M. Périn s'exécuta. « Si Pie IX, dit-il, a tenu ce propos, je l'ignore ; si un prélat de sa cour ou un dignitaire romain l'a tenu, je l'ignore. Mais deux choses sont certaines : c'est que jamais Pie IX, dans nos conversations, n'a prononcé le nom du cardinal Pecci, et que jamais ce nom ne s'est touvé sous ma plume, ni dans ma correspondance.

Ce n'est pas à moi à me justifier; c'est aux calomniateurs à faire leur preuve : ils ne peuvent avancer sans péril, ni reculer sans déshonneur. » Une déclaration fut rédigée en ce sens et envoyée directement à Rome, au cardinal Jacobini, secrétaire d'Etat.

Les accusateurs ne se découragèrent pas pour si peu. M. Périn n'avait rien dit du Pape, soit; mais il a parlé du cardinal, et puisque cela plaisait au cardinal, on pouvait venir à rescousse. L'humanité étant ce qu'elle est, à certains moments, les affaires contentieuses tournent au pur brigandage; et ce qu'il y a de pire, c'est que les honnêtes gens, même s'ils découvrent ce côté abominable des bassesses humaines, en sont dupes comme les autres et font semblant d'y croire.

Pour servir ces odieux desseins, la *Tribune* de Mons publiait bientôt de nouveaux extraits des lettres de M. Périn à Mgr Dumont, et, bien entendu, contre le cardinal Dechamps. Ce cardinal n'était pas précisément une rosière : il avait intrigué dans l'affaire du cours de droit civil ecclésiastique; il avait faussé le sens d'une lettre d'un cardinal-préfet pour présenter comme approuvé à Rome l'ouvrage de Moulaert. Après de tels exploits, on est mal venu à feindre la pudeur offensée. Mais enfin le cardinal était un homme sérieux et respectable, un brave homme, même un peu bonhomme ; et comment ne découvrait-il pas le vice de l'opération qui consistait à publier des lettres de M. Périn, chaque fois qu'il fallait le piquer au jeu et le mettre hors de gonds? A sa place, je me serais cru assez de vertu, pour n'avoir pas besoin de raccommoder ma réputation. Mais non ; le pauvre cher cardinal donna, tête baissée, dans ce panneau; il s'échauffa jusqu'à l'exaspération; il écrivit à Rome des lettres enflammées; il envoya même, à Rome, trois prêtres, trois! pour former, contre Périn, le dossier de l'accablement et mettre l'opinion ecclésiastique au degré voulu de température. Rome doit être une bien bonne ville, pour se prêter sérieusement à de telles mascarades; je suppose qu'elle en tire un peu d'argent et qu'elle y trouve mainte occasion de joyeuse humeur.

En tout ceci, l'homme qui a le beau rôle, c'est le professeur de droit public à l'Université de Louvain. Pour avoir été le pivot sur lequel ont roulé tant d'affaires, il faut être quelque chose ; et pour s'être tenu en paix au milieu de telles bourrasques, il faut être quelqu'un. Après avoir refusé de plus amples réparations, il s'était tenu au calme parfait. En pareil cas, le silence est une force ; c'est aussi une grandeur.

Dieu se souvient d'ailleurs toujours de ceux qui souffrent persécution pour la justice. Le soir du 1er janvier, en réponse à ses déclarations au cardinal Jacobini, M. Périn recevait, du secrétaire d'Etat de Léon XIII, la lettre suivante : « J'ai reçu la lettre que votre Seigneurie illustrissime m'a adressée le 17 courant, ainsi que la copie qui s'y trouvait jointe des réponses aux questions que mon prédécesseur avait chargé le Recteur magnifique de lui poser. La teneur de cette lettre est telle qu'on devait l'attendre d'un professeur et d'un écrivain de qui tous les enseignements et tous les ouvrages, durant un si long espace de temps, ont mis hors de toute contestation la rectitude des principes et l'inaltérable dévouement au Saint-Siège.

« C'est pourquoi le Saint-Père, à qui j'ai apporté ce que vous m'avez écrit et qui a été très satisfait du soin que vous avez pris de lui faire parvenir la copie de vos réponses, vous bénit de tout son cœur et vous exhorte à avoir bon courage au milieu des épreuves qui ne manquent jamais aux défenseurs de l'Eglise et aux serviteurs de la vérité. — Vous ne devez, au surplus, attribuer à la demande qui vous a été adressée d'autre signification, que le désir d'être mieux à même de juger de la valeur de certains bruits persistants du journalisme. Ces bruits n'avaient, du reste, jamais fait mettre en doute la sincérité et la constance des sentiments de Votre Seigneurie. — Je suis heureux de pouvoir vous transmettre ces paroles réconfortantes, dans la persuasion qu'elles vous donneront pleine assurance de l'affection et de la bienveillance que Sa Sainteté n'a jamais cessé de vous porter. J'aime à me dire, avec les sentiments d'une estime très distinguée, le très affectionné, cardinal Jacobini. »

A la bonne heure ! ils sont polis à Rome et ne parlent pas en l'air. Le cardinal Jacobini reproduit textuellement, dans sa lettre, le jugement du Saint-Office sur l'ouvrage *des lois de la société chrétienne*, accusé de baïanisme politique. Aux vainqueurs, rien ne sied mieux que la modestie ; M. Périn ne publia même pas cette lettre ; il n'en donna qu'une communication confidentielle, cela suffit pour ramener les esprits au calme et au silence.

Les grâces ne vont jamais seules ; elles étaient trois dans la mythologie ; elles sont plus nombreuses dans l'Eglise. Le 3o juin, se trouvant à sa propriété de Ghlin, notre professeur recevait la lettre suivante : « Mon cher professeur et respectable ami, je m'aperçois que les explications et les observations de vos lettres ne sont pas sans effets ; mais je vois aussi qu'on a besoin d'éclaircissements et d'explications pour se fixer. C'est pourquoi je crois absolument nécessaire que vous veniez à Rome le plus tôt possible et que vous ayez vous-même un ou deux entretiens directs. Je puis compter de vous les obtenir bientôt, surtout si vous m'avertissez par télégraphe de votre arrivée. Ne craignez pas la saison ; car si vous trouvez la voie déjà ouverte, vous ne devrez rester ici que le temps qui sera nécessaire pour vous reposer du travail du voyage et reprendre des forces pour le retour. — Portez avec vous les encouragements confidentiels que vous avez reçus des évêques et autres personnages respectables. Il faut faire le jour, et le faire dans l'occasion opportune : ne la laissez pas passer. » Signé : F. Mercurelli.

Le 6 juillet, M. Périn arrivait à Rome. Le surlendemain il était reçu en audience par le cardinal secrétaire d'Etat. Son accueil fut on ne peut plus gracieux et affectueux. Le cardinal Jacobini voulut bien lui dire qu'il était au courant de toutes

ses publications pour la défense de l'Eglise; que, depuis
vingt ans, il avait lu tous ses ouvrages, à mesure qu'ils pa-
raissaient; qu'il avait été touché de son ardeur à défendre la
vérité catholique; et qu'il avait applaudi de grand cœur à
tous ses travaux. Ces préliminaires posés, on vint au point
litigieux, aux satisfactions à offrir au cardinal de Malines.
En bonne justice, notre professeur ne devait rien; il avait
écrit selon son droit; il n'avait pas à répondre de publication
indue. A Rome, on ne le contestait pas, mais on constatait
qu'une faute avait été commise et que cette faute appelait
une réparation. Sans doute, mais cette réparation était due
par le coupable, point par notre professeur. C'est un pur
sophisme et presque une injure de dire : Un autre a commis la
faute, c'est à vous à l'atténuer ou à l'effacer. Ici s'engageait
la discussion intrinsèque; elle roulait sur deux points : le
professeur offrait des *explications,* on voulait des *répara-*
tions; le professeur offrait de reconnaître l'*orthodoxie* du
cardinal, on voulait qu'il reconnût les *bonnes doctrines* du
cardinal. A Rome, on voulait la reconnaissance des bonnes
doctrines et des réparations, non point par animosité aucune
contre le professeur, mais simplement pour mettre un cataplasme sur les ulcères de l'archevêque. Le professeur les
refusait parce que ces exigences avaient pour but de le déshonorer et de l'obliger à descendre de sa chaire; il ne demandait
pas mieux que de quitter l'enseignement, mais il refusait
qu'une ombre d'opprobre pût l'attendre. Je me plais à reconnaître que ni le cardinal Jacobini, ni le cardinal Bilio ne
voulurent le pousser dans le retranchement impénétrable d'un
noble cœur.

Dans l'argumentation du cardinal Bilio, qui était d'ailleurs
un homme très solide, il y a un point faible. C'est celui où
le prélat, arguant de l'équivalence philologique de l'*ortho-*
doxie et des *bonnes doctrines,* demandait, au professeur,
comme il accordait de dire la chose en grec et refusait de la
dire en français. Si l'équivalence des deux expressions était

absolue, l'argument serait en bonne forme et le professeur
eût dû céder ; mais il n'en est pas ainsi. Par *orthodoxie*, on
entend la fidélité aux doctrines *dogmatiquement* définies
par l'Eglise, l'exacte profession de la foi chrétienne ; par
bonnes doctrines, on n'entend pas seulement les dogmes de
foi, mais toutes ces vérités appartenant de plus ou moins
près à la foi, et qui n'en constituent pas moins une province
du patrimoine doctrinal de la sainte Eglise. Or, le cardinal
Dechamps avait, je n'ose pas dire péché, mais manqué, sous
deux rapports : 1° par sa conduite tortueuse dans les affaires
de la *Croix*, du cours de droit civil ecclésiastique et de l'ouvrage du sieur Moulaert ; 2° par les dispositions d'un esprit
flottant, peu sûr ou trop indulgent au regard de l'erreur
catholique libérale, dont il ne paraissait qu'à demi l'adversaire.
Par conséquent, le professeur était parfaitement fondé dans
ses refus, et, s'il se retrancha dans l'intransigeance, ce n'était
point par défaut de bon vouloir, de respect ou de courtoisie ;
mais simplement parce qu'il ne pouvait pas, sans abdiquer,
se laisser entraîner à ces concessions.

Dans cette affaire, il y a un point plus faible encore. On ne
comprend pas bien Rome appelant un professeur, déjà vieux,
du fond de la Belgique, au mois de juillet, pour si peu de
chose. On ne comprend pas Rome s'entremettant pour édul-
corer les amertumes de l'amour-propre d'un cardinal. On ne
comprend pas Rome demandant à un professeur, pour un
cardinal, un certificat d'orthodoxie. C'était mettre le laïque
au-dessus du prêtre et faire descendre le prince de l'Eglise,
que de tant insister pour obtenir un certificat, qui pouvait
être refait et qui le fut. Pour moi, si j'eusse été seulement
balayeur au Vatican, j'aurais voulu dire au cardinal : Eminence, un prince de l'Eglise ne doit pas s'occuper des racon-
tars de ses laquais ; un prince de l'Eglise ne doit pas venir à
Rome pour être relevé de si misérables disgrâces ; et s'il a,
dans sa vie, quelques contrariétés à souffrir, eh bien, c'est le
cas de se rappeler qu'il est poussière et qu'il doit retourner

en poussière. Dans un tel acharnement, il m'est impossible de reconnaître un prince. Nous autres, les valets de chambre du Pape, nous sommes un peu plus fiers, peut-être parce que nous sommes meilleurs chrétiens.

Le 15 juillet, audience de Léon XIII. Le Pontife s'y montre tel qu'il a été dès le commencement, tel qu'il est resté depuis. Le Pape veut la paix et l'accord dans l'action ; il veut que tout le monde tire à la même corde et dit expressément qu'il a en vue des élections. La défense de l'Eglise ne serait plus l'affaire de l'Eglise ; elle serait transportée sur le terrain politique et apparaîtrait comme un fruit des élections parlementaires. Sur la question propre du professeur, il est pour les *réparations* et pour la reconnaissance des *bonnes doctrines :* à quoi le professeur se refuse. Mais, si le Pape vous dit que cela est nécessaire ? A quoi le professeur réplique avec le plus grand calme : Le Pape ne m'ordonnera pas de mentir — C'est un conseil que je vous donne ; et revenant sur les déclarations, il demande qu'on cherche une nouvelle formule. La diplomatie ne se décourage point ; mais ici chercher une formule pour dire ce qu'on peut dire et réserver ce qu'on réserve, c'est chercher l'introuvable. Tel fut, du moins, l'avis de quelques prélats, consulteurs de grandes congrégations et amis particuliers du professeur. Ni le secrétaire d'Etat Jacobini, ni le grand pénitencier Bilio, ni le Pape lui-même, personne ne put trouver cette formule.

Que le lecteur ne s'étonne pas de toutes ces instances. Vous voyez, par là, combien l'Eglise a souci de la bonne renommée de ses princes. On fait venir du fond de la Belgique, à Rome, au mois de juillet, un vieux professeur ; des cardinaux et le Pontife lui-même s'entremettent pour obtenir des réparations personnelles et pourquoi ? Le cardinal belge a-t-il commis quelque crime ou quelques excès ? Non, il a été dit simplement qu'il manquait, dans des questions de doctrines libérales, un peu de clairvoyance et d'énergie. C'est à peine une ombre, et cette ombre on ne veut pas en admettre

la réalité. Le cardinal lui-même, si calme, si bon, si conci-
liant, s'agite pour rejeter ce soupçon. Nous voulons l'en
louer; sur la robe rouge d'un cardinal, il ne faut même pas
un grain de poussière. Et dans ces longues et difficiles négociations, que peut-il bien espérer? Seulement quelques
paroles qui lui rendent, je ne dis pas son lustre, mais l'entière assurance qu'un soupçon ne peut pas effleurer. Et après?
Après, ce sera comme avant; ce qui avait été dit primitive-
ment, reste; ce qui veut l'effacer, le rend plus visible; ni les
cardinaux, ni le Pape n'y peuvent rien. Même en admettant
qu'ils obtiennent tout ce qu'ils demandent, la question, même
tranchée, subsistera et devra revenir à un autre tribunal. Les
historiens viendront un jour; ils constateront les faits; ils
diront que le plaignant, en obtenant satisfaction, n'a rien
obtenu qui efface les justes critiques; et qu'il n'a pas vu assez
clair dans les événements de son temps. Mais il y a plus fort;
c'est que le professeur n'a pas voulu en démordre, qu'il a
maintenu ses accusations. Alors l'affaire est entière pour l'histoire; c'est aux historiens à la peser dans leur balance et à
prononcer, contre le cardinal, un jugement. Ah! quelle
leçon! Combien les princes de l'Eglise doivent s'appliquer à
comprendre les choses, à en parler avec des scrupules d'exac-
titude, à défendre la vérité avec un intrépide courage! C'est
là le devoir et aussi l'honneur. Qui n'a pas su s'en rendre
compte et se raidir au service des oracles de la foi, celui-là,
à quelque grandeur qu'il atteigne, a perdu son mérite et
son prestige. Grande leçon, dis-je, qui nous apprend que les
serviteurs de la vérité ne sont grands que par son intègre
service et s'ils s'en écartent, si peu que ce soit, malheur à
eux et honte à leur mémoire.

Et s'il en est ainsi, que dirons-nous d'un grand peuple
et d'un grand clergé, où, depuis vingt-cinq ans, on démolit
lentement et sûrement la sainte Eglise de Jésus-Christ, sans
que personne, je ne dis pas se fasse tuer, mais se fasse incar-
cérer pour sa défense. Notre Dieu a dit qu'un cheveu ne tom-

bera pas de notre tête, sans la volonté de son Père ; nous, notre volonté est que rien ne trouble l'économie de notre existence et la paix de nos vieux jours. Nous avons le pain quotidien, un toit pour nous abriter : que faut-il de plus ? Nous laisserons les prophètes de malheur énoncer leurs fâcheux pronostics, et s'ils s'obstinent, nous saurons, en les frappant, les réduire au silence, et s'ils nous crient qu'il faut faire pénitence sous le cilice et dans la cendre, nous tuerons les prophètes. Mais, quand vous aurez tué les prophètes, leurs tombes lanceront encore des anathèmes. D'autre part, l'œuvre de destruction sera à son terme et à moins d'être les premiers des lâches et les derniers des misérables, il faudra bien que vous vous souveniez des Basile, des Chrysostome et des Athanase. Autrement, ils vous amèneront, victimes misérablement muettes, à leurs prétoires ; ils vous condamneront à des peines infâmes et l'infamie du châtiment n'égalera jamais l'infamie des forfaits que Dieu leur enjoint de punir. Mon Dieu ! ayez pitié de votre Église et regardez la face de votre Christ.

XII

Après l'audience du 15 juillet, notre professeur ne vit plus Léon XIII, ni en privé, ni en public ; mais il eut encore plusieurs entrevues avec les cardinaux Bilio et Jacobini. Jacobini se rapprochait un peu plus de M. Périn ; Bilio abondait un peu plus dans le sens du Pape ; mais tous deux étaient moins rigoureux et demandaient, avec la plus grande loyauté et les meilleurs désirs, des explications plus explicites. M. Périn ne croyait pas qu'on pût dire ni plus, ni mieux qu'il n'avait dit. Les qualités et les vertus de l'archevêque de Malines, il leur rendait le plus solennel hommage ; l'éminente dignité du prince de l'Eglise, il la vénérait en esprit de foi et de piété ; sur ces deux points, il entendait que personne ne pût lui céder en fermeté de conviction et sincérité de dévouement. Mais sur la conduite contre la *Croix*, si pleinement approuvée du Pape ; mais sur le cours du droit civil ecclésiastique et sur le pauvre livre de Moulaert ; mais surtout sur la falsification ou plutôt la mauvaise interprétation d'un acte du Saint-Siège, il ne voyait moyen ni de les supprimer de l'histoire, ni d'en donner une bienveillante interprétation. Quand même il y consentirait, ce serait fâcheux pour lui, mais par ailleurs sans portée et sans conséquence. Et cela même, il n'y était point obligé par devoir, puisqu'il n'était pour rien dans la divulgation de ses lettres ; il était, au contraire,

obligé par le droit naturel et divin de maintenir sa bonne renommée. Telle était la situation de M. Périn ; elle paraît inattaquable et indiscutable.

Mais, il faut l'entendre. Dans une dernière note au cardinal
Bilio, il émet ces suprêmes déclarations :

« J'ai écrit des lettres *intimes* à Mgr Dumont, qui avait
toute la confiance de Pie IX et sous l'impulsion de qui ce
saint Pape m'avait recommandé d'agir.

« Dans ces lettres, j'ai dit *toute ma pensée ;* je l'ai dite non
sans raison sérieuse, point par malignité, mais parce que
l'évêque avait besoin d'être renseigné exactement.

« J'ai rapporté des *faits* que je savais *exacts*, et j'étais en
droit de croire que ce que je disais ne pourrait *jamais nuire*,
devant le public, aux personnes citées, puisque je parlais
dans le secret à l'évêque seul.

« Jamais je n'aurais parlé *publiquement* de cette façon du
cardinal-archevêque de Malines, parce que jamais je n'aurais
voulu, même en rapportant des faits *vrais* et en énonçant des
jugements *mérités*, diminuer le respect auquel a droit un
évêque.

« Je ne suis *pour rien* dans la publication de mes lettres à
Mgr Dumont. Le tort qui a été fait au cardinal Dechamps,
par cette publication, résulte d'un accident indépendant de
ma volonté et dont on ne peut pas me faire *supporter* les conséquences.

« Afin de diminuer ce qu'il y a de pénible dans ces conséquences, pour le cardinal de Malines, j'ai donné, dès le
premier moment, des explications que j'ai poussées jusqu'à
la *dernière limite* des atténuations.

« Malgré toute ma bonne volonté, il m'est *impossible* d'aller
plus loin, et de me donner un *démenti* sur des points de fait,
que je n'ai affirmés qu'en pleine connaissance de cause.

« Personne au monde ne peut exiger que je *mente* en décla-
rant *contraires* des faits que je tiens pour *certains*. Personne
ne peut exiger que, par le démenti que je m'infligerais à moi-

même, je me fasse passer pour un calomniateur, alors que je n'ai fait autre chose que de dire en conscience la pure et simple vérité.

« Que je n'aie dit que la vérité, j'en ai fourni la *preuve* dans le dernier entretien dont m'a honoré Son Eminence, chargé par le Saint-Père de m'entendre sur la question.

« Je ne pourrais, sans me déshonorer vis-à-vis de moi-même et vis-à-vis de tous ceux qui, en grand nombre en Belgique, connaissent la réalité des faits, consentir à une rétractation et dépasser, dans mes explications et atténuations, la mesure de ce que le respect de la vérité comporte.

« Sans doute, la considération d'un cardinal de la sainte Eglise romaine est d'un prix inestimable ; mais on ne peut, pour la sauver, lorsqu'elle est compromise, imposer à un honnête homme, si humble que soit sa fonction, ni le sacrifice de son propre honneur, ni le sacrifice de la vérité.

« Pour donner les explications et les atténuations que j'ai fournies en dernier lieu, il a fallu, je l'avoue, me faire, à moi-même, une certaine violence. Je n'ai pu m'y déterminer que par le respect profond que j'ai pour la personne du souverain Pontife, par le désir qui m'anime de me conformer à ses vues et par le regret que j'aurais de l'affliger en quoi que ce soit.

« Je ne puis dépasser la mesure de ce que j'ai fait. Après avoir cherché, de toutes les manières, une rédaction qui, en laissant la vérité intacte, réponde mieux à la pensée du Saint-Père, je me suis convaincu qu'il est impossible de la trouver.

« Je ne me dissimule pas que, par suite d'incidents faciles à prévoir, je puis être obligé, pour des raisons de dignité, de renoncer à la chaire que j'occupe à l'Université de Louvain. Cette éventualité, dans les circonstances présentes, a perdu pour moi beaucoup de la gravité qu'elle aurait pu avoir en d'autres temps.

« D'abord ma démission se produirait dans des circonstances qui ne me nuiraient pas devant l'opinion, tout au contraire. Les explications que je pourrais être obligé de donner pourraient être fâcheuses pour d'autres, notamment pour le cardinal Dechamps ; mais elles n'auraient pour moi rien que de très honorable.

« Ensuite, vu l'état de confusion doctrinale où se trouve l'Université de Louvain, je ne pourrais guère regretter un incident qui me permettrait de sortir avec honneur du milieu où, par suite de manœuvres et de pressions diverses, les défenseurs des doctrines, pleinement approuvées à Rome, ne peuvent plus remplir avec fruit leur devoir.

« Je quitterais l'Université de Louvain d'une manière d'autant plus honorable que, samedi dernier encore, j'ai recueilli de la bouche même de Sa Sainteté, l'assurance que mon enseignement est *hors de toute contestation* et pleinement approuvé par le Saint-Siège.

« Je ne veux pas dire pourtant que je n'éprouverais aucun regret en me retirant de l'Université de Louvain. Quitter ceux de mes collègues et particulièrement le recteur, qui m'ont témoigné, dans ces dernières difficultés, tant de sympathies et d'affection ; quitter mes élèves, de qui, pendant toute ma longue carrière, et surtout après les récentes épreuves, j'ai reçu tant de marques de dévouement et d'attachement, serait pour moi un douloureux sacrifice. Mais on ne doit jamais marchander, si douloureux qu'ils puissent être, les sacrifices que commande l'honneur.

« J'aurais, si j'étais amené à donner ma démission, un autre regret encore : Celui d'être obligé, pour me défendre, de mettre le public dans la confidence de l'affaire et de m'expliquer devant lui, pièces en main. Bien que cette nécessité me pèse, il faudra bien, le cas échéant, que je la subisse pour empêcher qu'on ne puisse faire accroire que ma retraite est la suite de quelque blâme, qui m'aurait atteint dans ma doctrine, dans ma conduite ou dans ma personne. »

Le lendemain du jour où il avait transmis la précédente note, M. Périn, par un dernier effort de générosité, comme suprême concession, notait encore : 1º Que les interprétations outrées et arbitraires de ses lettres étaient contredites par la juste valeur des expressions dont il s'était servi ; 2° que ces expressions étaient ramenées à leur véritable sens, à l'hommage rendu à l'orthodoxie du cardinal ; 3° qu'elles étaient encore plus atténuées par ce fait qu'elles ne se référaient qu'à des questions du moment et toutes contingentes. Enfin, il concluait que le Pape ayant ordonné de mettre fin aux controverses en Belgique, il se conformerait strictement à cet ordre, renonçait à toute controverse et ne s'occuperait plus que de doctrine pure. — On ne peut qu'approuver ces raisons et ces sentiments ; il faut admirer encore le talent qui les exprime et la probité magnifique dont elles sont la preuve.

Le soir, M. Périn prenait congé du cardinal Jacobini. Le secrétaire d'Etat le reçut avec la plus grande bienveillance et une parfaite cordialité ; il le félicita particulièrement du parti de renoncer à toute controverse. Le professeur répondit qu'il trouvait la chose toute simple ; qu'il n'avait jamais controversé pour son plaisir ; qu'il n'avait lutté que contre des doctrines que les plus grandes raisons représentaient comme erronées et dangereuses. « Après tout, reprit le cardinal, il ne s'agit que d'affaires contingentes et de questions de conduite. » Le cardinal pria encore M. Périn de lui écrire, de l'éclairer sur plusieurs questions délicates, dans lesquelles il pouvait être contraint d'intervenir. En reconduisant son visiteur jusqu'à la porte : « Allons, dit-il, soyons charitables pour le bon cardinal, faisons la paix. » A quoi M. Périn répondit qu'il ne demandait pas mieux, qu'il ne gardait rancune à personne, qu'il était tout disposé à la paix, lorsqu'on ne la rendait pas impossible.

Le lendemain, après avoir prié longuement sur le tombeau des saints apôtres, implorant la grâce d'endurer, avec les véritables sentiments de la patience chrétienne, tout ce qui pourrait arriver, le pèlerin apostolique quittait la ville éternelle, le cœur serré, parce que, selon toute apparence, il n'y reviendrait plus. Le voyageur rentra en Belgique par Florence, Milan et Paris. A Louvain, il ne vit que les amis les plus intimes, les informant, sans indiscrétion, des résultats de son voyage. De là, il passait par Ghlin, où il allait attendre, sans se faire illusion, le résultat des longues intrigues ourdies contre lui par les catholiques libéraux.

XIII

Rome, capitale du monde chrétien, est le premier siège de l'Eglise universelle, celui dont ressortissent tous les autres. Le vicaire de Jésus-Christ, successeur du bienheureux Pierre, chef unique, souverain et infaillible de l'Eglise catholique, préside aux destinées spirituelles de l'humanité ; il étend, par la religion, son empire plus loin et plus profondément que ne l'étendit jamais l'ancienne Rome, par la puissance de ses armes. Tout, rois et peuples, pasteurs et troupeaux, est soumis, dit Bossuet, à la suprématie des pontifes de Rome.

Ce caractère de la Chaire apostolique, non seulement lui permet, mais l'oblige à envisager les affaires, non pas au simple point de vue des individus en cause, mais, au point de vue plus général, des intérêts collectifs d'une nation et de l'Eglise, prise dans son ensemble. Dans les difficultés qui surgissent chaque jour, dans les conflits qu'amènent ces difficultés, l'Eglise ne s'inspire pas exclusivement des principes d'une justice rigoureuse et inexorable, elle se détermine surtout par la considération du bien de la paix et ne recule, pour l'établir, devant aucun sacrifice. Souvent, pour obtenir ce résultat précieux, elle relâche de son droit ; souvent, la douleur dans l'âme, elle est obligée de demander, aux plus fidèles de ses enfants, de s'immoler pour le salut commun. Le prince de la paix demande à son Eglise et son Eglise demande à ses enfants d'accepter, d'un cœur joyeux, ces immolations, pour accomplir le grand dessein de Dieu sur le monde.

L'histoire n'a qu'un cri pour confirmer ces déductions ; je pourrais en produire d'innombrables preuves. L'évidence du fait permet d'abréger les citations. Je citerai seulement Pie VII, pour rétablir la paix en France, demandant leur démission à des évêques, confesseurs de la foi ; Grégoire XVI sacrifiant les archevêques de Posen et de Cologne, pour rétablir la paix en Allemagne ; et Léon XIII transférant ailleurs deux évêques des plus dignes pour rétablir la paix en Suisse. Les sacrifices personnels, demandés aux simples chrétiens, ne sauraient se compter.

Dans l'affaire qui nous occupe, nous voyons, d'un côté : un professeur de droit public à l'Université de Louvain, dont l'enseignement est au-dessus de toute critique, la conduite irréprochable et la situation inattaquable, mais dont un tiers sans titre a violé la correspondance secrète ; de l'autre côté, l'archevêque de Malines, métropolitain de la Belgique, cardinal-prêtre de la sainte Eglise romaine, qui écrit à Rome, contre cette violation du secret des lettres, des lettres enflammées ; qui appuie, par trois ambassadeurs, ses plaintes contre le préjudice causé à sa considération ; que la droite catholique du parlement et le roi lui-même soutiennent dans ses revendications pour n'en point partager la disgrâce. Que peut et que doit faire l'Eglise ?

Ce que peut faire l'Eglise, de plus simple et de plus sage, c'est d'appeler d'abord à Rome le professeur pour l'entendre, apprécier ses raisons, lui donner des conseils ou lui intimer des ordres. Le professeur est venu, a déduit ses raisons, maintenu ses nécessaires réserves. Le cardinal secrétaire d'Etat, le cardinal, grand pénitencier, le Saint-Père lui-même, grand diplomate devant le Seigneur, ont apprécié ces raisons, respecté ces réserves. On a pu hasarder des conseils, réitérer des vœux. La situation du professeur est tellement forte qu'il est impossible, je ne dis pas de lui infliger une peine, mais de lui signifier des injonctions d'obéissance. Le professeur est en possession d'état, l'Eglise respecte cette possession.

Mais il y a, d'autre part, un cardinal endolori, un parti de gouvernement, un roi qui adressent des réclamations. L'affaire, sans doute, n'a rien de tragique, rien même de grave ; on pouvait renvoyer les partis dos à dos. Mais l'Eglise, qui vient de montrer tant de délicatesse envers le professeur, en veut montrer aussi maternellement aux autres partis. Sans prendre le temps à de longues réflexions, dès le 3 août, le Pape traite la question publique (l'autre est vidée), dans une lettre officielle au cardinal-archevêque de Malines. Lisons cette lettre en abrégé, tête nue, et recevons à genoux ses oracles.

« Dans ces dernières années, la cause du catholicisme en Belgique a subi des épreuves multipliées. Si notre cœur en a éprouvé une tristesse profonde, nous avons toutefois trouvé une consolation dans les témoignages d'amour que nous ont prodigués les Belges. Ce qui nous fortifie encore, c'est votre attachement à notre puissance et le zèle que vous déployez, afin que le peuple persévère dans l'unité de la foi catholique et progresse chaque jour dans son amour pour l'Eglise du Christ. En particulier, il nous est doux de donner des louanges à votre sollicitude, pour la bonne éducation de la jeunesse, en assurant dans les écoles l'enseignement religieux sur de larges bases. Votre zèle s'attache avec une pareille vigilance à la formation chrétienne de la jeunesse, dans les collèges, les Instituts et dans l'Université de Louvain.

« D'autre part, nous ne pouvons rester indifférents en présence d'incidents qui paraissent mettre en péril la bonne entente des catholiques et les diviser en camps opposés. Il est superflu de rappeler les causes et les occasions de ces dissentiments. Vous les déplorez avec nous, sachant qu'à aucune autre époque la nécessité de maintenir l'union n'a pu être aussi grande qu'au moment où les ennemis du nom chrétien s'acharnent de toutes parts contre l'Eglise universelle.

« Plein de sollicitude pour cette union, nous signalons les entraves que lui créent certaines polémiques sur la nécessité ou l'opportunité de conformer aux prescriptions de la doctrine catholique, les formes gouvernementales basées sur les principes du droit moderne. A coup sûr, nous devons souhaiter que la société soit régie d'une manière chrétienne et que la divine influence du Christ pénètre complètement tous les ordres de l'Etat. Cependant tous les catholiques, s'ils entendent s'employer utilement au bien de l'Etat, doivent imiter la prudente conduite de l'Eglise dans les affaires de ce genre : elle défend dans toute leur intégrité les doctrines sacrées et les principes de droit et s'attache de tout son pouvoir à régler les institutions, les coutumes et les actes de la vie privée d'après ces mêmes principes. Néanmoins elle garde la juste mesure des temps et des lieux, elle tolère quelquefois des maux, qu'il serait presque impossible d'empêcher sans s'exposer à des calamités et à des troubles.

« En outre, dans les polémiques, il faut se garder de passer les justes bornes et ne point porter témérairement le blâme ou la suspicion sur des hommes d'ailleurs dévoués aux doctrines de l'Eglise et par-dessus tout sur ceux qui, dans l'Eglise, sont élevés par la dignité et le pouvoir. Nous déplorons que cela se soit vérifié à votre égard.

« Il est manifeste que cette légèreté avec laquelle on formule indistinctement contre le prochain des accusations sans fondement, porte atteinte à la bonne réputation d'autrui, relâche les liens de la charité et outrage ceux que l'Esprit Saint a placés pour gouverner l'Eglise de Dieu. C'est pourquoi nous donnons ici l'avertissement sévère que tous les catholiques s'abstiennent de ce procédé. C'est au Siège apostolique, près duquel chacun peut avoir accès, qu'a été commise la charge de défendre partout les vérités catholiques et de veiller à ce qu'il ne se répande aucune erreur capable de porter atteinte à la doctrine de la foi.

« En ce qui vous concerne, employez toute votre vigilance à

ce que tous les hommes de science, tous les professeurs de la
jeunesse soient d'un sentiment unanime dans les questions
sur lesquelles l'enseignement du Saint-Siège ne permet point
de liberté d'opinion. Et quant aux points abandonnés aux
disputes, que les esprits s'y exercent de façon à ce que la diversité des sentiments ne brise pas l'union des cœurs et la
concorde des volontés. Sur ce point, Benoit XIV, dans sa
constitution *Sollicita*, a donné aux hommes d'études ces règles
pleines de sagesse.

« Nous voulons renouveler aux savants les recommanda-
tions de notre prédécesseur et leur signaler saint Thomas, ce
noble modèle, qui leur apprendra, non seulement la manière
de conduire les controverses, mais aussi le caractère de la doctrine qu'il faut développer dans la culture de la philosophie
et de la théologie. Poursuivez donc avec zèle la tâche com-
mencée, et veillez avec soin à ce que, dans votre Université,
les sources fécondes de la philosophie, qui jaillissent des
œuvres de saint Thomas, soient ouvertes aux disciples avec
une riche abondance et appliquées avec profit aux autres
branches de l'enseignement. »

Telle est, dans son compte-rendu analytique, cette lettre
pontificale du 3 août 1881. Sans nommer personne, elle offre
à tout le monde de sages enseignements et paraît, en quelques lignes, reprocher à notre professeur, d'avoir manqué à
la justice ou à la charité. Au lieu de protester, M. Périn
donna sa démission sans bruit ; il quitta, en même temps, les
œuvres de presse et de réformation sociale auxquelles il appartenait depuis quelques années. Par cette retraite, il croyait
répondre au désir d'apaisement du Saint-Père, comme il
avait voulu y répondre, en se mêlant précisément d'affaires
pour lesquelles il se sentait peu de goût. Désormais, il pourra,
plus libre, s'appliquer à ces études de droit public pour lesquelles il éprouve un penchant si vif et déploie un si mer-
veilleux talent.

La démission de M. Périn ne passa pas inaperçue. Ce professeur était, dans sa patrie, un des patriciens de la pensée catholique, un des princes de l'enseignement orthodoxe, dans son application aux jeunes âmes, un des représentants les plus autorisés des doctrines militantes de Pie IX. La situation qu'il s'était faite par ses travaux était prépondérante ; créateur de l'économie politique chrétienne, il était réputé, dans tout l'univers, comme l'oracle de cette science, le saint Thomas de la richesse chrétiennement produite, chrétiennement distribuée et chrétiennement consommée. Son effacement volontaire, avant l'heure, causa d'unanimes regrets et lui valut les plus chauds hommages : le *Bien public* de Gand, l'*Ami de l'ordre* de Namur, le *Journal* de Bruxelles, la *Flandre libérale*, par une lettre de M. de Laveleye, l'*Univers* de Paris pour son compte et par une lettre du vicomte Gabriel de Chaulnes : tous ces journaux décernèrent à M. Périn de solides louanges et en épuisèrent, si j'ose ainsi dire, toutes les formules. Je n'en cite aucune ; l'éloge de l'auteur ressortira mieux, sans prendre le thyrse, de l'analyse de ses magistrales publications.

Quant à son droit naturel de défense, à propos du blâme anonyme dont il avait été l'objet, jugeant les choses, non d'après le sentiment personnel, mais d'après le sentiment chrétien, il eut, pour n'en point user, de graves raisons. Sans doute, après les déclarations écrites qu'il avait faites, à Rome, aux cardinaux, il gardait toute sa liberté de parole et son droit d'agir était entier. « Mon droit, dit-il, était évident ; mais je n'aurais pu en faire usage sans appeler sur le cardinal Déchamps, et sur le Saint-Siège lui-même, les sévérités de l'opinion. Grâce à Dieu, je n'ai rien tant aimé au monde que l'Eglise Romaine. La troubler ou l'affliger serait pour moi le plus grand des chagrins, le dernier des malheurs. Par amour pour Notre-Seigneur Jésus-Christ, qui ne fait qu'un avec l'Eglise, je renonçai à ma propre justification. Je n'ai pas eu, du reste, beaucoup de mérite à garder le silence. Il m'était facile de ne point me justifier, en présence du grand mouvement d'opinion qui se fit en ma faveur. Comme preuve des sympathies qui me furent prodiguées en ces moments critiques, on pourra se porter aux journaux du temps, peu importe lesquels. Je conserve encore une nombreuse collection de lettres, que l'on trouvera dans mes papiers, après ma mort [1]. »

La sagesse commandait le silence. Non seulement le professeur renonça librement à toute justification, il retira encore l'action qu'il avait introduite devant le tribunal de Mons, contre le journal qui avait violé le secret de ses correspondances. Au cours des débats, il craignait d'être contraint à des explications sur des incidents à propos desquels il voulait provisoirement garder le silence.

Une chose pourtant était à faire. Il fallait montrer qu'au milieu des difficultés que venait de clore la lettre pontificale, la situation du professeur était intacte. Ce fut l'objet d'une brochure intitulée : *Le modernisme dans l'Eglise*, dont le type se trouve dans les lettres de Lamennais à Charles de Coux, lettres dont la publication se déchaîne comme un cyclone sur toutes les têtes catholiques libérales de France, de la Belgique et des îles. La brochure parut en France, loin du foyer des passions belges, dans un Recueil impropre à tout rôle d'incendiaire. On n'y trouve aucune allusion, ni à Déchamps, ni à Moulart, ni à aucune des allumettes récemment en usage. Établir, par une nouvelle et franche opinion de ses sentiments, qu'il restait inattaquable sur le terrain des doctrines, c'était bien le moindre usage que M. Périn pût faire de son droit de défense. Pour tout le reste, il se tut et ce silence est la plus belle page de sa vie. Obéir et se taire sont, en ce monde, deux grandes et bonnes choses ; bonnes à pratiquer à tout âge, mais surtout à cette époque sereine de la vie, où l'homme entrevoit, dans une perspective prochaine, les terribles jugements de Dieu.

L'Eglise est divine et humaine : divine par son fondateur,

---

[1] *Rome et Louvain*, Mémoire, p. 101 du manuscrit.

par son objet et par son but ; humaine par les hommes qui la représentent, généralement assortis à la sublimité de leurs fonctions, mais enfin ce ne sont pas des anges. Ces hommes peuvent avoir leurs opinions personnelles, comme docteurs privés ; ils peuvent avoir aussi, dans une certaine mesure, des préjugés et des passions. Dans leur conduite, avec la meilleure foi du monde, ils peuvent éprouver des défaillances, ou, au moins, céder à des affections ou à des aversions qui troublent la rectitude de leur jugement. Surtout, ils peuvent être circonvenus et trompés. Pour juger des événements, il faut donc les envisager à distance, de haut et de loin ; on discerne mieux alors les circonstances qui expliquent, atténuent ou excusent. L'homme disparaît ; le représentant de Dieu, seul alors, se laisse voir. Malgré toutes les misères humaines, la mission salutaire de l'Eglise se poursuit ; au moment où vous craignez que l'erreur ne finisse par prévaloir, les vérités dont elle a la garde remportent leur dernier triomphe. Finalement, malgré tous les obstacles intérieurs et extérieurs, l'Eglise accomplit le plan divin, les desseins miséricordieux de la Providence sur l'humanité.

A la longue, cette conduite de Dieu apparaît avec une éclatante évidence. Ce qui pouvait produire, au premier instant, une impression moins favorable, sert, avec le temps, à mettre mieux en relief le caractère vraiment surnaturel de l'Eglise. L'histoire, bien entendue, donne, sur les vicissitudes du gouvernement ecclésiastique, des lumières qu'elle ne peut offrir, lorsque les passions qui ont agi sur les événements remuent encore les âmes et troublent les cœurs. L'histoire est une chose sacrée ; une lecture sainte : *Gesta Dei.*

Levons nos regards vers les montagnes saintes ; c'est de là que vient le secours du Seigneur ; c'est là que les victimes de ce monde trouvent l'inaccessible gloire.

XIV

Depuis sa démission, notre professeur vit dans la retraite, dans sa propriété de Ghlin, près Mons, en Belgique. Les années s'ajoutent aux années ; la vie s'écoule sans bruit ; on s'achemine vers les années éternelles en méditant les jours antiques et les lois divines qui assurent, avec la paix des âmes, le bonheur des nations. Une bonne mort est le couronnement naturel d'une vie sans peur et sans reproche ; et quand la mort nous a effacés de la terre des vivants, nos œuvres survivent pour rendre témoignage à la vérité.

Nous avons à parler maintenant des œuvres de M. Périn. Avant d'entrer dans le détail des volumes, nous jetons un coup d'œil historique sur les circonstances où notre auteur a pu les produire et comment il a voulu les assortir aux besoins des temps.

Au milieu des tristesses poignantes et des spectacles tristes que nous infligent la politique et la persécution, une vue réconfortante est celle de l'homme qui consacre sa vie à répandre les semences de justice, de concorde, de sympathie mutuelle ; à rétablir, dans une société troublée, les notions et les sentiments de la science chrétienne, ébranlés ou obscurcis par l'impiété rageuse des sectaires francs-maçons. Un tel contraste est une grande consolation en ces jours d'épreuve ; c'est une joie profonde de voir le juste poursuivre sa tâche au milieu d'obstacles sans nombre, raillé comme un idéologue ou un rêveur par les oracles du jour, méconnu le plus souvent par les bénéficiaires de ses efforts, car la reconnaissance n'est pas toujours la vertu des foules, ni l'attribut du pouvoir.

Mais quand on le voit surmonter toutes ces épreuves, déjouer les trames, sortir victorieux des embûches semées sous ses pas, on renaît à l'espérance ; on entrevoit l'aurore des jours meilleurs pour les peuples qui ne voudront pas rester plus longtemps sous le joug du matérialisme et la domination du mensonge.

Tel est le sentiment qu'on éprouve en voyant d'abord notre professeur faire ressortir la prééminence des questions sociales sur les problèmes purement politiques, et la nécessité pour le monde moderne de se vouer à leur solution. En 1789, la France, prise d'un bel enthousiasme, se persuadait qu'en détruisant de fond en comble l'ancien régime, elle allait inaugurer une société moderne de liberté sans entraves, d'égalité rigoureuse et de tendre fraternité. L'histoire démontre que le libéralisme, loin d'avoir amélioré les rapports des différentes classes et la condition des classes inférieures, les a plutôt empirés. Aujourd'hui l'antagonisme des riches et des pauvres est poussé jusqu'à l'exaspération et rien n'est moins impossible qu'une révolte des Spartacus ou des Vindex. Que dis-je ! l'ennemi du dedans menace d'écraser le monde moderne, comme le monde antique fut jadis écrasé par l'ennemi du dehors. Les barbares, venus autrefois du pays des Tartares et des Mongols, sortiraient simplement des ateliers, des manufactures et des faubourgs des grandes villes.

« Dans l'antiquité, dit le prince Aloys de Lichtenstein, les guerres civiles ne procédaient pas d'une hostilité systématique entre les divers groupes de la société, mais de rivalités pour la conquête du pouvoir ou le renversement d'une tyrannie. Au Moyen Age, la Jacquerie en France, la guerre des Paysans en Allemagne ont été des explosions éphémères, bien vite réprimées et disparues sans laisser de traces. En Orient, l'oppression des Pachas et toutes les exactions du pouvoir sont supportées avec résignation par les peuples. Aux Etats-Unis, les noirs et les mulâtres ont fait preuve d'un loyalisme exemplaire vis-à-vis de leurs maîtres, pendant toute la guerre de sécession. En France, au contraire, après la capitulation de Paris en 1871, la guerre civile et toutes les horreurs révolutionnaires se sont déchaînées avec une véritable furie dans la capitale et dans les grands centres, au milieu de l'occupation étrangère, attestant ainsi la profondeur et l'acuité des rancunes fomentées dans cette malheureuse nation française par l'éducation libérale. »

Trente ans après la Commune, nous sommes à la veille de nouvelles prises d'armes et de guerres plus que civiles. Le libéralisme a produit des haines plus forcenées et des fléaux plus destructeurs que l'esclavage antique, le servage féodal, le despotisme d'Orient et l'exploitation des nègres par les planteurs du Sud. Que les libéraux méditent ces faits accablants de l'histoire. Ces retours leur seront plus profitables que l'acharnement ridicule à maudire l'Eglise qui dédaigne les attaques et se rit de leur puissance éphémère. Dans son impuissance avérée de résoudre un seul des problèmes posés par le sphinx démocratique, la secte des francs-maçons croit, de plus en plus, sortir d'embarras en redoublant de blasphèmes. Mais déchirer des soutanes et verser le sang des prêtres n'est qu'un moyen d'irriter davantage les passions des anthropophages, qui mangeront ensuite le bourgeois avec un formidable appétit.

Ces tragédies éventuelles, dont la déraison surpasse encore la scélératesse, ne changent malheureusement rien à la réalité des choses. Je m'étonne de la puissance d'aveuglement de ces êtres qui coiffent les prêtres d'éteignoirs et se posent modestement eux-mêmes en porte-flambeaux de l'humanité.

En Angleterre, pays d'élection et type principal du libéralisme, le fruit principal du progrès, c'est l'anéantissement de la

classe agricole et la misère, une misère effrayante, pour les esclaves de l'industrialisme. En 1877, la taxe des pauvres pour
l'Angleterre dépassait huit millions de livres sterling ; c'est
l'équivalent du budget militaire de l'Autriche. Ainsi l'Angleterre compte autant de mendiants qu'une grande puissance
militaire de l'Europe entretient de soldats.

En Autriche, le paysan doit abandonner les deux tiers de
son revenu aux charges fiscales, aux créances hypothécaires et
aux dettes courantes. En Gallicie et même dans la riche Mo-
ravie, une quantité énorme de domaines sont devenus la
proie des spéculateurs ; le paysan tend à devenir simple jour-
nalier au service de l'usure. La prépotence du capital nous
menace du retour d'un esclavage dont il est impossible de déterminer les formes. Ne nous faisons pas d'illusions ; nous
sommes, plus ou moins partout, en route vers l'expropria-
tion générale de la classe des agriculteurs.

Le petit commerce est-il dans une meilleure situation ?
Non ; il est écrasé par la concurrence des grands magasins et
par la hausse des loyers urbains, conséquence de la folle administration des municipalités libérales. La ploutocratie juive
fait revivre à son profit le système des grandes propriétés qui
ruinèrent l'empire romain. Partout appauvrissement et détresse des petits travailleurs, par l'agglomération des fortunes
immenses et la férocité des vampires qui sucent le sang de
l'humanité.

Les Etats-Unis, pays plus jeunes, sont livrés, par l'oligarchie financière, à la même détresse que les anciens peuples.
Là, les chemins de fer, les mines, toutes les ressources naturelles d'un pays dix fois mieux doté que l'Europe, sont la
proie de quelques crétins, riches à milliards.

Comment l'antagonisme social ne résulterait-il pas de pareils contrastes ?

La vraie cause de ces maléfices est dans la coïncidence historique des plus grandes découvertes de l'esprit humain dans
le domai . scientifique et industriel, tout après l'éclosion per-

turbatrice des idées matérialistes du xviiiᵉ siècle. L'impiété
avait gâté les cœurs et mis les esprits en déroute ; les découvertes ont suivi la fatalité d'une philosophie de la misère.
De cette rencontre a découlé le désordre populaire sur les
rapports du travail avec la propriété. Puis l'œuvre délétère
s'est aggravée par l'influence des machines. Les machines, en
multipliant les produits et en simplifiant le travail, tendent à
diminuer les recettes et à augmenter la dépense de l'ouvrier.
Par suite, les classes laborieuses s'appauvrissent à mesure
que grandit la productivité du travail. L'ouvrier tombe dans
la misère, à mesure que ses bras, devenus marchandise, bais-
sent de valeur. Ainsi le veut la loi de l'offre et de la demande,
axiome sacré du libéralisme. Toute nouvelle ligne de chemin
de fer porte avec soi la loi de la concurrence, la lutte à ou-
trance entre l'ouvrier et l'entrepreneur.

Cette lutte, conséquence forcée du libéralisme, s'envenime
de plus en plus par la baisse de la foi et la déchristianisation
des masses populaires ; depuis soixante ans, elle a divisé les
patrons et les ouvriers en ennemis irréconciliables. Avec les
progrès de l'anarchie morale, ces conflits doivent fatalement
augmenter en fréquence, en durée, et dégénérer bientôt en
sanglants combats.

Le libéralisme politique et économique peut être fier de son
œuvre. Grâce à lui, grâce à sa sagesse infaillible dans le gouvernement des peuples et la direction des travaux, la surproduction est devenue, pour les masses, une cause de misère.
L'allègement du travail par les machines, au lieu d'adoucir
leur condition, l'a rendue plus précaire. Par suite, le progrès
et le perfectionnement des arts techniques ont produit, pour la
société, le recul et la déchéance. C'est la thèse de Proudhon
sur les contradictions économiques.

Cette fatalité ou ce hasard ne sont point l'effet de corréla-
tions contingentes ou d'une logique aventureuse ; c'est une
leçon donnée, par la divine Providence, à l'orgueil humain ;
c'est la démonstration de cette vérité : Que si l'homme peut,

sans le concours du christianisme, s'élever, par les forces de la nature, à une puissante domination, il ne peut, par cette domination, s'assurer le bonheur, sans l'assistance du pouvoir d'En Haut.

Le libéralisme, c'est-à-dire l'infatuation humaine a dû déjà abdiquer son dogme le plus cher, l'affirmation absolue de l'individualité humaine, en maintenant la hiérarchie des pouvoirs politiques et la limitation arbitraire de la liberté civique; puis en sauvegardant, par la protection douanière, des industries naissantes, contre l'organisation supérieure d'industries étrangères. Des mesures analogues, appliquées avec intelligence et résolution, aux épreuves de la classe ouvrière, l'auraient préservée du naufrage et auraient facilité sa pacifique transformation.

La doctrine libérale qui considère le travail humain comme une marchandise est *anti-chrétienne*; elle constitue un outrage à la nature. Par cette exécrable aberration, elle s'attribue le droit d'acheter et de vendre des corps et des âmes, œuvres de Dieu, comme de vulgaires marchandises. Qu'elle prononce tant qu'elle voudra le nom de liberté; elle en est la négation, l'antipode; elle nous ramène *incognito* l'esclavage antique.

Le remède à de si grands maux, c'est de prendre, en politique et en économie sociale, le contrepied du libéralisme.

Les libéraux invoquent les lois naturelles pour désorganiser les lois constitutives de la société. Mais ils ne sont jamais, dans leur triomphe, que l'exaltation éphémère et despotique d'un parti. L'action du parti victorieux est fatalement destructive; les partis n'ont d'autre souci que de couper, de faucher, de détruire autour d'eux, à leur profit exclusif; de tout refondre sur leur moule et selon leur programme. Un parti, c'est une limite étroite et une haine farouche; il a un lit de Procuste sur lequel sa prétention est d'étendre ou de réformer la société tout entière.

Un parti gouverne exclusivement au profit industriel ou

commercial des classes au sein desquelles il recrute son per
sonnel gouvernemental. Un parti n'a pas le moindre souc
des autres groupes et les lèse tous, sans en avoir conscience
Surtout il oublie les classes dont il devrait avoir plus de sollicitude, le petit commerce et la petite propriété rurale. Er
elles réside toute l'activité productive du pays. Ce sont le
dernières assises de l'imposant édifice que fut, pendan
quinze siècles, la civilisation chrétienne. Avec elles s'effondre-
rait la dernière digue contre l'envahissement des sables
dont les flots menacent de tout engloutir.

L'avenir attend de nous la constitution organique de la
démocratie chrétienne, la codification des droits du travail,
la création d'assemblées où les ouvriers règlent leurs intérêts
l'avènement du quatrième état. Les ouvriers veilleront eux-
mêmes aux intérêts des petits travailleurs ; ils empêcheront
la promiscuité des sexes, le surmenage des enfants et des
femmes, la surproduction, les chômages, toutes les secousses
fiévreuses, toutes les alternatives d'activité spasmodique et
de prostration qui constituent aujourd'hui la vie des classes
ouvrières. Ainsi protégés et dotés, les artisans manuels
auront, dans la société, leur condition déterminée, leur place
légitime ; ils apprendront à chercher, dans le travail et l'économie, le bien-être et le progrès qu'ils attendent aujourd'hui
du bouleversement et de la violence.

Notre conclusion, c'est que le libéralisme politique ou
économique n'est autre chose que la direction de la société
par la philosophie impie et incrédule. De là dérive la désorganisation des forces chrétiennes qui, pendant quinze siècles,
furent le ciment des institutions ; de là, également, le désordre,
la désunion, le désarroi, les misères du peuple et l'oppression des classes laborieuses par une oligarchie sans principes,
ni vertus. Le remède, c'est une transfusion de sang chrétien
dans les veines du corps politique ; c'est le groupement des
corporations fédératives, sous le patronage des croyances et
des sentiments chrétiens. Par cette infusion du christianisme

dans l'ordre politique et économique, on pourra guérir tant de plaies invétérées et tarir nos maux dans leur source.

C'est dans ce monde anémié et enfiévré par la révolution qu'écrit Charles Périn. Tous ses ouvrages, appliqués à la création de la véritable économie politique, ont pour but d'écarter les innovations funestes du libéralisme et de faire circuler, dans le monde du travail, la sève vivifiante et féconde des grâces de l'Evangile.

XV

Nous venons au compte-rendu des œuvres de M. Périn. Dans ce compte-rendu, nous ne suivons pas l'ordre chronologique des publications, mais l'ordre logique des doctrines. Le point de départ de notre auteur est tel : « Replacer toutes choses sous le légitime empire de Dieu, de Jésus-Christ et de l'Eglise ; combattre partout cette substitution sacrilège de l'homme à Dieu, qui est le crime capital des temps modernes ; résoudre une seconde fois par les préceptes et les conseils de l'Evangile, et par les institutions de l'Eglise, tous les problèmes que l'Eglise et l'Evangile avaient déjà résolus : éducation, famille, propriété, pouvoir ; rétablir l'équilibre chrétien entre les diverses conditions de la société ; pacifier la terre et peupler le ciel, telle est la mission que nous devons poursuivre. »

Notre auteur aurait pu dire encore avec Mgr Pie :

« Si le nom du Roi mon maître est outragé, si le drapeau de son Fils Jésus n'est pas respecté, si les droits de son Eglise et de son sacerdoce sont méconnus, si l'intégrité de sa doctrine est menacée, je suis écrivain : donc je parlerai, j'élèverai la voix, je tiendrai haut et ferme l'étendard de la vérité, l'étendard de la vraie liberté, qui n'est autre que l'étendard de la foi, l'étendard de mon Dieu. Les pusillanimes pourront s'en étonner, les esprits d'une certaine trempe pourront même s'en scandaliser. C'est pourquoi j'ai voulu m'en exprimer librement dès le début. La paix ! oui, sans nul doute, c'est le désir ardent de mon cœur, c'est le besoin de ma nature, c'est l'inclination marquée de mon caractère. Mais l'Esprit Saint m'a enseigné que l'amour de la vérité doit passer avant tout autre amour, même avant l'amour de la paix. »

La première question que dut se poser notre auteur fut de savoir comment la France, comment le monde en étaient venus à ce point d'apostasie, d'exclure, du gouvernement de l'humanité, Dieu, Jésus-Chrit et l'Eglise. Ce fut l'objet de son ouvrage : *Les Doctrines économiques depuis un siècle.* « La question sociale, dit-il, telle qu'elle s'offre à nous en ces temps d'audaces, d'impatiences et de divagations révolutionnaires, ne peut s'expliquer autrement que par l'action persistante des conceptions impies qui affirment l'absolue souveraineté de l'homme sur lui-même, et qui prétendent substituer, dans l'ordre social, l'autorité de la raison à l'autorité de Dieu. Cette prétention règne dans l'économie qu'on appelle classique aussi bien que dans l'économie socialiste. Des deux côtés, elle est également funeste. Il y faut voir la cause première de tous les désordres qui affligent le monde industriel et particulièrement le monde ouvrier : désordres tels que l'existence de notre société en est menacée. Pour sortir de la situation précaire où vivent les travailleurs, il n'y a qu'un moyen : *opérer la contre-révolution* dans les idées dont ce régime s'inspire. Tout le monde le veut. C'est pourquoi l'attention se porte de plus en plus vers l'économie politique. On voit mieux chaque jour que s'il y a une économie politique *fausse*, il y a aussi une économie politique *vraie* : qu'il y a une économie chrétienne de la société, comme il y a une économie révolutionnaire ; qu'en un temps où les hommes en sont à se rendre compte de tout, on ne peut frapper d'exclusion la recherche de l'esprit humain, lorsqu'elle s'exerce sur un ordre de faits qui a sa place nécessaire dans notre existence et où notre liberté joue un si grand rôle. » (*Introd.*)

D'après notre professeur, la généalogie des erreurs, cause de nos maux, commence aux physiocrates ; se continue par Adam Smith, Malthus, Ricardo, Say, Sismondi, Sénior, Rossi, Dunoyer, Bastiat, Stuart Mill, Proudhon ; nous n'en voyons pas la fin.

Les physiocrates forment une petite école, née, au XVIIIᵉ siècle, des erreurs et des mœurs de temps. Les principaux membres de cette école sont Dupont de Nemours, Mercier de la Rivière ; leur chef, Quesnay. Les doctrines de cette école embrassent les éléments d'une philosophie sociale. Cette philosophie est l'expression la plus nette du matérialisme, en matière de politique et d'économie sociale. Les physiocrates ont quelques bons côtés : ils disent qu'il faut constater les faits, pour en dégager les lois ; qu'il existe, pour les développements matériels des sociétés, un certain ordre qui a ses règles fondées sur la constitution morale et physique de l'homme, ainsi que sur ses rapports avec le monde extérieur. Malheureusement, ils tombent dans l'erreur capitale qui consiste à faire dériver toutes les lois de la vie sociale, des besoins physiques de l'homme et qui consiste à faire de la science de la richesse, la science sociale universelle. C'est le retour pur et simple au paganisme : *Det vitam, det opes, equum mi animum ipse parabo*, disait Horace. L'homme est parfait si son râtelier est plein de foin, son auge pleine d'avoine.

Dans une société qui n'a pas de but supérieur aux satisfactions des sens, le développement indéfini des besoins est la dernière et l'unique raison du mouvement social. Multiplier les hommes, multiplier les productions, multiplier les jouissances, voilà, dans la constitution du genre humain, la fin dernière de la Providence. La société vous apparaît comme une ferme pour l'amélioration du bétail.

Suivant les physiocrates, c'est du droit à la jouissance que sortent tous les droits de l'homme et toutes les institutions pour en assurer l'exercice. Du droit à la jouissance naît le droit d'acquérir et de conserver les objets qui sont des sources de jouissances. Cette sensation du besoin conduit à la sensation du devoir : il faut mettre son museau dans l'écuelle, mais il ne faut pas la renverser. Tous les hommes ayant des droits de même espèce, celui qui violerait le droit d'autrui s'exposerait aux mêmes violences : si l'on veut jouir en paix, il ne faut pas troubler les autres dans leurs jouissances. Ce principe du juste et de l'injuste une fois posé, il n'y a plus qu'à en développer les conséquences, pour en faire sortir l'ordre essentiel de la société. C'est l'économie sociale conçue comme une bucolique idéale, sans raison ni science, qui s'échouera demain au pied de la guillotine.

L'Ecossais Adam Smith n'a pas la prétention de révéler à la société un ordre naturel ni de formuler la science de la vie humaine ; il ne prend pas, non plus, comme point de départ la théorie bestiale du matérialisme. Sa *théorie des sentiments moraux* n'est, il est vrai, qu'un compromis entre le sensualisme et le spiritualisme ; mais, par ses tendances, c'est plutôt au spiritualisme chrétien qu'il se rattache. Son grand ouvrage d'économie politique : *Recherches sur la nature et les causes de la richesse des nations*, indique, par son titre même, son principe d'erreur. Au lieu de considérer la richesse comme moyen d'améliorer la condition des individus, il n'envisage la richesse que dans la *collectivité* nationale. Ce qui l'augmente est louable ; ce qui la diminue, il le réprouve. Son livre, fautif dans son principe, fait d'ailleurs faire, à la science économique, un réel progrès. Smith déploie une véritable puissance d'esprit en établissant les lois de la production et de l'échange ; il préconise, en particulier, avec force, la division du travail ; mais il n'aperçoit pas le phénomène de la distribution des richesses. Son livre n'est que la théorie de la production de la richesse nationale ; la théorie de la distribution reste à faire.

Après l'Ecossais Smith, il faut citer les deux Anglais, Malthus et Ricardo. L'Ecossais avait appuyé sur la *distribution du travail* ; les deux Anglais s'occupent tout spécialement de la *population* et de la *rente*.

Malthus concevait la richesse autrement que Smith ; il n'y voyait que le moyen d'améliorer le sort des individus. Cette conception l'amena à étudier les rapports entre la population et les subsistances. Malthus crut apercevoir, dans les êtres vivants, une tendance énorme à accroître leur espèce, plus que ne le comporte la quantité de nourriture disponible. Malthus considérait comme un fait certain, que la population double tous les vingt-cinq ans et croît, de période en période, suivant une progression *géométrique*. D'autre part, il enseignait que les subsistances ne peuvent augmenter que selon une progression *arithmétique*. Le parallélisme de ces progressions n'est pas vrai ; mais l'auteur y croyait et en tirait la conséquence qu'il faut renfermer la population dans les limites étroites que lui inflige la nature des choses. Pour dire la chose crûment, Malthus voulait qu'on diminuât le nombre des enfants, non point par des moyens que peuvent inventer le vice et le crime, mais par le célibat et la chasteté dans le mariage. Le comte de Maistre faisait grand cas de l'*Essai sur la population* par Malthus. Le mérite de ce livre est plutôt d'avoir posé le problème que d'en avoir formulé définitivement la solution.

Dans la pensée de Ricardo, le principal problème de l'économie politique, c'est de déterminer les lois qui règlent la distribution des richesses. Au mérite de bien poser la question, il ajouta le tort de la mal résoudre en substituant à l'observation des faits des hypothèses et en réglant les contingences relatives, par l'absolu de formules mathématiques. En quoi, disons-nous, il se trompait, car toute l'économie politique n'est pas dans la théorie de la valeur et les règles de la rente. Les valeurs n'existent que par rapport à des êtres doués de sensibilité et de moralité, dont on ne peut régler les intérêts par les seules lois des chiffres. Ce parti pris d'écarter, de la science économique, l'ordre moral est une grande erreur et une grande faute. L'ordre moral et l'ordre matériel sont strictement solidaires; la tâche de la science c'est de les harmoniser, en accordant aux mœurs une préséance sur les intérêts. L'ordre trop abstrait de ces conceptions n'a pas, du reste, empêché les socialistes de s'en prévaloir. L'erreur, si volatilisée qu'on la suppose, est toujours l'erreur, et l'erreur est toujours funeste.

Le français J.-B. Say a fait faire, à la science économique, quelque progrès, par sa méthode d'exposition et par sa théorie de l'échange. Mais, parmi les économistes, nul n'a plus abondé dans le sens du sensualisme; il s'y plonge jusqu'au cou, jusque par-dessus la tête. A l'exemple de Smith et de Ricardo, il sépare la morale de la science de la richesse, et pose les conditions du progrès matériel indépendamment de la loi morale. Bien plus, pour lui, produire et consommer, c'est tout l'homme et toute la société. Contemporain du docteur qui définit l'homme un *tube digestif*, Say réduit la science sociale à la puissance de produire et de consommer. La civilisation d'un peuple se réduit à ses consommations. Le principe de tous les progrès, c'est le développement des besoins. L'assiette et le torche-cul, voilà les deux extrémités des choses humaines, puisqu'il n'y en a point de divines. Say vous dit cela rondement, sans soupçon de l'énormité. S'abstenir, pour lui, c'est la vertu des moutons; l'homme doit accroître sans cesse et sans fin sa frairie. Pourtant il a une réserve contre l'immodération des désirs; sa raison n'admet pas les excès du luxe et de l'orgie, choses barbares à ses yeux. C'est la sagesse d'Epicure, courte, mais absurde. Le sensualisme civilisé est plein de raffinements et de délicatesse; mais il mène plus vite qu'on ne pense au sensualisme violent des barbares.

Etrange aveuglement! Cet homme qui préconise la dilatation du besoin et le progrès indéfini des jouissances reconnaît que, chaque année, beaucoup *meurent de besoin* et ne plonge pas moins la classe pauvre dans les tortures d'une misère morale cent fois plus cruelle que les privations. Le désastreux effet de ces doctrines ne tarda pas à se faire sentir. Partout où régnait l'industrialisme éclata bientôt un abominable paupérisme. La misère s'accusa avec une généralité et une intensité inouïes. Les protestations éclatèrent; au nombre de ceux qui les entendirent et voulurent y remédier, il faut citer Sismondi. Pour combattre le sensualisme, il fallait recourir au renoncement religieux; mais Sismondi était peu chrétien. Au lieu de combattre la direction vicieuse, imprimée à la liberté par le socialisme, il s'en prit à la liberté elle-même et la rendit responsable de tous les égarements de l'intérêt personnel, auquel le sensualisme économique livrait la société. La doctrine du *laisser faire* et du *laisser passer* avait entraîné de funestes résultats; Sismondi les conjure par la règlementation d'Etat. Charger l'Etat du bonheur des citoyens, par la règlementation de la propriété, du travail et du capital, c'est le principe générateur du socialisme. Sismondi est le premier indicateur de cet abîme, dont il n'avait pas, je suppose, prévenu les horreurs ou les séductions. « J'ai découvert, dit-il, le principe de la justice; je ne me sens pas la force de tracer les moyens d'exécution. »

Charles Dunoyer, dans son grand ouvrage sur la *Liberté du travail*, repoussa les conclusions de Sismondi et réunit l'économie sociale aux doctrines du pur libéralisme. Le travail, son organisation, c'est, sans aucun doute, en abrégé, toute l'économie politique. Mais, en fait de travail, chaque homme en veut le moins possible et veut, au moindre prix, se procurer un plus grand bien-être, c'est-à-dire que le problème du travail n'est soluble que par les doctrines et les pratiques de la religion, seul stimulant et seule règle efficace du travail. Conçoit-on des hommes d'esprit qui n'aperçoivent même pas un fait si simple. Vous ne rendrez jamais le travail attrayant et rémunérateur, suffisamment pour résoudre le problème social. Le capital aspirera toujours à accaparer les bénéfices du travail ; et le travailleur frustré tentera toujours de briser les reins au capital. Sortir de là non seulement sans religion, mais en la repoussant avec fureur, c'est faire de l'arène sociale un champ clos de guerre civile et d'extermination.

En présence de ce fatalisme, dans l'impossibilité de résoudre, sans religion, le problème de la misère, deux économistes d'une grande valeur, Sénior en Angleterre, Rossi en France, se réfugient dans les abstractions ; ils font ce qu'ils appellent de l'*économie politique pure* et laissent la société à ses aveugles entraînements. L'économie politique est comme le nuage d'Israël au désert d'Egypte ; elle est obscure et lumineuse mais elle ne vient pas aux applications. Le monde suit sa loi fatale et va s'engouffrer de plus en plus dans l'abîme du paupérisme.

En présence de ce sensualisme économique, deux hommes, plus francs que les autres, posent carrément la question du socialisme. Saint-Simon avec son christianisme industriel, Charles Fourier avec son phalanstère, se chargent de procurer, par des réformes et des utopies, le bonheur du genre humain, sans rien demander à la religion, sans imposer aux passions aucun frein. Mais Louis-Philippe tombé du trône ; la révolution qui l'a renversé, plus économique que politique, va renchérir encore sur Fourier et Saint-Simon. Louis Blanc, dans ses conférences du Luxembourg, réclame l'organisation du travail, par la puissante initiative de l'Etat ; Considérant, légataire de Fourier, en attendant qu'il pousse à l'homme une queue avec un œil au bout, et que le désert voie naître des antilions, part pour organiser le phalanstère en Amérique ; Cabet propose le communisme ; Barbès et Blanqui se réclament de l'anarchie ; Proudhon, le Briarée du socialisme, passe au crible toutes les utopies pour inaugurer dans le monde l'anarchie avec un trait d'union et la banque d'échange pour la quasi suppression de la rente. Ce terrible éclat du socialisme disparaît comme par enchantement au coup d'Etat, pour renaître en 1871, avec la Commune.

C'est en Angleterre que se poursuit l'évolution scientifique du socialisme ; John Stuart Mill en présente la *Somme* dans ses œuvres. Nulle part, les nombreux problèmes que soulève l'économie politique n'ont été exposés avec plus de pénétration pour l'analyse et de rigueur pour la déduction. Mill toutefois ne fait pas de l'économie une science d'abstractions ; il en fait une science expérimentale, qui poursuit le bonheur des hommes par la richesse. S'il ne propose pas, comme idéal, l'expansion indéfinie des convoitises ; s'il n'admire pas la société telle que le sensualisme l'a faite, il ne va pas jusqu'à admettre le seul principe qui puisse poser des bornes aux cupidités de l'industrialisme, le principe du renoncement. Ce qu'il blâme surtout, c'est l'importance donnée à la fortune comme moyen d'ostentation et de pouvoir. Ce qu'il proscrit dans l'industrialisme, c'est cette fureur de s'enrichir qui ne permet pas l'*otium cum dignitate*. Au demeurant, avec toutes ses réserves et malgré sa noblesse scientifique, l'économie politique de Stuart Mill vient chopper contre l'écueil du sensualisme.

Jusqu'à 1850, la succession des auteurs et la diversité des œuvres, en économie politique, depuis Quesnay et Adam Smith jusqu'à Bastiat et Proudhon, ne voit dans la science de la richesse publique, que la satisfaction matérielle des appétits. On veut organiser l'ordre matériel de façon à augmenter le bien-être et à appeler les masses à la jouissance. Le but final, c'est le paradis sur la terre ; il n'est pas question de Dieu, ni de religion, ni d'Evangile, ni d'Eglise ; l'ordre moral est étranger à cette science ; et la science de l'ordre matériel, c'est le pur ou l'impur matérialisme.

« Promettre et tenir, c'est deux », dit la sagesse populaire. Voilà une science qui, depuis un siècle, promet aux masses populaires toutes les satisfactions du bien-être ; mais ces séduisantes promesses ne peuvent s'accomplir pour deux motifs : d'abord par l'exclusion de l'ordre moral, seul élément qui permette d'acquérir et de posséder honnêtement le bien temporel ; ensuite parce que le jeu naturel des forces économiques ne constitue que la philosophie de la misère. Au lieu d'un ordre de justice et d'égalité, après un siècle et demi de soi-disant progrès, vous ne voyez partout que corruption systématique, misère légale, ruine forcée.

La révolution de 89 a reconstitué un gouvernement ; mais elle lui a livré la nation et ses droits. La liberté, l'égalité, le progrès, le bien-être, cela se voit dans les discours ; il n'y en a pas trace dans les institutions. Une féodalité capitaliste, basée sur l'agiotage mercantile et industriel, la dépravation du droit, l'antagonisme des principes, le chaos des intérêts, remplacent l'ancienne organisation des classes. Les abus ont changé de forme ; ils n'ont diminué ni en nombre, ni en gravité. Par la corruption des idées politiques et l'anarchie des forces industrielles, la société et le gouvernement arrivent à la ruine de l'agriculture et à l'esclavage de l'ouvrier. Le capital poussant l'État à l'extension toujours plus tyrannique de ses prérogatives, la classe travailleuse est condamnée à une déchéance physique, intellectuelle et morale, irréparable. C'est l'évidence même, accusée de plus en plus chaque jour par le marasme de la situation et l'exaspération des masses populaires. Au lieu du bien-être et des arts de la paix, on voit venir des guerres plus que civiles, préludes ordinaires des grandes catastrophes.

XVI

Jusqu'ici l'économie politique a tourné le dos au renoncement chrétien et n'a poursuivi que le bien-être ; mais, en pour-
suivant le bien matériel, à l'exclusion du bien moral, elle les
a perdus tous les deux. Alors l'école économique s'est fractionnée : l'une, dite *libérale*, reste fidèle aux principes géné-
rateurs du paupérisme ; l'autre, dit *socialiste*, pour remédier au
paupérisme, invoque le concours de l'Etat, la socialisation
du sol, l'organisation du travail. Ces deux écoles, pour donner
au monde la paix et la richesse, se déchirent à belles dents et
parlent de descendre dans la rue pour liquider le vieux
monde à coups de fusil. Alors paraît l'homme de la réconciliation et de la paix fondée sur la justice et la charité ;
l'homme qui prend dans l'Evangile les lois de l'économie
sociale ; l'homme qui demande à la religion et à l'Eglise
d'aider l'Etat, par leur puissance, seule cause efficiente du
bien-être et du bonheur des peuples. Telle est l'initiative,
l'originalité propre et l'incontestable, l'inadmissible grandeur
du savant professeur que nous saluons comme le créateur de
l'économie politique. Lui-même nous vient expliquer comment l'économie politique s'est perdue ; lui-même veut nous
expliquer le mystère de sa régénération et de sa puissance.
C'est l'objet des *Premiers principes de l'économie politique*,
sorte de testament scientifique par lequel notre auteur clôt,
en 1895, la série de ses travaux.

« La situation est grave, dit-il, tout le monde le sent. Seule la *vérité intégrale* nous sauvera, dans l'ordre économique, comme ailleurs. Chaque jour l'impuissance de l'opportunisme apparaît plus manifeste. Mais que de difficultés pour vaincre les préjugés qui ferment encore un grand nombre d'esprits à cette vérité si importune aux faibles, si aveuglément combattue et de tant de côtés ! Ce ne sera qu'après des hésitations et des luttes prolongées que les volontés plus éclairées s'emploieront franchement à la restaurer dans les mœurs et dans les institutions. Il y faudra du temps, sans doute ; mais n'est-ce pas une raison pour ne point se lasser d'en montrer la nécessité et d'en faire ressortir les fécondes et bienfaisantes harmonies ? » (Avertissement).

Par ces graves paroles, l'auteur ne fait pas seulement allusion aux oppositions irréconciliables des socialistes et des radicaux, qui, pour donner la paix au monde, jettent du pétrole sur le feu, mais aux dissidences entre catholiques. L'Encyclique *Rerum novarum* de Léon XIII venait de présenter tous les éléments constitutifs de la science économique, suivant les principes révélés de la vie chrétienne. Par les interprétations des commentateurs, elle avait produit le contraire de l'effet qu'on pouvait en attendre. L'économie politique, fondée sur des vérités de bon sens et sur des faits d'expérience, offre cette particularité qu'on peut en discourir avec des apparences de profondeur sans la savoir. Mais, en raison de la multitude des faits qu'elle doit concilier avec les principes, c'est une science qui exige de longues recherches et ne s'acquiert qu'au prix du temps. Les grands esprits, même orthodoxes, qui voulaient rendre des oracles sur l'Encyclique de Léon XIII, se jettent tout simplement, les uns dans les thèses socialistes, les autres dans les thèses libérales. M. Périn eut à défendre l'économie politique autant contre ses amis que contre ses ennemis. En homme habile, pour se tirer d'affaire, il voulut s'interdire les développements philosophiques et historiques où nombre d'esprits se perdent, et n'appuyer que sur les principes essentiels de la science. Son livre est un précis qui fixe les idées et doit préserver des utopies.

Rendre compte d'un abrégé substantiel n'est pas facile. Tout y est suc et moelle et la première chose que nous voulons faire, c'est de le recommander comme le *catéchisme* de l'écomie politique, comme le manuel de ceux qui veulent solidement apprendre et exactement se souvenir. C'est une orientation fixe et définitive.

Nous ne pouvons pas entrer dans le détail; mais un livre se ramène à une idée et se formule dans une proposition. L'économie politique est la science de l'ordre dans lequel l'homme exerce son activité sur les choses matérielles, pour en tirer sa subsistance. Son objet propre est la richesse, c'est-à-dire l'ensemble des biens matériels qui servent aux besoins de l'homme. « Quand on traite de l'ordre économique et de la science qui en expose les lois, dit notre auteur, il y a à signaler tout d'abord ce caractère particulier : que dans cet ordre on se trouve placé aux confins des deux mondes entre lesquels se partage la création : le monde de l'esprit et le monde de la matière. L'économiste, pour atteindre l'objet de sa recherche, a donc à considérer en même temps les lois qui régissent *le monde moral* et les lois qui régissent le monde physique. Ces lois, il ne les étudie point en elles-mêmes, il les prend telles que la nature les lui offre ; il se borne à en exposer les applications, à en signaler les effets, quant à la prospérité des sociétés dans l'ordre matériel, à montrer comment elles agissent sur le travail producteur de la richesse et sur la distribution de la richesse créée par le travail.

Le but que poursuit la science économique est un but tout pratique. Elle cherche le moyen d'assurer aux hommes réunis en société le plus grand bien-être possible, de leur procurer la plus grande richesse possible dans les conditions où cette richesse peut leur servir pour *l'accomplissement de leur destinée*, laquelle est *au-dessus* de l'ordre matériel et réside *essentiellement* dans l'ordre moral.

« La fin que l'homme peut légitimement se proposer dans l'ordre économique n'est réalisable qu'à deux conditions : 1° de subordonner *toute son activité* à la loi de l'*ordre moral* par laquelle toute vie est réglée ; 2° de mettre en œuvre, dans le cercle d'action *tracé par la loi morale*, toutes les forces, toutes les utilités que le monde extérieur peut offrir au travail.

« Tout *relève de la loi* du monde moral dans cette œuvre de l'humanité appliquée à tirer des choses sa subsistance, parce que le travail qui fait tout par intelligence et volonté, est de sa nature une *force morale*. C'est donc proprement aux doctrines, aux principes qui régissent l'*ordre moral*, que nous avons à *demander les solutions* économiques. Ceci est le *trait capital* de la vraie méthode économique, celui qu'il faut avant tout faire ressortir [1] ».

Tel est le point de départ ; telle est, nettement posée, la question capitale du siècle. C'est particulièrement sur le terrain économique que les écoles, qui sont aujourd'hui des *partis*, se rencontrent et se combattent. Dans le monde entier, la bataille se livre entre le christianisme et la société qu'il a formée, et la prétention humanitaire incorporée dans la Révolution, formulée par le socialisme. Il semble que les catholiques, obligés à des convictions fermes sur toutes les vérités fondamentales, devraient demander la solution à leurs principes. Chose étrange ! beaucoup d'entre eux se raccrochent aux expédients. Les uns s'inspirent du principe libéral ; ils ne voient pas que la liberté absolue mène à l'individualisme, dissout la société par l'anarchie ou absorbe toutes les forces sociales dans un César. D'autres, plus forts, sous apparence d'un retour au passé, se couvrent d'un certain archaïsme économique, et, sous prétexte de justice, tombent dans le socialisme. D'autres enfin cherchent le salut dans la coutume des ancêtres, prennent les faits pour des principes et n'obtiennent qu'une approximation de vérité dépourvue

---

[1] *Premiers principes d'économie politique*, pp. 2 et 3.

d'autorité pratique, c'est-à-dire de ce dont on a le plus besoin. On dresse de belles statistiques, mais la statistique ne sauve rien. Les faits sont utiles lorsqu'ils viennent appuyer les principes et en éclairer les applications ; mais les principes, critérium nécessaire des faits, peuvent seuls ramener un renouveau de vie morale.

Pourquoi donc aller chercher si loin, quand l'Eglise nous donne d'autorité les principes, avec toute l'évidence d'une doctrine venue du ciel, élucidée, confirmée, développée en toutes ses conséquences, par une longue tradition, par une pratique constante dans tous les sphères de la vie et toutes les vicissitudes de l'histoire ? Il n'y a rien de nouveau sous le soleil, que l'erreur ; c'est à nous qu'il incombe de s'orienter d'après les rayons du soleil éternel.

C'est là, dis-je, la gloire de Périn. Lorsqu'il entreprenait, il y a soixante ans, d'exposer les principes de l'économie politique au point de vue chrétien, le monde appartenait à la tradition rationaliste et utilitaire, libérale et socialiste. A ces affirmations extravagantes du sensualisme, notre professeur répondit par l'affirmation claire et nette de la doctrine catholique sur le renoncement. Ce fut là son originalité et aussi son mérite propre. Il ne suffisait pas de dire, d'une manière générale, que l'Evangile nous fournit les règles de la vie présente et de la vie future, dans toute l'étendue de ses exigences ; il fallait en déduire la preuve. Ce fut l'œuvre de sa vie et la pensée génératrice de tous ses ouvrages. A la science technique des maîtres, il ajoute partout le correctif catholique, la lumière et le sel du Christianisme. A son avis, la loi du renoncement est, dans toutes les sciences sociales, d'une impérieuse nécessité. Son évidence particulière se manifeste, dans l'ordre économique, par ses conséquences, pour la production et la distribution des richesses. On la voit également dans l'ordre juridique, dans la conception même du droit. Les événements qui s'accomplissent sous nos yeux, le progrès du sensualisme et du socialisme, justifient assez l'audace de ces affirmations.

A première vue, cette affirmation paraît contradictoire. Si le mépris des richesses est dans l'esprit de l'Evangile, comment les peuples qui s'inspirent du renoncement dépassent-ils les autres en puissance et en prospérité ? Il semble qu'une religion fondée sur de tels principes, si elle est acceptée des peuples au berceau, doit les maintenir dans une éternelle pauvreté ; et si des peuples en progrès en acceptent le frein, elle doit les précipiter vers la décadence. Pourtant la supériorité des peuples chrétiens est un phénomène constant et hors de conteste. Par quel étrange renversement, les peuples qui se sont le plus détachés des richesses sont-ils parvenus à les créer, à les accroître, à s'en garantir la magnifique abondance ? L'histoire des peuples chrétiens nous offre cette contradiction. Le Christianisme lui-même n'est qu'une contradiction, si vous le considérez seulement à la surface. Dans l'Evangile, c'est de la mort que naît la vie ; c'est par le renoncement que l'homme acquiert la parfaite possession de lui-même ; c'est l'humilité qui produit la solide grandeur ; c'est le mépris des richesses qui engendre la prospérité. Au contraire, les peuples qui convoitent le bien-être avec fureur, qui le poursuivent avec frénésie, sont des peuples en délire qui dévorent tout et se réduisent à une lamentable indigence. C'est, en grand, l'histoire de l'enfant prodigue ; la luxure dévora tous ses biens ; et, pour finir, il mangeait des racines avec les pourceaux. Triste aboutissement, mais grande leçon.

Les peuples qui veulent rester en possession des bienfaits du christianisme, doivent porter noblement son joug. Il nous faut maintenant des convictions franches et de fortes vertus. Sachons bien que le renoncement est, dans l'ordre social, la force cachée qui meut et tient tout ; que la prospérité, même matérielle, est un fruit de la vertu. Faute de renoncement, nous perdons bien vite cette prospérité, acquise par les vertus de nos pères. Dans la vie privée, cela se voit tous les jours ; généralisez le fait, c'est une leçon d'histoire.

Ce livre des premiers principes de l'économie politique a

donc pour objet d'exposer et de prouver que le renoncement chrétien dans toute son étendue, le sacrifice de soi à Dieu et au prochain, est le premier fondement de la prospérité matérielle. La production, la distribution, la consommation des richesses sont soumis successivement à cette unique règle. La distribution du travail, l'application des machines à la production, la concurrence, le crédit, la population, l'agriculture, l'industrie, le commerce ; tout est ramené à la même loi. Ce n'est plus le christianisme industriel de Saint-Simon, inintelligente et basse caricature de l'Evangile ; c'est le christianisme pur, le christianisme dans toute sa rigueur, imposé à toutes les contingences matérielles, les subordonnant à un but plus élevé, et les sauvant, les sanctifiant même par cette subordination. L'économie politique n'a plus rien de charnel ; elle se préoccupe, il est vrai, très particulièrement, des intérêts de la chair ; mais pour les ramener au triomphe de l'esprit et les faire contribuer aux splendeurs de la civilisation.

L'entraînement des esprits vers les questions ouvrières est, en définitive, une préoccupation catholique. Depuis le berceau du Christianisme jusqu'au XIIIᵉ siècle, l'Eglise s'appliquait à éteindre la servitude antique et posait, pour l'avenir, les bases d'une élévation constante des masses populaires. Depuis six siècles, les pontifes romains s'occupent à affermir les bases de la société et à promulguer les lois du travail. La tradition catholique détermine un grand mouvement des siècles ; les passions, comme toujours, se mettent au travers. La grande voix de l'Eglise Romaine nous fait comprendre que des temps nouveaux s'annoncent. Le comte de Maistre les avait entrevus ; nous y touchons. Rien, sans doute, ne sera changé aux lois qui régissent la vie sociale ; mais les formes de la vie sociale auxquelles préside l'invariable doctrine de l'Eglise pourront se modifier de façon que le peuple, les petits, les pauvres, la masse de l'humanité rachetée par Jésus-Christ, obtiendra de nouvelles garanties pour l'accomplissement des destinées de l'homme marqué au baptême du signe d'enfant de Dieu.

Qu'une entente fraternelle s'établisse donc entre les hommes différents par la condition sociale, mais égaux par le caractère du chrétien et par la similitude des destinées. Le salut n'est que là. C'est le cas de nous appliquer les bénéfices de la parole qui salua l'avènement du Sauveur des hommes : Paix sur la terre aux hommes de bonne volonté.

XVII

La question sociale comprend deux problèmes : le problème du gouvernement de la société et le problème du travail. Dans l'impossibilité de reproduire les jugements de notre auteur sur l'ensemble des questions économiques, nous donnerons, du moins, ses manières de voir sur les deux questions capitales du travail et du gouvernement. Ce sera, du reste, le moyen de rendre compte de deux de ses publications, les *Mélanges* et les *Doctrines économiques*.

De tous les problèmes que la Révolution a posés devant la société moderne, il n'en est pas de plus menaçant, de plus compliqué que le problème du travail. Le pain de chaque jour est, pour l'immense majorité des hommes, la première des questions. Quand les sociétés étaient chrétiennes, elles s'en remettaient à la Providence pour le succès de leurs travaux. Aujourd'hui qu'il n'a plus qu'une vague notion de Dieu, l'homme attend tout de lui-même et d'une justice dont il prétend être le seul auteur. Ces deux perspectives changent du tout au tout la question du travail. Nous l'avons dit et répété : L'ordre matériel dépend de l'ordre moral. Si l'homme fait lui-même sa justice, il veut l'assortir à ses préjugés et à ses passions ; il veut surtout posséder, en ce monde, une aisance facile et un bonheur complet. S'il se sait, au contraire, soumis à Dieu, pour un temps d'épreuve, il mange son pain à la sueur de son front et se résigne à la médiocrité de sa condition.

Dans le problème du travail, il y a trois choses à considérer : d'abord la morale qui vient de Dieu et qui règne partout, ensuite la politique et l'économie, domaine que Dieu a livré aux hommes, sous la condition qu'en y déployant leur libre activité, ils lui rendraient l'hommage de fidèle obéissance que la créature doit à son créateur.

Le problème du travail, c'est l'économie politique tout entière. A la question du travail viennent aboutir toutes les questions particulières de la science. Le premier point fixe à établir, c'est la *condition* de l'homme sur la terre, obligé de lutter contre toutes ses passions et d'aspirer sans cesse à la justice. Le premier caractère de son travail, c'est qu'il est un fait *social*, strictement nécessaire. C'est dans les relations de la vie sociale que le travail déploie ses forces. Ce vaste mouvement de travail paraît d'abord avec des complications inextricables. Mais si l'on considère attentivement les choses, on voit, malgré la diversité infinie des choses, l'unité dans la multiplicité. Au-dessus de la variété, peut-être de la confusion, on voit l'universalité et la persistance des lois générales.

De ces faits persistants, les uns tiennent à la constitution de la personne humaine, les autres à la disposition des forces extérieures. Le travail, agent nécessaire de toute production ; les bornes assignées par la nature à la puissance des agents physiques ; la préoccupation naturelle d'obtenir les plus grands résultats par les moindres efforts ; l'accroissement de fécondité que le travail reçoit de ses applications ; la diversité des prix selon la rareté ou l'abondance : tous ces faits et beaucoup d'autres donnent une base fixe à l'ordre économique.

Comment, dans l'état présent des doctrines et des faits, se pose le problème du travail?

« Nulle part, répond notre auteur, l'antagonisme entre chrétiens et libres penseurs ne s'accuse avec plus de netteté que dans le domaine du travail, c'est le problème de la vie difficile et renoncée, conquérant le nécessaire au prix d'une peine de chaque jour. Vie heureuse, non par les jouissances matérielles, mais par la grandeur morale ; vie heureuse au milieu de labeurs toujours renouvelés, parce que l'homme, lorsqu'il comprend la vertu d'expiation du travail, en accepte, d'un cœur joyeux, l'assujettissement et les fatigues.

« Du côté de la libre pensée, on refuse d'entendre à la vie pénible et sacrifiée. Malgré l'évidence du fait, confirmée par six mille ans d'expérience, on se révolte à l'idée d'une existence assujettie et humiliée, par un labeur poursuivi sans relâche de la jeunesse à la vieillesse, et dont les fruits suffisent à peine pour donner le nécessaire. On prétend à la vie glorifiée par l'orgueil et les jouissances ; et l'on poursuit, au mépris de la réalité, des combinaisons qui, au moyen d'un effort modéré, doivent donner à tous, sinon la pleine abondance, du moins une aisance large, qui fait le solide agrément de la vie. A cette condition seulement, on admet que le travailleur s'astreigne à une peine qu'il n'acceptera que par intérêt, dans sa souveraine liberté, et dont, en se l'imposant à lui-même, il ôtera toute marque de dépendance et de sacrifice ».

Le problème du travail, pour la société chrétienne, a une solution éprouvée par l'expérience. Ce n'est point une solution théorique et spéculative, c'est, dans l'ordre matériel, la constante application des principes qui régissent l'ordre spirituel. Le problème se trouve résolu par le concours de la justice et de la charité. Dans les siècles où le Christ régnait sans partage, le peuple avait vu sa position s'améliorer sans cesse ; la société avait vu s'accumuler ses richesses et laisser loin derrière les peuples de l'antiquité.

Depuis que le rationalisme a envahi les classes lettrées, l'individu n'a plus voulu dépendre de Dieu ; la société a effectué sa laïcisation. L'économie politique n'en a pas moins été obligée de développer les richesses et de rendre meilleure la condition du plus grand nombre. Multiplier les richesses par le travail, cela a pu se faire ; mais ce n'est que la moitié du problème. Il faut encore faire la part aux travailleurs, leur assurer le nécessaire et, s'il est possible, l'aisance.

Comment y réussir ? Comment, religion et Eglise à part, peut-on compter sur le déploiement harmonieux des intérêts ou sur l'intervention tutélaire de l'Etat ? Libéral ou chrétien, telle est l'alternative dans laquelle est enfermé tout homme sur les moyens réguliers de l'action publique. Or, nous disons que l'économie libérale ne peut ni comprendre, ni résoudre le problème du travail.

L'essence du libéralisme est l'affirmation de l'indépendance native de l'homme, affranchi de la souveraineté de Dieu et ne relevant que de sa libre conscience. Toute économie libérale est donc nécessairement utilitaire ; elle ne peut se rapporter qu'à l'homme séparé de Dieu. Que l'homme cherche les jouissances élevées du sentiment et de la pensée, ou qu'il cherche les satisfactions basses de la jouissance matérielle, c'est toujours à lui seul que tout doit se rapporter. Or, pour faire des hommes une société sur le principe de l'égoïsme individuel, il n'y a que deux voies, également funestes à la liberté, à la dignité et au bien-être. Il y a la voie du développement harmonique des intérêts ; ou, si l'équilibre des intérêts vient à se rompre, on recourt à l'intervention de l'Etat. D'un côté, laissez faire, laissez passer ; de l'autre, centralisation, réglementation par le gouvernement. Ici, système socialiste ; là, système libéral.

Individualisme et absolutisme : voilà les deux pôles du libéralisme, aussi funestes l'un que l'autre à la liberté.

Au régime de l'individualisme répond la pratique de la concurrence. Chaque individu cherche pour lui-même le minimum de travail et la plus grande somme de bien-être. Le capitaliste, qui est le plus fort, cherche à faire, au détriment de l'ouvrier, le plus gros bénéfice. La concurrence, dépourvue de formes légales et de raison régulatrice, pervertit la société. D'abord sur trente-huit millions d'âmes, qui composent le

peuple français, dix millions au moins appartiennent à la
classe salariée, qui n'a de concurrence que pour la diminution des salaires. En sorte que la concurrence qui devrait être
le droit commun, est chose d'exception et privilège. Au lieu
de démocratiser l'industrie, de soutenir le travailleur, de garantir la nécessité du commerce, la concurrence ne tend qu'à
former une aristocratie mercantile et territoriale, mille fois
plus rapace que l'aristocratie nobiliaire. Le profit de la production passe du côté des capitaux; le consommateur, sans
défense contre les fraudes commerciales, est rançonné par le
spéculateur, empoisonné par le fabricant, volé par le petit
marchand. L'ouvrier est livré, corps et âme, au bon plaisir
de l'industrie; au lieu d'être plus libre par la concurrence, il
est de plus en plus esclave.

Vous ne pouvez pas sortir de là. Supposez que les patrons
ne soient point de vils exploiteurs, — ce que je crois volontiers
— vous ne pouvez les empêcher d'être poussés par l'appât du
gain et la passion du bien-être. De là désordres et oppression.
Si vous ne voulez demander un remède à la morale chrétienne
et au principe du renoncement, bon gré mal gré, il faut passer par les cylindres du socialisme. Par le socialisme, on tentera de réaliser, sous l'absolutisme de l'Etat, cette égalité dans
le bien-être qu'appelle forcément le droit égal de tous les
hommes à la pleine liberté et à la parfaite jouissance.

Cette conclusion s'appelle aujourd'hui le collectivisme et
l'internationalisme, la suppression de la propriété privée et
la résolution des patries. Karl Marx et Lassalle, les deux
fabricateurs tudesques de ces théories, pour l'exportation
seulement, afin de briser la loi d'airain du salaire, veulent que
l'Etat assure à l'ouvrier le produit total de son travail. Le
travail doit être entrepris par la société elle-même et c'est à
tous ses membres qu'appartient le bénéfice intégral du travail. Il faut, pour l'affranchissement du travail, que les
moyens deviennent le bien commun de la société; que le
travail soit organisé dans l'intérêt de tous et qu'il y ait une

répartition juste des bénéfices. L'affranchissement du travail doit être l'œuvre exclusive de la classe ouvrière. Au regard de la classe ouvrière, les autres classes, c'est la réaction qu'il faut détruire.

Nous ne discutons pas ces théories. Les doctrines libérales et socialistes qui prétendent affranchir du joug divin la classe travailleuse, la mènent à la servitude et la misère; elles parlent sans cesse d'organiser le travail, et, par leur libéralisme, elles détruisent la chrétienne organisation. C'est par le naturel et nécessaire assujettissement de la conscience à Dieu, que se trouvent la liberté et la fécondité. La vraie solution, celle qui unit dans leur naturelle harmonie, en économie comme en politique, la liberté et l'autorité, doit être cherchée à l'opposé des principes du libéralisme; il la faut demander aux doctrines qui mettent, dans la vie sociale, à la place de la passion et du bien-être et de l'intérêt propre, l'esprit de charité, et, par l'habitude du sacrifice, la modération des désirs. Le christianisme seul a donné au monde ces vertus; seul il peut lui donner l'harmonie économique dont elles sont les premières conditions. C'est la conclusion de la logique et le grand enseignement de l'histoire.

XVIII

L'Eglise n'est pas une assemblée spéculative ; elle ne se borne pas à esquisser des projets de perfection ; elle veut les accomplir ; et possède, pour ce dessein, la pierre de touche par excellence, le sens pratique.

La pratique des doctrines catholiques doit résoudre le problème du travail et maintenir le juste équilibre de l'autorité et de la liberté. La Révolution a mis cette solution en péril grave et l'accule même aux impossibilités, en altérant la notion de la vie chrétienne, en émancipant les passions, en mettant de côté le renoncement chrétien. Le trouble que cette révolution jette dans l'organisation du travail, par la puissance toujours accrue de l'industrie, par la succession rapide des découvertes, par l'extension prodigieuse des voies de communication, ébranle toute la société. L'agitation sans trêve à laquelle est livré le monde du travail depuis plus d'un siècle, enlève toute fixité au marché et répand, dans tout le domaine économique, une instabilité telle qu'on ne sait plus sur quoi on peut compter. Pour lutter contre des désordres si profonds, l'action purement individuelle est insuffisante. L'association, qui unit pour un même effort tous les dévouements, est seule capable d'une telle entreprise. La voie du retour vers une situation sociale, à laquelle réponde une organisation économique exempte des misères qui nous font souffrir, c'est la voie qui ramène la société tout entière à la vertu chrétienne. Or, les vertus et les bonnes coutumes des ouvriers, c'est l'association qui les conserve, qui les développe et qui leur communique la puissance d'expansion nécessaire. Nous ne réussirons que par l'association, à vaincre l'individualisme, source principale des maux de la société.

La Révolution a horreur de toute association, qui n'est pas une émanation de l'Etat. L'idéal de l'association révolutionnaire, c'est le socialisme, qui fait de la société tout entière une association de production à laquelle l'Etat donne ses règles, dans laquelle il dispose de toutes les forces, et distribue, par autorité, le résultat de l'activité commune.

Les catholiques doivent faire le contraire de la Révolution. La Révolution promit l'association libre, pratiquons l'association sous toutes ses formes ; travaillons, par l'association, à sauver la société de l'abîme vers lequel la précipite la Révolution.

Dans la pensée de M. Périn, cette œuvre de réaction doit s'effectuer par le patronage de la jeunesse, par les cercles catholiques d'ouvriers et par la corporation.

La corporation, reconstituée sous la loi de charité et de liberté, voilà l'une des consignes de la Providence. La grande difficulté, dans l'organisation actuelle de l'industrie, est de faire entrer une même association, de rapprocher par la charité corporative les patrons et les ouvriers de la grande industrie ; d'introduire l'entente où règne souvent l'antagonisme; de faire, par la modération du bon sens, ce que la Révolution a vainement tenté dans les syndicats par l'intérêt. Notre devoir n'en est pas moins de mettre, par l'association et le patronage, la charité où la Révolution a mis l'individualisme. Faute de l'accomplir, nous nous trouverions fatalement réduits à cette réglementation communiste qui s'impose à toute association réfractaire à la loi de charité.

« Nous n'avons, nous, catholiques, dit notre auteur, rien à demander ni au libéralisme, ni au socialisme. Le libéralisme, avec plus de modération et d'habileté que le socialisme, n'est pas moins que lui l'ennemi du nom chrétien. L'un et l'autre, si atténués et si voilés qu'ils soient, restent toujours infectés de la même erreur : ils prétendent tout résoudre dans les questions sociales par la justice. Par là, ils sont amenés à faire entrer dans le domaine de la loi, des choses que la charité catholique nous donne la puissance d'accomplir par la liberté.

« Quelle est la tâche imposée aux catholiques ? Voici comment elle nous apparaît :

« Restaurer dans le monde du travail l'association chrétienne, qui est, de sa nature, une association de liberté ; par l'association rendre inutile le socialisme, qui est, de sa nature, une institution d'asservissement ; développer et fortifier par l'association toutes les vertus chrétiennes, que le socialisme outrage et prétend transformer en vices ; donner au travail, par ces vertus, la fécondité constante et mesurée qui crée la vraie et solide richesse ; rétablir, par l'action simultanée de la justice et de la charité, l'équité dans les relations des travailleurs ; rapprocher et rattacher les uns aux autres dans l'association, sous la loi de la liberté et par l'attrait de la charité, des hommes appelés, malgré la différence des conditions, à vivre et à travailler ensemble ; mettre partout l'union et la bienveillance, à l'inverse du socialisme, qui sème partout des divisions et des rivalités [1]. »

Hors de la corporation, telle que la charité chrétienne la conçoit, il n'y a de recours qu'au socialisme. En brisant les corporations, on nous a jetés hors de la nature humaine. Il faut y rentrer : Ou la société fera, sur le terrain économique, la contre-révolution, ou la société périra dans les angoisses de la question ouvrière.

Il ne s'agit pas de faire la contre-révolution, en rompant avec les libertés civiles, acquises depuis un siècle ; elles n'ont

[1] *Les doctrines économiques*, p. 225.

rien d'incompatible avec l'ordre essentiel de la vie humaine et répondent aux conditions extérieures qu'a fait subir au travail le développement des procédés de l'industrie moderne. Il s'agit de restaurer, dans le monde économique, les lois primordiales et générales de toute vie sociale. Ce n'est pas la révolution qui a modifié l'atelier industriel ; c'est elle qui a introduit l'individualisme dans les lois et qui le répand dans les mœurs. La corporation seule peut nous en délivrer.

La corporation est, de sa nature, une personne morale. Par sa constitution, elle répond aux éléments essentiels de la personne humaine. Comme, dans l'homme, il y a l'âme et le corps, il faut qu'il y ait, dans la corporation, le principe spirituel et l'intérêt matériel, dont l'union étroite forme l'unité réelle et vivante de la corporation ouvrière.

Le paganisme avait connu la corporation ; faute de charité, il ne pouvait pas lui donner sa vraie vie. Sous les Césars, les collèges d'artisans romains ne contribuèrent qu'à l'accroissement du travail. Tout à l'opposé, la corporation chrétienne fut toujours établie sur la règle de la liberté : elle prit son origine dans le mouvement d'association des travailleurs parvenus à la liberté civile, et cherchant, par l'union qui fait la force, protection contre les périls de l'individualisme.

La mutuelle charité donna naissance à la confrérie. La justice, par la main du pouvoir chrétien, lui donna sa forme de vie corporative, en fixant les coutumes qu'avait introduites l'initiative des travailleurs. Si, par la suite, elles dégénérèrent en monopoles et s'accrurent par des privilèges, il n'est pas question de rétablir ni privilèges, ni monopoles ; on veut s'appuyer uniquement sur les stipulations du droit.

La corporation, telle qu'elle s'offre à nous, porte le caractère d'une œuvre charitable et chrétienne. « Elle doit être, dit Léon Harmel, une société religieuse et économique et tous ses membres doivent être groupés dans une association de piété... Son but principal est de restaurer le règne de Jésus-Christ dans le monde ouvrier. » C'est la vertu de l'Eglise qui rend vie aux intérêts matériels. En suscitant des vertus dont la pratique rendra l'ordre aux sociétés troublées, l'Eglise fait ce qu'elle a fait dans tous les siècles. Immuable dans ces principes, elle s'attempère à la diversité des temps. Aux œuvres elle insuffle une doctrine qui se prête dans son ampleur à toutes les modifications que rendent nécessaires les formes variables de la vie.

Pour que la corporation exerce une influence extérieure sur les ouvriers, il ne suffit pas qu'elle leur serve de lien pour tel détail de l'existence, il faut qu'elle soit entre eux une association générale pour les intérêts de l'ordre moral et pour les intérêts de l'ordre matériel.

L'œuvre corporative embrasse la prévoyance sous toutes ses formes : caisses de secours pour les malades, caisses de retraites pour les infirmes et les vieillards, assurances sur la vie, subsides pour les temps de chômages, participation aux banques populaires, organisation du crédit ouvrier, doivent trouver dans la corporation des assurances. Bien d'autres œuvres, aujourd'hui organisées, sous l'empire des prétentions démocratiques, trouveraient, dans la corporation, de meilleures conditions de réussite.

La coopération atteindra son but par l'action combinée de deux forces, également nécessaires pour ramener le monde ouvrier aux bonnes coutumes du travail chrétien : le patronage et l'association.

L'ancienne corporation réunissait les maîtres, les compagnons, les apprentis en une même communauté, sous la même autorité. Il faut que la nouvelle corporation opère la même union suivant les conditions industrielles de notre temps. Comme le lien légal ne peut plus être ce qu'il était autrefois, il faut que le lien moral effectue par la charité ce que ne peut plus faire la contrainte.

La corporation, œuvre de liberté, a droit à la protection des pouvoirs publics. La liberté sans droit et sans organisation est un vain mot. Refuser l'existence civile aux corporations, au nom du droit commun, quand il s'agit d'associations qui veulent restaurer les principes et les mœurs de la vie chrétienne, c'est les réduire à une existence toujours précaire ; c'est les mettre à la merci du trouble que peuvent y apporter des prétentions individuelles, appuyées sur le droit civil ; c'est leur rendre impossible la durée nécessaire à leur fructification. Ce refus d'existence civile serait un acte d'hostilité, un déni de justice.

Une des fins que la corporation doit se proposer avant tout, c'est de faire régner, dans les relations du travail, le respect des faibles et de purger l'atelier des mauvaises mœurs. Pour atteindre ce but, le concours de la réglementation légale est indispensable. Si ingénieuse que soit la charité, son dévouement pourrait échouer devant les résistances individuelles. A moins que les législateurs n'aient perdu le sens social, on peut croire qu'ils ne se refuseront point à louer ce qu'il y a d'honnête parmi les patrons et les ouvriers.

Nous avons dit, nous répétons que la reconstitution de la corporation ouvrière se heurtait à la dispersion des ouvriers, au régime des grands ateliers et à la liberté du travail. Ce sont des obstacles que la nécessité d'agir saura tourner ou abattre.

La condition de succès pour toutes ces œuvres de restauration sociale, c'est leur union doctrinale dans l'Eglise, union de principe et de grâce. Lorsque l'homme s'abandonne à Dieu par l'humilité et le sacrifice, Dieu entre en lui et fait pour lui des choses que les forces humaines, seules, ne sauraient accomplir.

XIX

Notre professeur, non pas pour pousser les choses au dernier degré de l'évidence, — grâce à Dieu, elles sont claires, — mais pour les réduire à la pratique immédiate, ne s'est pas borné à écrire du patronage, des cercles d'ouvriers et de la corporation ; il a voulu écrire un livre exprès sur le patron, non pour lui offrir un manuel de participation aux œuvres, mais pour poser les principes et déduire les raisons de cette action patronale. Ce livre du patron est encore l'ouvrage d'un savant, mais doublé d'un homme de bien, d'un catholique de marque.

Je ne résiste pas au plaisir de citer cette belle page du maître, sur la société contemporaine. A mon humble avis, elle est digne de saint Augustin.

« Les peuples, dit-il, se sentent travaillés d'un mal qui prend son origine dans *le fond des âmes* et contre lequel beaucoup de ceux-là même qui en ont conscience et qui en *mesurent les conséquences* ne peuvent se décider à *engager franchement* la lutte.

« L'oubli des pratiques religieuses, l'indifférence en matière de foi, l'audacieuse négation des vérités fondamentales, de toute vie morale, n'ont laissé, dans les cœurs, *vides de Dieu*, qu'un immense désir des satisfactions terrestres. Cet emportement vers les biens qui ne s'offrent aux cupidités d'un monde enivré de sensualisme qu'en des proportions tou-

jours limitées, a fait naître, par la *rivalité des appétits*, un individualisme dont on demande la justification aux théories utilitaires. D'individu à individu, de classe à classe, il *arme* tous les hommes les uns contre les autres. L'intérêt propre, *unique moteur* de cette société matérialisée, rend *légitimes* toutes les compétitions, sous la *seule restriction* des menaces du code pénal. C'est, pour dire le vrai mot, un *régime* d'égoïsme, sous lequel, chacun, renfermé en soi-même, ne demande rien, pour son perfectionnement et son bien-être, qu'à son effort individuel et n'attend *rien* que de l'assistance qu'il se prête à lui-même.

« Telle est, dans tous les rangs, la loi de la vie moderne : la lutte pour l'existence, la *lutte pour la jouissance*, l'extension sans mesure de toutes les puissances de l'individualité, dans les choses de l'intelligence, comme dans celles de la matière ; à tous les degrés de l'échelle sociale, la *passion du luxe*, lequel, sordide ou brillant, grossier ou délicat, suivant les conditions, satisfait l'orgueil et la sensualité d'une société où l'honneur règne seul.

« En ce monde utilitaire, toute idée de vie sérieuse est perdue. Le dévergondage de l'esprit accompagne celui des mœurs. Au milieu des étourdissements d'une fête perpétuelle, on se plaît à oublier que, pour nos sociétés, rien n'est moins sûr que le lendemain. Tandis que les salons savourent l'immoralité, plus ou moins élégante, du roman, du théâtre, du journal à tout dire, le peuple dévore les feuilles du trottoir et répète, dans les cafés-concerts les refrains éhontés d'une débauche imbécile.

« Belle manière, vraiment, de passer sa vie, lorsque l'agriculture s'éteint, lorsque l'industrie languit, lorsque l'ouvrier n'a plus qu'un salaire insuffisant, s'il en a un, lorsque, par l'effet de la plus épouvantable crise économique, la gêne et la misère gagnent peu à peu tous les rangs et infligent au peuple des souffrances que le souvenir de son luxe récent rend cent fois plus poignantes.

« Car le peuple, hélas ! a son luxe comme les riches ont le leur. Grands et petits, livrés, sous des dehors divers, aux mêmes égarements et aux mêmes vices, se jalousent et *se détestent* également. Entre ces hommes, si semblables au fond, il y a un abîme, l'abîme de l'individualisme utilitaire. La société sent qu'elle peut s'y perdre, car elle ne trouve point en elle la force de le combler [1] ».

C'est dans ce monde désemparé que le patron doit exercer sa fonction et remplir son rôle. Le patron et l'ouvrier sont nécessaires l'un à l'autre et tous les deux sont nécessaires à la société. Leur labeur commun fournit les subsistances. Si les nations modernes doivent voir se perpétuer l'état d'hostilité où vivent ces deux facteurs de la richesse publique, c'en est fait des nations. L'œuvre urgente et capitale, c'est la réconciliation des classes, c'est la reconstitution du monde ouvrier. Il n'appartient pas au premier venu de prendre en main cette question. Il faut être du travail, pour avoir, dans les choses du travail, une suffisante compétence et une naturelle autorité. C'est au patron qu'appartient l'action prépondérante et, disons le mot, seule décisive.

Dans la pratique de chaque jour, le patron connaît parfaitement toutes les complications de la vie ouvrière. Le patron connaît les conditions qui s'imposent au fonctionnement régulier et au succès des entreprises industrielles. Par état, il découvrira mieux que personne le moyen de prévenir le mal, d'y remédier si possible ou d'en atténuer les conséquences. Le patron voit, dans les affaires, des particularités que les ouvriers ne sauraient découvrir. C'est de haut et dans l'ensemble qu'il aperçoit des choses que l'ouvrier ne voit qu'en partie et à son point de vue. De cette façon, il se trouve en mesure de redresser les méprises et de ramener les prétentions dans les limites du juste. Ce rôle lui est d'autant plus facile qu'il sait comment éclairer sans irriter, sans mettre en

---

[1] *Le patron, sa fonction, ses devoirs, sa responsabilité*, p. 160.

défiance ces hommes dont chaque heure du jour lui fait voir les habitudes et le caractère.

L'action du patron sera bien plus efficace, s'il se montre, dans la vie industrielle, comme dans la vie privée, sincèrement chrétien. L'ouvrier, s'il n'est pas perverti par la propagande satanique, ne se soustrait point à l'empire moral d'un brave homme qui l'occupe et qui, étant son maître, le traite en frère et se soucie d'améliorer son sort. Le voyant désintéressé, il acceptera ses conseils. L'histoire de l'atelier chrétien ne laisse, à cet égard, aucun doute.

Le triple ascendant de la richesse, du savoir et de la charité donne, aux paroles et aux exemples du patron, une puissance de persuasion et d'entraînement. Les classes laborieuses ne sont point aussi réfractaires que le prétend l'orgueil démocratique. Lorsque leur naturelle bonté se trouve accrue par l'estime et le respect qu'inspire la vertu chrétienne, elle prend un caractère de confiance dont il faut espérer des merveilles.

Qui souffre plus que le patron des habitudes de cupidité et de révolte qui ont envahi l'atelier moderne? La prospérité matérielle est la conséquence de l'observation des lois de la vie humaine. L'état d'individualisme révolutionnaire est contre nature. C'est une perturbation qui doit être, partout, une cause de malaise et de souffrance.

L'intérêt et le devoir, la foi et le patriotisme s'unissent donc pour encourager le patron à tous les dévouements. C'est pour venir en aide à son bon vouloir que notre professeur a pris la plume. Deux braves évêques, le cardinal Régnier de Cambrai et J. B. Lequette, d'Arras, l'avaient appelé à Lille pour départir, à l'école industrielle, cet enseignement. L'arbitraire du pouvoir l'empêcha de répondre à cet appel; alors la plume, par sa composition, vint suppléer aux enseignements de la chaire. De là, ce livre substantiel, tout suc et tout moelle, dont l'analyse est impossible et d'ailleurs inutile. Nous en aurons donné une idée suffisante, en inscrivant ici tout simplement son programme de cours :

« De la fonction du patron dans le travail.

« De la solidarité naturelle entre le patron et l'ouvrier.

« Comment le socialisme, qui pose en principe l'antagonisme du patron et de l'ouvrier, réclame la suppression du
patron.

« Qu'il y a toujours eu et qu'il y aura toujours des patrons.

« Comment la fonction que le patron remplit dans la société
lui impose des devoirs.

« De la situation faite au patron dans l'état présent des
choses.

« Des responsabilités qui incombent au patron en tout état
d'organisation du travail et particulièrement dans la situation
présente du monde industriel.

« Caractères généraux des œuvres de patronage.

« Des besoins de la vie ouvrière auxquels doivent répondre
les diverses œuvres de patronage.

« Comment, pour que le patronage ait toute son efficacité,
il faut unir, dans la corporation chrétienne, le patron et
l'ouvrier.

« Que l'association entre les patrons est nécessaire pour
que le devoir du patron soit rempli dans toute son étendue.

« Qu'il faut agir. »

Le patronage est un devoir général ; c'est la charité suivant
l'ordre hiérarchique, dans le cadre de la vie professionnelle.
Or, le travail est la condition générale de l'homme, et la charité est l'assistance générale, nécessaire au succès du travail.
Il n'y a point de patronage sans sacrifices, mais ces sacrifices
ont leur compensation. En accomplissant les devoirs qu'il
impose, on ne sert pas seulement les ouvriers dont on amé-
liore la condition et la société que l'on sauve des périls de l'individualisme révolutionnaire, on se rend, de plus, service à
soi-même.

Le patronage est peut-être plus profitable au riche qu'à
l'ouvrier. La charité remonte jusqu'à ceux qui l'exercent. La
vie de l'homme qui lutte par le travail, contre la pauvreté, est.

pour le riche, un enseignement d'une irrésistible puissance.

Mais qu'on fasse surtout bien comprendre à l'ouvrier, même au plus égoïste, au plus sottement têtu, que les promesses du paradis sur la terre sont des folies et que l'industrialisme, sans foi ni cœur, c'est, sous des apparences de liberté, le retour de l'esclavage.

XX

La règle du travail, l'établissement de corporations libres, la pratique intelligente du patronage sont les trois points principaux des doctrines de notre auteur sur l'ordre économique ; nous verrons maintenant à tracer une esquisse de ses conceptions politiques.

« Au milieu de toutes les transformations et de toutes les perturbations, dit-il, il y a un fond de vérités supérieures et un ordre de faits traditionnels contre lequel le flot révolutionnaire épuise en vain ses efforts. A peine la tourmente est-elle apaisée, que, sur ce terrain solide de principes et de vieilles coutumes, les mœurs se refont et l'ordre politique se reconstitue. Là sont les *véritables règles* de l'autorité et de la liberté. Bien des choses passent, mais celles-ci demeurent, et, si elles venaient à périr, ce serait la société elle-même qui périrait.

« Il peut y avoir, aux divers âges de la vie des nations, ou plus d'autorité, ou plus de liberté. Le droit et l'influence politique peuvent être attribués au grand nombre ou être réservés à une minorité d'élite. Ils pourront être diversement répartis entre les individus ou entre les groupes dans lesquels se concentre l'activité sociale ; mais toujours l'autorité aura à contenir la liberté *sous la loi du bien ;* toujours aussi la liberté, dans les limites du possible et suivant les conditions extérieures de chaque époque, sera la légitime préoccupation et le droit incontestable de la société. Comme jamais il n'y eut de société sans pouvoir, jamais non plus il n'y eut de société sans liberté ; toutefois, les formes de la liberté sont différentes suivant le degré d'avancement moral et matériel des peuples. Les libertés d'autrefois ne seraient plus pour nous que des servitudes, et néanmoins, pour ceux qui les pratiquaient, c'étaient bien des libertés. Dans les institutions qui les contenaient, on trouve reconnues et respectées, au moins en ce qu'elles ont d'essentiel, les *forces morales* par lesquelles l'homme remplit sa destinée ; et c'est en cela, alors qu'elles s'abritent sous la loi du privilège, qu'elles nous offrent encore les caractères propres de la liberté [1]. »

Pour abréger, posons quelques points de repère.

Premièrement, l'ordre social repose sur les deux pôles de l'autorité et de la liberté, l'autorité étant] particulièrement chargée de garantir l'ordre, et la liberté gardant les initiatives du progrès.

Secondement, cette conception de l'ordre social fut faussée dans les sociétés antiques. L'homme n'y fut que rarement libre ; et, lorsqu'il n'était pas esclave, n'étant considéré que comme citoyen, il sacrifiait sa liberté naturelle pour s'assurer la jouissance des privilèges civiques.

Troisièmement, dans les sociétés modernes, suivant le progrès des âges, l'Europe fut d'abord monarchique, puis féodale, enfin démocratique. Dans ces trois phases de leurs développements, les sociétés modernes tâchaient de maintenir, dans un constant équilibre, les exigences de l'ordre et les garanties de la liberté.

La démocratie française, non pas la démocratie historique, mais la démocratie révolutionnaire, a fait litière de tous ces principes. La démocratie de 89, c'est le pouvoir absolu du peuple ; c'est le droit, pour le peuple, d'imprimer le carac-

[1] *Mélanges de politique et d'économie*, p. 13.

tère de la légitimité, à tous les arrêts qu'il lui plaît de prendre. Le 5 avril 1870, le Mirabeau ventru de la troisième république disait à la tribune de la Chambre : « La philosophie politique veut que le peuple soit considéré comme la source exclusive, sans cesse renouvelée, de tous les pouvoirs, de tous les droits... La toute-puissance réside dans la souveraineté nationale. Il faut que la volonté du peuple puisse se manifester directement, ouvertement. Il faut qu'il ait le dernier mot, que tout s'incline devant sa volonté, autrement la souveraineté nationale n'existe pas, le peuple est joué. On ne peut plus dire que le peuple cède ou aliène une partie de sa souveraineté, depuis qu'on a introduit dans la politique le *nombre* (!), les masses agissant avec plus de concert, la souveraineté nationale est devenue irrésistible. »

Au septième livre de la *République*, Platon avait dit à l'encontre : « Partout où des hommes pauvres, des gens affamés de bien et qui n'ont rien par eux-mêmes, aspireront au commandement, croyant rencontrer là le bonheur qu'ils cherchent, le *gouvernement sera toujours mauvais*. On se disputera, on s'arrachera l'autorité, et cette guerre domestique et intestine perdra enfin l'Etat avec tous ses chefs. »

La démocratie de 89 ne justifie que trop les oracles de Platon. Ce n'est pas qu'il n'y eut, en 1789, des abus à redresser, des progrès à accomplir. Donner la dernière sanction à la liberté civile ; étendre le droit politique dans la même mesure ; rapprocher toutes les classes que l'ancien régime tenait en séparation grogneuse ; établir sur des bases solides cette égalité devant la loi qui est la plus sûre garantie de tous les intérêts : tel était le but du mouvement social ; ce n'était, au surplus, que le résultat des influences de l'esprit catholique sur les peuples modernes.

Fallait-il, pour atteindre ce but, abattre l'ordre traditionnel des choses divines et humaines ; fallait-il créer, pour une humanité nouvelle, une nouvelle terre et de nouveaux cieux ? On afficha, il est vrai, ce dessein grandiose et sacrilège ; mais on ne sut que détruire, voler et assassiner. En dix ans, la révolution abattit l'Eglise et proscrivit les prêtres ; en dix ans, elle vola quatre milliards de biens ecclésiastiques, seize milliards de biens charitables et cinquante-trois milliards d'assignats ; en dix ans, elle jeta à l'exil, à la prison et à l'échafaud, l'élite de la nation. Ceux qui croient que la révolution a fait quelque bien positif se trompent ; elle n'a su que détruire l'ordre social. La révolution avait fait table rase, quand Bonaparte parut. Bonaparte est le créateur, non pas de la société, il était incapable de concevoir et d'exécuter une telle œuvre ; Bonaparte n'est que le créateur de l'ordre administratif, de l'ordre judiciaire, de l'ordre militaire, de l'ordre financier, de la police et du gouvernement autocratique. La révolution n'avait laissé, en France, qu'une poussière d'hommes et un semblant d'Etat ; Bonaparte créa l'Etat moderne pour absorber en sa main tous les pouvoirs et exploiter à son profit la poussière civique, matière à rendement pour l'impôt, chair à canon sur le champ de bataille. Sous tous les régimes postérieurs, le régime fondé par Bonaparte est resté ce qu'il était à l'origine, une autocratie. Le citoyen français n'a aucune liberté naturelle, domestique, civile et sociale ; il n'a que de faux semblants de liberté politique, pour, par son suffrage, se donner des tyrans. Le citoyen français est l'être le plus imposé, le plus volé, le plus écorché, le plus ligaturé, le plus insulté qu'il y ait au monde. Ce qu'ils appellent liberté démocratique, ce n'est que l'absence des vraies libertés ; ce n'est que l'asservissement d'un grand peuple à une bande de despotes ; ce n'est que l'exploitation des masses populaires par de bas et cupides aventuriers qui se croient des hommes politiques.

Le trait qui caractérise ces abominations scélérates, c'est l'impiété. Dieu est chassé du monde ; l'homme seul doit y régner. Ne parlez pas de progrès ou de réforme ; nous sommes en présence d'une perturbation totale de la vie humaine, sans précédent dans l'histoire. La révolution, c'est l'hostilité contre Dieu et contre toute autorité émanée de Dieu. De là ce que Tocqueville appelle l'*atrocité de son génie*, et ce que le comte de Maistre appelle avec plus d'énergie et de vérité encore, son *caractère satanique*.

La Révolution française est le produit d'un paganisme nouveau, plus redoutable que le paganisme antique. « C'est, dit admirablement notre héros, c'est un paganisme rationnel, fortifié de toutes les lumières et de toute la puissance logique que dix-huit siècles de christianisme ont données à l'humanité. Dédaigneux des symboles, il va droit au fond des choses, et atteint rapidement aux dernières négations, aux dernières folies. Au lieu d'adorer les dieux d'or et d'ivoire façonnés de ses mains, l'homme adore les abstractions qu'enfante, au milieu des angoisses du doute, le délire de son esprit. Et ces dieux de son invention, il prétend les imposer au monde dont les conquêtes du christianisme lui ont ouvert les voies. Il y a, dans ce paganisme moderne, une force d'unité et d'expansion que le paganisme antique ne posséda jamais ; c'est le trait saillant, le péril suprême de la Révolution. » (*Op. cit.*, p. 67.)

Après de telles aberrations, qu'est-ce que la liberté démocratique ? Tout simplement une forme de l'absolutisme, un acheminement vers l'esclavage, la prétention à créer, tout d'une pièce, une société, c'est-à-dire une entreprise de fous, qui succombent fatalement à l'ingratitude de leur tâche.

Qu'y a-t-il de nouveau dans la société, qui, présentement, attend avec anxiété sa reconstitution politique ? Il y a des libertés populaires que dix-huit siècles de christianisme ont préparées, que la révolution a corrompues, qu'une politique sage, une liberté honnête peuvent seules faire rentrer dans les conditions régulières de leur développement.

La première liberté populaire, c'est de croire en Dieu, c'est de pouvoir professer librement sa foi catholique, c'est d'entendre les inspirations sans qu'aucune loi humaine vienne y mettre obstacle. C'est le premier point pour échapper à la logique révolutionnaire : la liberté part du droit suprême de Dieu sur la vie humaine, lequel a, pour corollaire, le devoir imposé à l'homme d'obéir aux commandements divins. Ce que Dieu prescrit, ce qu'il interdit, voilà ce devoir, le principe de la loi, le gage de la liberté. Là se trouve la limite que les pouvoirs publics ne peuvent point franchir et qui exclut tout arbitraire de l'homme. Là se rencontrent dans une harmonieuse union l'autorité et la liberté. Leur accord entraîne l'exclusion de toutes les servitudes.

La seconde liberté populaire, c'est le droit d'aller et de venir, de disposer librement de sa personne, de travailler et de pouvoir atteindre à la propriété. L'homme est d'abord un ouvrier. Ouvrier, mangeant son pain à la sueur de son front, sentant sa faiblesse et sa misère, il a le droit antérieur et supérieur de s'associer à d'autres ouvriers, de créer l'atelier de travail, de se constituer en corporation, de se former un pécule ou un bien en terre ; c'est le piédestal de sa personnalité, la conquête de son énergie, la consécration de sa puissance.

« Le caractère dominant des libertés populaires, dit Périn, c'est l'honneur rendu au travail. Rien de pareil ne se voit dans les sociétés païennes, ni sous le régime d'oligarchie bourgeoise, ni sous le régime démocratique. » Les peuples chrétiens ont en ceci, sur les païens, une incontestable supériorité.

La troisième liberté populaire, c'est le droit de fonder une famille. La société domestique est la molécule génératrice de la société publique ; si le désordre est dans la famille, il est partout dans l'Etat. La base divine de la famille, c'est le mariage un et indissoluble : un seul avec une seule et pour toujours. La démocratie a ébranlé d'abord le mariage par le divorce et par la guerre à la hiérarchie sacrée de la famille. Sous prétexte de donner, aux relations sociales, plus de liberté, elle a introduit une mobilité sans limite, une indépendance sans frein. On ne rendra à la famille quelque stabilité qu'en la ramenant à ses principes divins. Les lois humaines y peuvent quelque chose ; mais, à cette œuvre délicate, il faut des forces plus élevées. « La puissance des principes religieux, dit M. Périn, a *seule* assez d'empire pour rendre aux pères l'autorité avec le sentiment de leurs devoirs, et aux fils l'obéissance avec l'affection au foyer domestique. Mais toujours à l'action des forces morales, il faut le concours des institutions. Il faut que les lois, en assurant le libre exercice de l'autorité paternelle, lui restituent sa force et sa dignité. Que l'Etat se garde surtout d'absorber, dans ses droits à lui, les droits du père de famille ; que le père soit libre d'élever ses enfants suivant les injonctions de sa conscience, libre de faire à chacun leur part suivant leur mérite ; libre de faire continuer par ses fils l'œuvre sur laquelle il a fondé le bien-être des siens et l'honneur de son nom. Telles sont les libertés nécessaires de la société domestique ; elles sont *les premières* des libertés populaires. Quand elles sont respectées, la société y trouvera une force modératrice, sans laquelle les libertés politiques jetteraient partout l'instabilité et la confusion [1]. »

Au-dessus de la famille, il y a d'autres groupes sociaux, qui se forment par l'impulsion naturelle des intérêts et des affections, entre hommes que ne rapprochent point les liens du sang. Ces groupes forment des forces de libre expansion et, en même temps, de conservation. « Que deviendrait, demande notre auteur, une société où règnerait la *mobilité* qui est la conséquence de la liberté complète des personnes et des propriétés, si l'on n'y pouvait constituer, par *la liberté même*, certains centres, dans lesquels les forces individuelles iront s'organiser, sous la loi de la solidarité et de la tradition ? De la constitution de ces groupes d'activité et d'intérêt sortiront une certaine organisation et une certaine hiérarchie d'influences, dont, sous aucun régime, la société ne saurait

[1] *Mélanges*, p. 94.

se passer. Les progrès de la liberté peuvent modifier cet ordre, mais ne peuvent pas le supprimer. La vie humaine a été ainsi constituée d'*autorité suprême et créatrice* ; tous les raisonnements et toutes les révolutions du monde n'y pourront rien. Par les libertés populaires, on donne plein essor à toutes les forces sociales ; mais on ne change rien aux lois naturelles de leur emploi et de leur développement » (page 95).

Les familles se groupent en communes, en cantons, en départements, en provinces. La liberté accordée à ces groupes est un élément nécessaire des libertés publiques et un gage pour la bonne tenue des affaires. C'est sur place que les intérêts se discutent utilement, et entre intéressés ; la conclusion doit venir selon le droit et la justice, ou, si elle n'est pas telle, l'expérience saura bien découvrir les fautes et y trouver un remède. La centralisation, qui supprime ou diminue les libres mouvements de ces organes de la vie publique, donne à l'Etat une grosse tête et ne laisse à la société que de faibles membres ; ici, il y a anémie ; là, pléthore. La centralisation, qui paraît faire d'une société une immense machine, obéissant à un seul chef, est, en définitive, la suppression de la vitalité sociale et la forme la plus répugnante de la tyrannie.

Dieu est présent dans le monde depuis dix-huit siècles ; il le gouverne par l'Eglise catholique et par la Chaire du prince des Apôtres. Les libertés populaires sont l'œuvre de l'Eglise ; le despotisme est le crime ordinaire de l'Etat. C'est à la papauté que les peuples ont toujours eu recours contre l'oppression des puissants. Toutes les personnes instruites savent que l'abolition de l'esclavage, l'émancipation progressive des travailleurs sont dus principalement aux doctrines, aux œuvres et aux influences catholiques. De cette même source sont sorties les grandes associations de travailleurs dont le plus populaire de nos rois confirma les coutumes. Ces établissements furent, pour les classes ouvrières, une source de sécurité, de liberté et de bien-être, jusqu'à ce que le césarisme monarchique et révolutionnaire, en leur appliquant sa

législation, en eut détruit le caractère et stérilisé l'institution.

C'est encore le Pape qui vient au secours des libertés populaires. Par bref du 16 octobre 1871, le grand Pie IX écrivait à notre professeur de droit public : « Les choses que
vous nous avez dites touchant les principes qui vous guident
aussi bien que les doctrines que vous avez exposées dans plusieurs écrits, témoignent clairement que toujours vous avez
cru et enseigné que le bonheur des peuples a pour fondement
la justice ; que cette loi divine est la sauvegarde des droits
des souverains et de la *vraie liberté* du peuple ; et qu'elle-
même est inviolablement gardée par l'Eglise et par ce Siège
Apostolique ; que, par conséquent, il faut considérer comme
de *perfides ennemis* des princes et des peuples ceux qui tentent
de soustraire, au souverain domaine de Dieu, les lois et les
empires, ceux qui voudraient *briser les liens* qui unissent la
puissance spirituelle et la puissance civile, ou bien encore
ceux qui essaient d'imposer des entraves au Souverain Pontife dans le libre exercice de sa charge suprême. Telles sont
les vérités que de nouveau vous vous êtes efforcé de faire
comprendre dans un écrit récent, ayant pour titre *les libertés
populaires*. Dans cet écrit, vous marquez, avec *votre netteté
habituelle*, le vrai caractère de la liberté ; vous faites voir
comment elle comporte des développements et des modes divers, suivant la diversité des âges et suivant la diversité des
formes de la société, chez les différents peuples ; vous montrez comment la pratique de la liberté peut être violée, soit
par la licence des passions, soit par les fausses doctrines ; enfin, vous appuyant à la fois sur la raison et sur l'expérience,
vous cherchez à ramener à la vérité les esprits qui s'en écartent, et, remontant à la cause des maux présents, vous vous
appliquez à y apporter le *vrai remède*. Dieu seul peut dissiper
les ténèbres de l'erreur qui obscurcissent les esprits ; qu'il lui
plaise de favoriser votre entreprise. Quant à nous, assurément,
nous avons reçu un nouveau gage de la fermeté de votre foi.

Recevez donc, en témoignage de notre paternelle bienveillance, la bénédiction apostolique, que nous vous accordons, avec grande affection, comme présage de la faveur divine. »

Nous ne pousserons pas plus loin le compte rendu des idées et des livres de notre auteur. Les *Mélanges* contiennent encore plusieurs remarquables articles sur le *modernisme* dans l'Eglise d'après des lettres inédites de Lamennais ; trois discours sur la question sociale ; des réflexions sur la proclamation de l'infaillibilité pontificale et sur l'Encyclique *Rerum novarum* pour la fixation du juste salaire ; des études sur les œuvres de Coquille et sur la *réforme* sociale de Leplay ; enfin des discussions sur l'idée moderne du droit des gens, sur le progrès social, et sur la dénomination de socialisme chrétien. Nous nous bornons à mentionner ces articles, sans vouloir en diminuer l'importance ; pour le moment, ils se limitent à des instances sur divers points des doctrines du professeur ; nous devons d'ailleurs les retrouver en abordant les grands. ouvrages du créateur de l'économie politique chrétienne.

Aussi bien jusqu'à présent nous n'avons visité que les dépendances, les substructions et les petits appartements des œuvres du maître. Il faut aborder maintenant la forteresse qui garde les trésors de la république chrétienne ; il faut inventorier les richesses enfermées dans les trois tours qui s'appellent la Science des richesses, les Lois de la *société* chrétienne et l'Ordre international. Pour parler sans figures : ce sont là les œuvres capitales de M. Périn ; nous devons en dresser l'inventaire.

Que le lecteur ne se plaigne pas de ces longueurs ; ce ne sont que de brèves analyses où nous avons condensé, avec un soin scrupuleux, l'or des pures doctrines.

6

XXI

DE LA RICHESSE DANS LES SOCIÉTÉS CHRÉTIENNES

L'homme est une intelligence servie par des organes : esprit, il appartient au monde des esprits ; corps, il appartient au monde matériel. L'organisme vivant qui sert d'outil à son intelligence, est, sans doute, d'une admirable structure ; mais il offre cette particularité, qu'il n'est qu'un flot coulant d'atomes fugitifs ; qu'il s'use insensiblement à chaque minute de son existence ; et que, pour parer aux suites fâcheuses de cette constante déperdition, il est astreint aux exigences d'une alimentation quotidienne. La vie de l'homme a un foyer qui réclame sans cesse du combustible ; dès que le combustible manque, la vie languit et finirait bientôt par s'éteindre.

D'ailleurs, l'homme est un être déchu. Outre le besoin quotidien d'une alimentation réparatrice, au lieu de rechercher, simultanément et pacifiquement, les aliments nécessaires à son corps et à son esprit, il est violemment incliné à rechercher les aliments du corps et à négliger la nourriture de l'esprit. Ce qu'il désire, ce qu'il veut avec ardeur, ce n'est pas seulement de sustenter ses organes, de garder, à ses membres, la force musculaire ; c'est de les flatter par des douceurs, de les caresser par des plaisirs, et, par suite, de les énerver par les jouissances. L'apôtre saint Jean, qui était un grand philosophe, a dit le mot caractéristique : « Tout ce qui est dans le monde est l'objet de la concupiscence », c'est-à-dire d'un appétit excessif, d'un désir immodéré et violent de jouissance et de possession.

L'homme nous apparaît donc comme le serf de la nature et comme son exploiteur ; il est obligé, pour vivre, de faire, à la parcimonie de la nature, une guerre incessante ; et il s'efforce de triompher assez victorieusement de ses résistances, pour la contraindre à lui offrir, durant sa courte vie, un perpétuel et glorieux banquet.

Or, pour atteindre ce double but, l'homme est obligé au travail ; par le travail il recueille les produits naturels de la terre et crée lui-même des fruits artificiels qu'il adapte très ingénieusement à ses besoins. En multipliant ses travaux, il en multiplie les produits, et en accumulant les produits, il accumule les richesses. Les richesses, voilà donc, pour tout homme, un objet nécessaire ; et pour l'homme déchu, l'objet, toujours attirant, d'une insatiable cupidité.

« De toutes les passions de notre temps, dit Charles Périn, la passion des richesses est peut-être la plus impérieuse et la plus générale. En elle se résument tous les mauvais instincts, toutes les aspirations désordonnées et coupables qui, depuis un siècle, inquiètent, ébranlent, abaissent nos sociétés. Des causes politiques et des causes sociales ont concouru à lui donner naissance et l'ont sans cesse entretenue et développée. Tandis qu'un sentiment démocratique mal entendu travaillait à effacer toutes les grandeurs, au milieu du nivellement général, une seule supériorité résistait à tous les efforts, à raison de son caractère matériel et essentiellement positif, la supériorité des richesses. Impuissant à détrôner la richesse, l'orgueil démocratique prétend s'y élever et de là cette âpre poursuite de la fortune, à laquelle se livrent les vanités aristocratiques, toujours vivantes, même au sein de la démocratie la plus exclusive. Chacun aujourd'hui veut être riche, parce que la richesse est la seule distinction incontestée et la seule influence toujours obéie de nos sociétés égalitaires. Mais, outre cette raison politique, il y a des raisons plus profondes, lesquelles tiennent aux maladies qui travaillent les âmes depuis un siècle.

« L'homme s'est séparé de Dieu. Rejetant toute autre loi que la loi de sa raison, proclamant la souveraineté de la nature, il a, par une conséquence inévitable, abjuré tout *principe de sacrifice* et pris pour règle la *légitimité* de toutes ses convoitises. Déchu de la vie spirituelle, dans laquelle l'union avec Dieu comblait ses aspirations les plus hautes, force lui a été de rechercher dans le *monde des sens* une satisfaction à ses instincts innés de progrès et de grandeur. Mais, en mettant sa *grandeur* dans l'*ordre matériel*, il abdiquait, avec la dignité de sa destinée, le *principe même* de sa souveraineté. Alors qu'il croyait être à lui seul son unique maître, il n'est plus qu'un *esclave*, et le naturalisme, au lieu de l'affranchissement qu'il lui promettait, ne lui a plus donné que la plus abjecte des servitudes : la *servitude des appétits de la matière*[1]. »

Dans une société qui fait du bien-être son exclusive préoccupation, toute sollicitude sérieuse pour l'avenir disparaît en même temps que tout respect réfléchi du passé. Qu'importe au matérialisme ce qui n'est plus et ce qui n'est pas encore ? Peut-il avoir d'autre préoccupation que les plaisirs de l'heure présente ? La tradition n'est pour lui que le souvenir importun de principes et de mœurs qui le condamnent ; l'avenir, qu'un fantôme propre à altérer la paix de ses jouissances égoïstes. De là le *radicalisme* et aussi l'*individualisme*, ces maladies mortelles du corps social, symptômes divers d'un même mal, l'oubli des grandeurs de l'âme pour les appétits des sens.

Un homme peut oublier qu'il a une âme ; une société ne le peut pas. Bon gré, mal gré, une société n'existe que par l'union

---

[1] *De la richesse dans les sociétés chrétiennes*, t. I, p. 1.

des âmes dans une même pensée, la soumission des volontés à une commune loi, le concert des aspirations vers un même but. L'objet premier de la société temporelle est, sans doute, le bien-être, sa pacifique conquête et sa calme jouissance ; mais, pour conquérir le bien-être et en jouir, il faut partir de plus haut et rattacher au ciel les ancres du vaisseau social. Même quand une société se matérialise, elle ne peut jamais abdiquer totalement les intérêts de l'esprit. La société alors se partage ; elle s'agite entre l'esprit et les sens, entre le paganisme et le christianisme. Le partage des idées ne s'effectue point, du reste, avec une parfaite franchise. L'erreur et la vérité, il est vrai, concentrent leurs forces pour se livrer combat. Souvent l'erreur se cache sous les apparences de la vérité ; elle prétend concilier toutes les grandeurs du christianisme avec toutes les jouissances du paganisme. De là, cette incessante lutte qui se poursuit dans les entrailles des peuples chrétiens ; chaque force veut anéantir l'autre, ou, du moins, la subalterniser, mais sans y réussir. En principe, la conciliation est impossible. On ne peut pas servir deux maîtres, Dieu et l'argent. Pour les hommes de notre temps, le principe de renoncement, qui rend toute conciliation impossible, est le grand obstacle à l'acceptation du christianisme.

Le divin fondateur de l'Eglise catholique a établi, dans les termes les plus formels, par des affirmations réitérées, l'obligation absolue du renoncement chrétien, non pas seulement moral, mais matériel. Sur ce point, la dénégation n'est pas permise ; le doute même est impossible. Le chrétien ne peut donc voir, dans la richesse, qu'une chose de moindre prix ; elle n'a, pour lui, de valeur qu'en tant qu'elle sert à entretenir la vie ; elle ne peut pas être recherchée pour elle-même, mais rapportée, par le renoncement, à une fin supérieure, qui est Dieu même. Nous ne devons donc pas nous passionner pour la richesse ; nous ne devons user des biens matériels, que dans la mesure nécessaire à l'accomplissement de nos divines destinées. Le détachement des richesses est imposé à tous : c'est la loi de la vie chrétienne.

Ici, le siècle se récrie : ce renoncement obligatoire heurte violemment ses passions, premier motif de plainte. De plus, il se persuade que ce renoncement contredit l'obligation de la société temporelle qui est de rechercher le bien être ; et que si la société s'assujettissait aux exigences de l'Evangile, loin de couler des jours tranquilles dans une mollesse enivrante, elle condamnerait les masses populaires à tous les fléaux du paupérisme.

Cette réclamation du siècle est le contraire de la vérité. Pour le prouver, il faut prendre son point de départ dans les vérités premières et les principes supérieurs de la vie humaine. Nous avons parlé du monde des esprits et du monde des corps. N'est-ce pas l'esprit qui imprime le mouvement à la matière ? Et n'est-ce pas à l'image du monde spirituel que le monde matériel doit se conformer ? Quand l'homme agit sur la matière, quand son travail transforme les choses pour leur imprimer le double sceau de la beauté et de l'utilité, tous les produits qu'i crée, toutes les constructions qu'il élève, sont-ils autre chose que l'expression des principes de l'ordre spirituel qui impriment l'impulsion et qui donnent la direction à la volonté ? C'est par l'ordre spirituel que les sociétés vivent ; c'est par l'ordre spirituel qu'elles se soutiennent et se développent. C'est là leur base nécessaire, leur point d'appui indispensable, le but auquel doivent se ramener tous les efforts. Leur puissance de conservation et de progrès est en raison de leur puissance de vie spirituelle. Dans un temps où le matérialisme fait les derniers efforts pour constituer les peuples en dehors et même à l'encontre de toute action de la puissance spirituelle, il est plus que jamais important de rappeler cette vérité de premier ordre, et de la confirmer par des faits, surtout par des faits de l'ordre matériel. C'est là qu'on a cru pouvoir se passer le plus facilement de Dieu et de l'Eglise ; C'est là que nous voulons démontrer, plus que jamais, la nécessité de leur assistance.

La première preuve à invoquer, ce sont les faits même de l'histoire. Prenez les peuples où domine l'islamisme, prenez ceux où règne le bouddhisme ; tous les peuples où le principe du renoncement est, non pas mis en oubli, mais altéré, faussé par les passions de l'homme. Où en sont ces sociétés sous le rapport de la richesse ? n'est-il pas vrai qu'elles s'éteignent dans la misère ? Et la société chinoise, celle de toutes les sociétés antiques ou le principe de l'intérêt et l'amour bien entendu des richesses matérielles est poussé plus loin ? Personne aujourd'hui ne peut plus se faire la moindre illusion sur la prétendue prospérité du Céleste Empire ; l'Empire du ciel est, ici-bas, sous les dehors d'une civilisation raffinée, l'empire de la plus épouvantable misère.

Si des empires pouvaient atteindre, sous le principe de la jouissance, le plus haut sommet de la prospérité matérielle, ce sont les sociétés antiques. « Comblées de tous les dons, dit Ch. Périn, vivant sous le plus beau ciel du monde, dans les pays les mieux pourvus de toutes les forces productives, autour de ce bassin de la Méditerranée, qui prête tant de facilités aux échanges, douée du génie le plus élevé, le plus pénétrant et le plus propre aux affaires, ne devaient-elles pas être bien supérieures en richesses aux nations modernes, dont l'esprit moins prompt et moins ingénieux rencontre, dans les climats du Nord, tant d'obstacles aux succès du travail ? Et pourtant, qu'est-ce, auprès de la richesse des peuples chrétiens, que cette richesse des Grecs et des Romains, concentrée dans les mains d'un petit nombre de privilégiés, au-dessous desquels vit une masse d'esclaves réduits à la plus dégradante misère ? Si l'on envisage les sociétés païennes de l'antiquité par le côté matériel, on trouvera qu'au temps de leurs plus grandes prospérités, il y a bien plutôt chez elles concentration de richesses qu'accroissement véritable de la richesse générale. Les jouissances du riche y sont bien autrement développées que dans les sociétés modernes ; mais la richesse vraie, la richesse qui assure au grand nombre la vie aisée et digne, bien loin de la voir croître dans le monde antique, avec les progrès généraux de la société, on la voit, au contraire, décroître et s'épuiser rapidement. » Ici notre auteur cite Roscher, l'un des plus savants économistes du XIXᵉ siècle ; Roscher enseigne que les sociétés antiques ne purent guère dépasser, en fait de richesses, cette période *moyenne* où le travail de l'homme est l'élément prépondérant de la production. Le capital n'avait alors qu'une importance très secondaire ; ces sociétés n'atteignirent donc jamais cette période de développement national où domine le capital ; le sol ne put s'accroître du concours de ses forces productrices et l'industrie manufacturière ne put lui emprunter sa merveilleuse puissance. Quelle différence sous le multiple rapport de la productivité du sol, du mouvement général des produits, de la rapidité des communications, du bon marché des transports ! Quelle différence encore entre le rapport de l'accumulation des capitaux, de la supériorité des armées, de la masse des richesses et de la généralité du bien-être ! « Les temps écoulés depuis le XIIIᵉ siècle, dans la pleine puissance de la civilisation chrétienne, sont, quant à la richesse du grand nombre, une *période de prospérité* qui n'a pas d'*égale* dans l'histoire. Et cette richesse générale et populaire des nations chrétiennes, loin de décliner et de s'épuiser, comme la richesse de l'antiquité, après quelques siècles de grand éclat, elle ne fait, *depuis plus de mille ans,* que s'accroître et se consolider sans cesse [1]. »

La richesse n'est donc pas le souverain bien de l'homme. Le principe du renoncement nous oblige au travail, à la privation, à l'économie et favorise, par conséquent, l'accumulation des richesses ; mais les richesses, qu'il amoncelle, il les oblige à se subordonner à la conquête des biens supérieurs du cœur et de l'esprit. Tel est du moins l'enseignement des deux grands princes de la science catholique.

« Il est manifeste, dit saint Thomas, que le bonheur de

[1] PÉRIN, *Op. cit.,* p. 25.

l'homme ne peut pas être dans la richesse. Les richesses ne sont recherchées qu'en tant qu'elles sont les soutiens de la nature humaine. Elles ne peuvent pas être la fin dernière de l'homme, au contraire, elles se rapportent à lui comme à une fin... D'ailleurs, le désir du souverain bien est de sa nature infini ; plus on le possède, plus on s'y attache et plus on méprise tout ce qui n'est pas lui ; car, plus on le possède, mieux on le connaît. Pour les richesses, c'est tout le contraire ; aussitôt qu'on les possède, on les méprise et on en poursuit d'autres. Cela ne suffit-il pas à montrer leur imperfection et à prouver que le souverain bien ne saurait être en elles ? » L'Eglise ne proscrit pas la richesse ; mais elle ne met le souverain bien qu'en Dieu. Les biens de ce monde n'ont d'importance que par leur rapport avec le bien suprême. Les biens de l'âme, la science, la vertu : voilà les vrais biens. Les biens de l'âme n'ont leur fonction et leur valeur qu'au service de la vertu et de la science. Toutefois ce sont de vrais biens, et, toujours suivant saint Thomas : « L'homme ne peut pas s'affranchir de toute sollicitude dans la recherche et la possession des biens extérieurs. Mais s'il ne se livre à cette recherche qu'avec modération et dans la mesure des besoins d'une vie simple, il ne fera rien qui répugne à la perfection de la vie chrétienne [1] ».

Saint Augustin, dans la *Cité de Dieu* (livre XIX, ch. XVII), dit à son tour, en parlant de la paix terrestre et des avantages de la vie temporelle, comparés à la paix de la foi : « La famille des hommes, vivant de la foi, n'use des biens de la terre que comme étrangère, non pour se laisser prendre par eux et détourner du but où elle tend, Dieu même ; mais afin d'y trouver un appui qui, loin d'aggraver, allège le fardeau de ce corps périssable dont l'âme est appesantie ». Plus loin, après avoir rappelé la magnificence des dons de Dieu dans la nature humaine, et dans la nature matérielle, il ajoute :

---

[1] *Summa Theol.*, 1a 2ᵗ, quest. II, art. 1 ; et 2a 2ᵗ, quest. 188, art. 7.

« Et pourtant ce ne sont là que consolations de misérables condamnés et non récompenses de bienheureux. »

Bossuet avait dit, en d'autres termes, équivalemment, la même chose. Dans ses *Pensées chrétiennes*, il s'interroge en ces termes : « Pourquoi donc m'es-tu donné, ô corps mortel ? fardeau accablant, soutien nécessaire, ennemi flatteur, ami dangereux, avec lequel je ne puis avoir ni guerre, ni paix, parce que à chaque moment il faut s'accorder et à chaque moment il faut rompre... Je ne sais pourquoi je suis uni à ce corps mortel, ni pourquoi, étant l'image de Dieu, il faut que je sois plongé dans cette boue. Je le hais comme mon ennemi capital, je l'aime comme le compagnon de mes travaux ; je le fuis, comme ma prison ; je l'honore comme mon cohéritier ».

Ce que Bossuet dit de l'homme est vrai également de la société. La vie sociale est une comme l'homme est un. De même que le corps ne vit que pour l'âme, l'ordre matériel dans la société ne subsiste que pour le bien moral. C'est l'ordre moral qui est le principe, l'objet, le lieu, l'idéal de la vie des peuples. L'ordre matériel n'a de prix qu'en se soumettant et en s'associant à l'activité de l'ordre moral. C'est par les besoins matériels que l'homme est sollicité à cette transformation du monde qui associe en quelque sorte la matière inerte aux mouvements et aux magnificences de l'esprit.

Tels sont les principes nécessaires de l'économie politique des nations chrétiennes. L'économie politique est la science de la production, de la distribution et de la consommation des richesses. L'ordre matériel doit donc embrasser et régler tout le déploiement de l'activité humaine, dans la production et la répartition des biens matériels qui servent aux besoins de l'homme. Le travail, et, depuis la chûte, le travail pénible, est la condition de notre existence et de toutes nos conquêtes. La Providence a tout disposé dans la vie humaine, en vue de produire, par l'ordre social, l'unité dans la diversité. Le travail par lequel l'homme pourvoit à ses besoins matériels est donc une œuvre essentiellement collective, où chacun des membres de la société a son rôle et dans laquelle tous se trouvent, les unes à l'égard des autres, sous la loi d'une mutuelle dépendance.

Cette œuvre collective de la création des richesses s'accomplit sous l'empire de certaines lois générales qui résultent de la nature de l'homme et de ses rapports nécessaires avec le monde extérieur. Ces lois, dans l'ordre spécial de la vie matérielle, ne sont qu'une des conditions de l'accomplissement de nos destinées supérieures. Dans leurs dispositions, elles reproduisent les principes qui dominent le monde moral. Par elles-mêmes, les combinaisons de la vie matérielle, qui constituent l'ordre des intérêts, n'ont pas plus de fixité que les faits toujours divers auxquels elles correspondent. Les goûts, les affections de l'homme n'ont rien de constant; la mobilité en est la seule règle. D'ailleurs, les conditions externes qui s'imposent aux déterminations de l'homme, varient avec le sol, avec le climat, avec la position géographique. Ce qui est vraiment universel, c'est l'idéal de perfection morale qui domine toute vie, c'est le besoin de croître toujours en intelligence, en liberté, en dignité. C'est là le fond invariable de la vie humaine, le but que poursuit toute notre existence. A ce but correspond tout ce qu'il y a de plus général dans la vie matérielle. Chaque fois qu'on aperçoit, dans la vie matérielle, un fait susceptible d'être considéré comme loi, on peut dire que ce fait a sa raison dans l'ordre supérieur de la dignité humaine.

Le problème, dans l'ordre matériel, c'est de ramener les intérêts multiples aux fins générales de l'humanité. Là est l'idéal, là est l'enchaînement des principes et des conséquences, sans lesquels il ne peut y avoir, dans la théorie, *aucun caractère scientifique*, et dans la pratique, aucun dessein suivi, aucun succès assuré.

Le christianisme place l'homme dans l'ordre de la perfec-

tion morale et matérielle. Mettre en relief cet idéal, faire voir
que le principe chrétien satisfait aux légitimes exigences du
développement des richesses, telle est la tâche de l'économiste compréhensif. Il y a une telle harmonie entre les lois de
la vérité chrétienne et les conditions de la vie humaine, que
le simple exposé des conséquences naturelles du principe
chrétien dans l'ordre matériel, est la meilleure réfutation des
attaques contre le christianisme. Lorsqu'au tableau des bienfaits de la vérité, on oppose le tableau des conséquences
funestes de l'erreur, la réfutation est complète. Tel est le
procédé de Charles Périn. — Sur toutes les questions de
l'ordre matériel, après avoir exposé l'enseignement chrétien,
il recherche quels ont été, dans l'ordre des faits et des doctrines, les fruits des principes d'orgueil et de sensualité du
paganisme antique. En même temps, il invoque l'histoire des
idées et l'histoire des faits ; et dans les spéculations de l'intelligence aussi bien que dans les pratiques de la vie sociale,
il découvre les prospérités et les grandeurs qui procèdent de
l'esprit du christianisme, tandis que toutes les défaillances,
tous les abaissements ont leur source dans la sensualité
païenne.

L'ordre social moderne repose sur deux principes : la liberté et la propriété. En exposant les lois de l'ordre matériel,
il faut partir de ces deux principes, indissolublement liés et
développés simultanément. On constate d'abord les faits ; on
en verra, plus tard, les raisons et les harmonies.

La création des richesses étant une œuvre collective, il faut
y faire intervenir la légitime action du pouvoir. Par la nature
des choses, toutes les fois que les hommes agissent d'ensemble, il leur faut une direction commune. Hors de l'unité
hiérarchique, rien n'est possible. Le pouvoir est appelé à diriger la société vers ses fins terrestres, premièrement dans
l'ordre moral, puis dans l'ordre matériel. Le pouvoir doit
être armé des droits nécessaires à l'accomplissement de cette
tâche. Quand l'anarchie des initiatives compromet les droits

des particuliers, il faut que le pouvoir ramène la liberté à l'ordre. Quand la société ne trouve pas dans la libre expansion des forces individuelles, la puissance nécessaire pour conduire au but marqué par la Providence, il faut que le pouvoir vienne en aide à la liberté. Ce fait universel n'est que l'expression de la loi qui constitue, sous l'ordre hiérarchique, le genre humain dans l'unité.

Tout en proclamant la légitime intervention du pouvoir, il ne faut jamais perdre de vue que l'homme, être libre et responsable, est fait pour agir de lui-même. La perfection de la société serait la coexistence d'une pleine liberté, en constante harmonie avec l'autorité du gouvernement. Si l'homme n'eût pas péché, telle eût été la parfaite évolution de l'ordre social. Depuis que la révolte a modifié profondément les conditions de la vie humaine, les luttes, les divisions se voient partout. Le problème est d'atténuer ces divisions, de concilier l'ordre avec la liberté. L'autorité n'a d'autre mission que de mettre la liberté dans l'ordre. A mesure que la liberté se rattachera plus étroitement au Christ et à l'autorité de l'Eglise, l'action coërcitive du pouvoir temporel sera moins nécessaire ; la société sera plus proche de cet état d'harmonie où la spontanéité des développements des aptitudes individuelles se conciliera avec l'action bienfaisante du pouvoir.

En règle générale, où la liberté est assez droite pour se suffire, c'est d'elle qu'il faut attendre le progrès ; le concours de l'autorité n'est nécessaire qu'en raison inverse de l'énergie et de la rectitude des forces propres de la liberté.

Le principe du renoncement imprime à la liberté une direction précieuse, en tout ce qui tient à la production et à la répartition des richesses ; il donne l'aisance au grand nombre ; il réalise toute la perfection possible dans la prospérité matérielle.

C'est du travail que tout relève dans cet ordre ; exposer les lois de l'ordre matériel, c'est exposer les lois du travail. Définir le travail, marquer ses caractères, déterminer les conditions de sa fécondité, c'est le premier soin du savant créateur de l'économie politique chrétienne.

Si l'œuvre du travail s'accomplit collectivement, c'est par la division du travail que s'accomplit la coopération. Par suite de cette division, chaque ouvrier concentre ses efforts sur la création d'un seul produit. Il faut donc que chaque producteur demande, à l'échange, les choses diverses qu'il ne crée pas et que réclament ses besoins. Notre auteur étudie le mécanisme des échanges, montre comment ils se règlent sous les lois de liberté et de propriété.

L'homme possède une certaine puissance de multiplier la richesse, mais cette puissance a des limites. On n'a pas encore vu un peuple qui ait su et pu produire tout ce dont il pouvait avoir besoin. Partout inégalité des conditions, partout partage des populations entre la pauvreté et la richesse. De là l'effroyable question de la misère.

Avant d'aborder cette question, il faut déterminer les règles du revenu. Les libres déterminations de l'homme peuvent modifier ces règles ; cependant les principes de propriété et de liberté engendrent, d'après les lois immuables de l'ordre matériel, un ensemble de faits généraux et constants, qui président à la distribution des richesses. Notre auteur dégage ces lois.

Mais cette affreuse misère, quelles en sont les causes, quels sont les moyens de la combattre. C'est ici qu'apparaît l'influence de l'ordre moral sur l'ordre matériel ; c'est ici qu'éclate la puissance sociale du christianisme.

De la constatation de la misère dans ses causes et dans ses effets ressort la nécessité de la charité. En vertu du droit de propriété, la distribution des richesses s'effectue selon les règles de la stricte justice. Mais la justice ne peut parer ni aux accidents naturels, ni aux écarts de conduite, ni à ces funestes complications, qui vont quelquefois jusqu'à la détresse. On ne poursuit cette justice rigoureuse qu'au détriment de la liberté, en renversant l'ordre nécessaire des sociétés humaines. De la liberté et de la responsabilité naissent des misères sans remède, si la liberté ne suscitait l'assistance de la charité. Qui oserait dire qu'un ordre social serait complet, même au point de vue matériel, s'il ne possède cette force d'amour et de liberté, par laquelle les possesseurs du superflu en font part à ceux qui n'ont pas su se procurer le nécessaire. On ne peut déterminer la prospérité matérielle d'un peuple sans faire appel à la charité. Au même titre que les lois qui président à la production et à la circulation des richesses, elle procure au grand nombre le nécessaire, dont tout homme, sous peine de résolution du pacte social, doit être assuré.

La révolution de 89 a mis fin au régime féodal ; elle a mis, en place, un régime de liberté, de justice égalitaire, qui doit avoir, dans la charité chrétienne, son complément indispensable. L'impiété systématique la fit dévier dès le commencement ; par suite, elle n'a produit que désordre, corruption systématique, misère légale, antagonisme des classes, menace d'une nouvelle révolution. Nous en aurons la preuve en interrogeant les principaux phénomènes de l'économie sociale.

Depuis un siècle, la France a été livrée à l'anarchie des forces économiques. La division du travail a centuplé les produits, l'art a fait des progrès, l'ouvrier, par la baisse des salaires et la diminution de ses aptitudes, rétrograde. La concurrence est la loi du marché, le sel du travail, le condiment de l'échange ; mais la concurrence, dépourvue de formes légales et de raison régulatrice, s'est exercée par l'exclusion du travailleur et n'a produit qu'une aristocratie mercantile, mille fois plus rapace que l'aristocratie nobiliaire. La classe ouvrière est livrée corps et âme au démon de l'industrialisme. Le crédit, élément vital de circulation, tombé aux mains de la ploutocratie, agiote sur les produits, accapare le numéraire, inféode les peuples chrétiens au capitalisme et à la juiverie. Tant et si bien qu'aujourd'hui, ceux dont le travail crée toutes choses, ne peuvent ni acheter leurs propres produits, ni s'en procurer les jouissances. La Révolution a promis le paradis terrestre. Tout au contraire, dans le système actuel du crédit, avec la désorganisation croissante des forces économiques, l'ouvrier, en travaillant davantage, est toujours plus pauvre, et le bourgeois, sans travailler, est toujours plus riche. Toussenel a dit le mot propre : Le Juif est le *roi* de l'époque ; et Drumont en a fourni la preuve en décrivant l'état de la *France juive*.

Le gouvernement est l'organe actif de la société et la constitution de l'État. En faisant passer à l'État l'absolutisme de l'ancien régime, la société lui a conféré l'omnipotence qu'elle exerce par le centralisme administratif et la bureaucratie. Plus les services se compliquent, plus les fonctions se multiplient, plus l'État grossit son budget pour affirmer son crédit. De plus, par l'ambition insensée de faire ici-bas un *Eldorado*, le pays de la jouissance absolue, on a mis, au service des travaux utilitaires, la puissance financière de l'État. Avant 89, la royauté dépensait par an 650 millions. De 1878 à 1886, la république a dépensé trente-sept milliards. Son budget ordinaire s'achemine vers quatre milliards ; son armée voudrait atteindre deux millions d'hommes. Avec le système combiné des dépenses croissantes et du grossissement des armées, nous arrivons à un état social qui ruine et qui menace d'exterminer.

De plus, il faut noter que la plupart de ces améliorations par travaux publics sont au bénéfice, à peu près exclusif, des classes riches, de la bancocratie. C'est une aggravation en sens contraire ; ici plus de richesses ; là un plus effrayant paupérisme.

La crise que traverse l'Europe est solennelle. Demeurera-t-elle chrétienne, retournera-t-elle au paganisme ? La vie matérielle étant toujours subordonnée à la vie morale, toute violation de l'ordre moral entraîne une perturbation dans l'ordre matériel. Chaque jour l'existence de tous est en question. Ceux que la vie morale touche le moins, s'alarment pour leur bien-être. En même temps que la passion fait, de la richesse, l'intérêt capital, la crainte de voir les jouissances compromises par les attentats de la cupidité, oblige à consolider la pierre fondamentale de l'édifice de la prospérité matérielle.

C'est ainsi que le problème de la richesse est devenu la grande, presque l'unique question du jour. Les hommes n'ont voulu croire qu'à la richesse ; mais ils voient qu'il faut trembler pour sa possession. La Providence paraît vouloir sauver notre société de ses fautes, par ses fautes mêmes. Bon gré, mal gré, il faut revenir à l'Evangile, à ses doctrines, à ses pratiques, à ses vertus de renoncement. Par la force des événements, Dieu rentre dans la politique, dont on voulait l'exclure sans retard ; il y rentre par la nécessité de plus en plus évidente du sacrifice, pour assurer l'ordre, la paix, le progrès des nations.

Tel est, en substance, le capital ouvrage de Charles Périn sur la science de la richesse. Economiste, il expose, comme tous les économistes, la production, la distribution et la consommation régulière des produits du travail. Mais, par principe de foi, par une conception vraiment géniale et un esprit profondément compréhensif, il ajoute, à chaque chapitre, des correctifs ou des agrandissements, qui conjurent les périls, et les remplacent par les bienfaits. La division du travail amène toujours les progrès de l'industrie, mais ne ruine plus le travailleur. La concurrence entretient toujours une nécessaire émulation, mais elle ne désole plus les populations ouvrières. Les machines simplifient toujours le travail, mais elles ne jettent plus les masses laborieuses sur le pavé. Le crédit distribue utilement les capitaux, mais ne mange plus, comme le Minotaure, la chair humaine. Sous un régime égalitaire, la justice, partout respectée, trouve, dans la charité chrétienne, ses compléments.

Tel est ce livre. C'est l'application de l'Evangile, fait par l'Eglise, à l'ordre matériel ; c'est la doctrine et la grâce de Jésus-Christ appliquées, par le renoncement et la charité, au pro-

blème démocratique du xx° siècle. « Ce siècle, avait dit le
cardinal Manning, appartiendra non aux capitalistes, ni à la
bourgeoisie, mais *au peuple*. » — « Je ne vois partout, disait
Montalembert, que flots populaires s'amonceler ; je vois ce déluge monter, monter toujours. Je ne m'en effraie pas comme
chrétien ; en même temps que le déluge, je vois l'arche. Sur
cet immense océan de la démocratie, l'Eglise catholique porte
l'avenir du monde. Vous pouvez rester sur ce vaisseau sans
défiance ; il ne sera pas englouti. L'Eglise catholique seule a
la boussole qui ne varie pas, l'Evangile ; et le pilote qui ne
fait jamais défaut, le Pontife romain. »

C'est surtout par ce grand ouvrage sur la richesse que
Charles Périn est le créateur de l'économie politique chrétienne, le bienfaiteur de son siècle, l'honneur de son pays.

XXII

En ces temps de foi vacillante, où les classes lettrées vivent principalement de préjugés et de théories, Charles Périn, après avoir formulé les lois de l'*économie* politique chrétienne, voulut écrire un ouvrage analogue sur les lois *politiques* de la société chrétienne, et cet ouvrage, il voulut l'écrire en tenant des faits un compte rigoureux, mais en les subordonnant aux dogmes de la croyance catholique.

Une conviction profonde sur les principes et le sentiment exact du péril suprême où courent les sociétés qui les oublient, lui inspirèrent la pensée d'exposer, dans leur simplicité juridique, ce que Bonald appelait les lois naturelles de l'ordre social. Ces lois ne sont autres que les lois de la vie chrétienne ; car l'homme n'a pas en lui deux consciences et la morale publique, sauf les divers degrés d'application, ne diffère pas en principe de la morale privée.

Mais ce n'est pas assez, en matière sociale, d'avoir reconnu et caractérisé les grandes lois de l'ordre moral. Il faut encore rechercher quelles sont, dans la vie publique et dans la vie privée, les institutions qui répondent le mieux à ces lois. Il faut voir comment, sous l'empire absolu des principes, l'homme dispose, suivant la diversité des mœurs et l'avancement des sociétés, de toutes les choses que Dieu laisse sous la haute juridiction de sa liberté.

C'est ce que nous appelons la politique ou le gouvernement des Etats. En abordant ces principes, l'auteur évite avec soin de confondre le relatif avec l'absolu. Dans la vie sociale, il s'attache à distinguer ce qui reste de ce qui passe, ce qui doit se retrouver partout, de ce qui varie suivant les temps, les lieux et les circonstances. Sans cette nécessaire distinction, vous devriez craindre, surtout à notre époque, de jeter de la défaveur sur les principes, en couvrant de l'inviolabilité qui leur est due, certaines formes de rapports sociaux qui varient et qui parfois dépendent des degrés de latitude.

Pour abondance de preuve, il faut placer les faits à côté des principes. En montrant ce que furent les nations chrétiennes, malgré leurs fréquentes défaillances, il faut chercher à faire comprendre ce que pourrait être une société, pratiquement fidèle, à la loi de l'Eglise et aux inspirations de la Chaire Apostolique. Par un instinctif rapprochement, on peut voir ce que deviennent les nations qui n'ont jamais connu ces lois, ou qui, les ayant respectées, les méprisent. Rien n'est plus décisif pour éclairer l'avenir, et nous faire prévoir les calamités auxquelles s'expose un ordre social, où l'homme serait tout, où Dieu ne serait rien.

L'auteur, foncièrement catholique, affirme tout ce que l'Eglise enseigne et remplit avec joie les devoirs qu'elle impose à ses fils. « Je ne comprendrais pas, dit-il dans son avant-propos, qu'aujourd'hui, au milieu des luttes les plus formidables, engagées entre le bien et le mal, on cherchât à atténuer la vérité ou à la voiler. Gagne-t-on les batailles en désertant son drapeau et en cachant ses armes ? Le monde, ébranlé par les assauts de la Révolution, n'a pas trop de toute la puissance de la vérité pour se défendre. » Ce sont les fortes doctrines qui font les grands courages.

Dans la science politique, le premier fait à constater, c'est l'existence universelle et permanente d'une société publique. L'homme vient de Dieu et doit retourner à Dieu. Dans son passage sur la terre, il naît, vit et meurt dans une société. « L'homme naît bon, disait Rousseau ; c'est la société qui le déprave » ; et, conséquent avec lui-même, ce romancier de l'état sauvage prétendait que pour se corriger de ses vices, il suffirait de fuir la compagnie de ses semblables. On ne discute plus, aujourd'hui, les solennelles âneries du sophiste de Ge . L'homme n'a pu naître, se conserver, atteindre son développement que dans la société domestique et sous la protection d'une société plus grande. Il y tient par son esprit, par son cœur, par sa vie morale autant que par sa vie matérielle.

La société est un fait universel et primitif : fait que nul homme n'a pu créer, puisque sans elle, nul homme ne serait ; fait antérieur à toute combinaison humaine, institué par la volonté supérieure de Dieu, réglé par une loi divine indépendante de ceux qu'elle assujettit. Et cette loi est vraiment naturelle, puisque c'est l'auteur même de la nature qui l'a portée et qu'elle prend sa source dans l'acte créateur que lui assigne sa constitution.

Toute société est une réunion d'êtres libres, dont les forces tendent, par leur action propre, à une fin commune. C'est par la concorde des intelligences et des volontés, sous la direction du pouvoir, que la société réalise le bien des individus qui la composent, qu'elle assure en même temps sa conservation et son perfectionnement. L'unité dans la diversité, tel est le trait dominant de la vie sociale ; la solidarité en fait le fond.

L'homme appartient ici-bas simultanément à trois sociétés : à la société spirituelle d'abord, puis, dans l'ordre temporel, à la famille et à la société civile.

La société des âmes avec Dieu et des âmes entre elles est la plus nécessaire et la plus haute des sociétés. C'est là que l'unité règne dans toute sa force, par la puissance de la vérité. Là, sous l'empire de la loi qui régit les consciences, toutes les volontés se soumettent à la volonté de Dieu. Là, par une impulsion qui dépasse les commandements, la charité rapproche tous les cœurs. Là, le pouvoir vient directement de Dieu et parle en son nom. Là, Dieu lui-même se communique aux âmes et les constitue par lui-même, en une sainte unité.

Dans la société temporelle, l'unité n'est pas si rigoureuse. Le pouvoir, sans doute, vient de Dieu et c'est pour obéir à Dieu qu'on lui est soumis ; mais il ne vient de Dieu qu'indirectement et ses préceptes n'ont pas prise aussi immédiate sur les âmes. Par la nature des choses, le lien qui rattache les hommes, sur le terrain des intérêts, ne les lie qu'imparfaitement. Dans la société domestique et dans la société publique, se trouve également un pouvoir : plus doux, plus aimé, mieux obéi dans la famille ; plus craint, plus respecté, plus redoutable dans la société politique. Dans l'un comme dans l'autre, il assure l'unité de la vie par l'unité de commandement et doit tout ramener au bien spirituel, à la gloire de Dieu.

Le but, la fin suprême de la société temporelle, c'est de conduire les hommes, par l'ordre imparfait de la vie présente, à l'ordre parfait de la vie à venir. En toute société, c'est l'ordre spirituel qui est le premier et qui soutient tout. L'ordre moral est fondé sur l'ordre spirituel et ne s'obtient que par le respect des lois de l'Eglise et de ses institutions. L'ordre matériel est, pour les sociétés humaines, inséparable de l'ordre moral, d'où il tire sa raison d'être et sa puissance. Les biens matériels n'ont de valeur qu'autant qu'ils aident l'homme à se perfectionner dans l'ordre moral. D'ailleurs, pour les produire, il faut que l'homme fasse acte d'intelligence, de volonté et d'énergie. Les biens matériels ne sont donc biens qu'autant qu'ils rapprochent l'homme de Dieu, bien suprême et fin dernière de tous les êtres.

La société, c'est tout le monde. Dans cette masse tous ont une destinée égale et un égal intérêt. Les grands possèdent plus de biens, ont plus de devoirs. Il faut qu'ils emploient bien les dons qui établissent leur supériorité. De plus, par son action collective, la société doit garantir, aux classes populaires, ces libertés et cette assistance que réclame l'éminente dignité des pauvres. Enfin tout cet ensemble d'efforts, de labeurs, de conquêtes, dont l'individu et la communauté profitent également, tout cela forme comme le fond de roulement d'une société. L'ordre social et l'ordre politique se touchent par tous les points.

La société actuelle date de loin. L'humanité a commencé par la famille et s'est constituée d'abord sous la forme domestique. Croissant sous la bénédiction divine, les familles réunies ont formé la tribu; la tribu a bâti la cité. La cité, par son extension naturelle, devient nation; les nations constituent l'humanité. « Il s'élève, dit le vicomte de Bonald, au-dessus des familles, en vertu des lois générales et nécessaires de la conservation du genre humain, un être qui a le pouvoir de soumettre à un ordre général de devoirs, c'est-à-dire aux lois d'une constitution et à l'action d'une administration, les sociétés partielles et diverses. Cet état est appelé l'état général ou public de société, qui est formé de plusieurs sociétés particulières ou domestiques; et ces familles réunies en un corps forment une *nation* sous le rapport de la communauté d'origine, un *peuple* sous le rapport de la communauté de territoire, un *État* sous le rapport de la communauté des lois [1]. »

« La société domestique, dit saint Thomas, ne se suffisait pas à elle-même; c'est une nécessité, résultant de la nature des choses, que le genre humain vive dans la communauté politique, laquelle est formée de la réunion de plusieurs familles. La raison en est que nulle famille isolée ne peut avoir à elle seule tous les *arts* et tous les *métiers* nécessaires à la vie humaine; et que, moins encore, peut-elle trouver en elle-

---

[1] *Législation primitive*, lib. III, ch. IX.

même la *connaissance* de toutes les choses qu'il est nécessaire qu'elle connaisse [1]. » En termes moins philosophiques, l'arbrisseau devient arbre ; l'enfant devient homme ; la famille devient société.

Le propre de l'économie sociale et de la société politique est de changer sans cesse suivant les temps, les lieux et les circonstances ; mais en se conformant à la loi de Dieu. Aujourd'hui la révolution prend le contrepied ; d'après sa théorie du progrès, elle prétend renverser les fondements antiques et donner à la vie humaine une forme nouvelle, créer un monde nouveau. Cette révolution date de Rousseau ; elle s'est appelée Saint-Simon, Fourier ; elle s'appelle aujourd'hui le socialisme. L'école socialiste nie tout ce qu'affirme le christianisme et réhabilite tout ce que l'Evangile réprouve. « Le christianisme, dit Périn, affirme Dieu ; le socialisme ne veut entendre parler que de l'homme et de sa toute-puissance. Le christianisme fonde tout sur la foi et sur l'obéissance à la loi divine ; le socialisme n'a de principe que la raison souveraine et de règle que la justice immanente de l'humanité. Le christianisme impose le sacrifice et la mortification, tandis que le socialisme réhabilite la chair et proclame le droit à la jouissance. Le christianisme fait, de la charité, la loi suprême de l'ordre social ; il n'admet pas que la justice puisse en être séparée ; le socialisme, au contraire, ne reconnaît d'autre loi des relations sociales que la stricte justice, dont il place le principe dans la conscience humaine, et il repousse toute intervention de la charité, qu'il regarde comme attentatoire à la liberté et à la dignité de l'homme [2]. »

C'est contre ce cyclone d'aveuglement, d'injustice et de fureurs que Charles Périn dresse, comme une pyramide préservatrice, son superbe ouvrage des *lois de la société chrétienne*. Ch. Périn est le Domat de la civilisation catholique.

[1] *De regimine principum*, lib. I, cap. I.
[2] *Les lois de la société chrétienne*, t. I, p. 464.

A ses yeux, la loi souveraine de la vie sociale, c'est que la charité soit la perfection de la justice. En unissant l'homme à Dieu, la charité l'unit à la loi vivante. Elle l'unit, de plus en plus, par cela même, à tous les autres hommes, dans la vérité des rapports par lesquels la volonté créatrice les a liés les uns aux autres. La charité parfaite met l'ordre parfait dans la société humaine; elle est le principe de cette solidarité étroite, intime, par laquelle tous vont, d'une même volonté, à l'accomplissement d'une même destinée.

Mais l'homme est fragile, sa volonté est faible, souvent incapable des grands sacrifices de la charité. Là où la charité manque, il faut, pour maintenir la société dans l'ordre, que les pouvoirs humains assurent, par la puissance du glaive, le règne de la justice.

La pratique méritoire de la charité et de la justice a, pour condition d'existence, la liberté. La liberté n'est pas le droit de tout faire impunément. « Les théoriciens, dit Jules Simon, qui croient servir la liberté en demandant la liberté absolue et sans limites, se confondent dans leur pensée, car la liberté de tout faire est la négation de la liberté, la négation de la société, la négation de l'humanité. « La liberté du mal est, parmi nous, de fait; elle peut être, dans une certaine mesure, un objet de tolérance; jamais elle ne peut être un droit. « La liberté, dit Montesquieu, ne peut consister qu'à pouvoir faire ce que l'on doit vouloir et à n'être pas contraint de faire ce que l'on ne doit point vouloir. » Et saint Thomas : « Que le libre arbitre puisse choisir entre divers partis, en conservant l'ordre de la fin, c'est ce qui constitue la *perfection* de la liberté. Mais de pouvoir faire son choix en s'écartant de cet ordre, ceci n'est plus que l'*imperfection* de la liberté [1]. »

Cette loi naturelle reçoit de son auteur la sanction qui en fait l'efficacité. Faute de sanction, ni la justice ne serait satisfaite, ni l'ordre ne serait garanti. Par la peine, l'équilibre de

[1] SIMON, *La liberté*, t. I, p. 211.

la justice est rétabli. Au coupable, qui a mis sa volonté au
dessus de la volonté de Dieu, la justice impose un châtiment
qui afflige sa volonté et le ramène à l'ordre.

D'ailleurs, ce n'est pas seulement par la crainte que Dieu
sollicite l'homme au respect ; c'est bien plus par l'amour. Si
la charité était parfaite, toute justice serait accomplie par la
soumission spontanée de tous à toutes les volontés divines.
Mais, dans la masse de l'humanité, maintes raisons sont susceptibles d'égarement ; les inclinations vicieuses de la nature
les obscurcissent ; la volonté pervertie fait dévier l'intelligence
du droit chemin de la vérité. C'est pourquoi Dieu a donné
aux hommes, la vérité révélée et l'assistance de l'Eglise.

Par la révélation et par l'infaillible interprétation de
l'Eglise, la loi divine a revêtu le caractère positif que doit
avoir toute loi destinée à régir en détail les actions humaines.
L'Eglise facilite la pleine observation de la loi, en fixant ses
termes et en déterminant sa portée ; elle la procure aussi en
versant, dans les âmes, par les sacrements, cette force souveraine de la charité, sans laquelle rien dans les œuvres
n'est fécond, ni durable.

La raison moderne se révolte contre ces oracles. Selon
elle, l'homme doit être libre, d'une liberté absolue, sans
limite et sans contrôle. La conscience est autonome ; il n'y a
point de législateur divin ; la loi et celui qu'elle oblige ne
font qu'un. Il n'y a plus que la science qui éclaire l'homme
sur la portée de ses actes. « Il faut que la science, dit Vache-
rot, suffise à tout, à la théologie, à la morale ; il faut que
l'unité se fasse dans la société des esprits sans contrainte et
sans discipline ! Telle est la vraie autorité, la vraie loi, celle
qui parle au fond des esprits et des cœurs. » Mais alors où
est le frein des passions ? Rejeter la loi divine, c'est consentir
à la toute-puissance de la vie humaine et laisser toute latitude
aux mauvais instincts.

La loi divine se précise, s'interprète et s'applique par la loi
humaine. Après Dieu, l'homme est législateur ; pour l'ordre

moral comme pour l'ordre matériel, il a achevé, en quelque sorte, l'œuvre de la création. Dieu lui a conféré, suivant la mesure de sa nature finie, le pouvoir de déterminer les rapports de la vie terrestre et de tracer la voie par laquelle peut être atteinte la fin de la société temporelle. A la société, il faut donc un organe, un instrument d'action, le *pouvoir*.

La société est d'origine divine : le pouvoir sans lequel elle ne saurait ni se former, ni se perpétuer, dérive de la même source. Dieu, en créant la société, a créé le pouvoir, car l'une ne saurait être sans l'autre. Le pouvoir est divin, non seulement parce qu'il vient de Dieu ; mais encore parce qu'il est institué pour conserver la société, en y faisant régner l'ordre établi de Dieu. Le pouvoir est le ministre de Dieu pour le bien ; il est divin par sa fonction, autant que par son origine.

A la différence de l'Eglise, qui est instituée directement par Dieu, le pouvoir, dans la société civile, ne vient de Dieu qu'indirectement par les hommes. Ce n'est ni à une seule personne, ni à un corps distinct de la communauté que Dieu a lui-même conféré le pouvoir ; il l'a donné à la communauté, à tout le corps du peuple. Les dépositaires du pouvoir ne le reçoivent de Dieu que par voie indirecte, par la délégation de la société.

Dieu qui a créé les hommes d'une même argile et qui a mis dans leur âme son image, n'a pas établi entre eux tant de distinction, pour faire, d'un côté, des orgueilleux, de l'autre, des misérables. Il n'a fait les grands que pour protéger les petits ; il n'a donné sa puissance aux rois, que pour procurer le bien public et pour être le support du peuple. Les pouvoirs chrétiens ne cherchent qu'à faire leur devoir. Par la voie austère du sacrifice, ils atteignent au sommet de la gloire humaine. « La passion pour la gloire, dit saint Thomas, éteint toute grandeur d'âme. Celui qui cherche la faveur des hommes est obligé de se soumettre à leur volonté. Cherchant à plaire à tous, il se fait l'esclave de chacun » (*De Regim. Princ.*).

Au-dessus de l'ordre temporel, il y a l'ordre spirituel. Sans ordre spirituel, il ne peut y avoir de société. La religion n'est pas moins nécessaire aux sociétés que l'âme au corps. Comme l'âme, suivant la pensée de saint Thomas, informe le corps, ainsi le principe spirituel informe la société humaine. Vico s'inspirait de cette grande doctrine, quand il disait : « Si la religion se perd parmi les peuples, il ne leur reste plus moyen de vivre en société. Ils perdent en même temps le lieu, le fondement, le rempart de l'état social, la forme même de peuple »[1].

Les païens sont, en ce point, d'accord avec les chrétiens. Il a fallu la révolte systématique contre toutes les lois naturelles, contre toutes les traditions de la race humaine, pour jeter dans le monde l'idée d'une société sans Dieu.

En toute société, il y a deux puissances : la puissance spirituelle régit les choses humaines en vue de leur fin ultra-mondaine ; la puissance temporelle a pour objet les intérêts de la vie présente. L'ordre spirituel et l'ordre temporel se compénètrent sur tous les points de leur existence sociale. Les puissances qui les gouvernent doivent combiner leur action, de manière à conduire les hommes pour l'accomplissement intégral de leur destinée. Entre ces deux puissances, il doit s'établir une concorde, sous la loi d'une nécessaire subordination.

Les pouvoirs publics qui gouvernent les peuples chrétiens doivent, à l'Eglise, deux choses : une parfaite liberté d'action, une parfaite reconnaissance de ses droits et un concours positif par une assistance directe et une coopération effective.

Dans la société civile, il ne suffit pas de reconnaître le pouvoir en principe, il faut, en fait, le distribuer suivant un ordre de *hiérarchie*.

Il y a une hiérarchie *politique*, un ordre de commandement

---

[1] MICHELET, *Philosophie de l'histoire*, liv. V, ch. VI.

et d'obéissance, auquel répond un ordre de pouvoirs tellement distribués, que, par l'action du souverain jusqu'au dernier des administrés, le droit soit partout respecté, l'autorité obéie, la liberté garantie.

Il y a aussi une hiérarchie *sociale*, un ordre d'impulsion, de direction dans les choses de la vie privée, ordre par lequel l'unité se maintien au milieu des expansions diverses de l'activité humaine, et par lequel est assurée la distribution régulière des forces et des fonctions sociales. La famille a sa hiérarchie instituée de Dieu ; l'agriculture, l'industrie, le commerce ont leur organisation et leur gouvernement. Partout il y a des chefs et des guides, des hommes qui commandent soit par le droit, soit par l'influence, et d'autres hommes qui suivent, qui obéissent à l'impulsion.

Les hiérarchies politique et sociale ne doivent point entreprendre contre les *libertés*, mais plutôt les garantir. Les libertés sociales ne sont autres que l'ensemble des droits par lesquels les hommes se trouvent garantis, pour l'accomplissement de leurs devoirs, contre l'arbitraire des gouvernements. Les libertés sociales sont comme la clef de voute de tout système politique. Toute l'organisation politique ne doit avoir d'autre but que d'assurer, à chaque personne, la liberté d'accomplir leur destinée, en accomplissant la loi de Dieu. Il n'y a de liberté saine dans l'ordre politique, que quand les institutions sont combinées de manière à opposer un obstacle aux attentats contre la liberté naturelle, de tendre, de toutes nos forces, à la réalisation de notre fin. Libre dans sa pensée et dans sa conscience, tout homme l'est ; libre dans la manifestation active de sa personnalité, tel est le bien que doivent assurer les libertés sociales.

Ces libertés sont garanties par la *propriété*. L'homme n'est vraiment libre que s'il peut disposer des fruits de son travail, ainsi que des produits du travail de ceux dont, par communauté de sang ou liens d'affection, il continue la personne. Sans la propriété le travail languit ; le travailleur ne peut plus compter sur les fruits de sa peine. Ôter à l'homme le bien que lui a conquis le travail de ses auteurs, c'est constituer une sorte d'esclavage rétroactif. Lui ôter la certitude de jouir, c'est détruire la liberté dans l'avenir, par la perte des avantages de son développement.

La propriété doit avoir, pour correctif, la charité, autrement elle constituerait l'esclavage. La propriété trouve naturellement un autre correctif dans l'association. Par association, nous n'entendons, ici, ni la famille, ni la société publique, ni l'Eglise, associations d'institution divine, à des titres divers. Les autres associations, formées par les hommes entre eux pour décupler leurs forces, sont secondaires et libres; l'homme peut leur donner ou leur refuser son concours. Néanmoins, elles sont dans l'ordre naturel de la vie humaine. On les voit se multiplier chez les différents peuples, en proportion de l'intelligence qu'ils ont des fins de l'homme en ce monde et de l'énergie avec laquelle ils poursuivent ces fins. La société révolutionnaire n'en veut pas; elle n'admet que l'Etat, forme naturelle de la toute-puissance collective, machine à concasser toutes les initiatives individuelles. Invention fausse et funeste, qui n'est, au fond, que tyrannie.

Les instincts de l'homme sont plus forts que ce despotisme. « La coutume est notre nature », disait Pascal. L'attachement aux croyances, aux mœurs, aux institutions, est un sentiment naturel et un devoir. Pour voguer en paix vers l'avenir, il faut s'embarquer sur le vaisseau de la tradition.

Ces lois de la société chrétienne posées, Charles Périn s'occupe de la constitution catholique de cette société, par le menu détail. D'abord il s'occupe des institutions politiques, des lois fondamentales, des libertés nécessaires; ensuite il traite des formes de gouvernement, autocratie, césarisme, monarchie représentative, république parlementaire; enfin il appuie sur les différentes forces de la société, aristocratie, bourgeoisie, démocratie; même il détermine les conditions de la représentation nationale sous ses diverses formes et ses divers régimes. A la fin, il prononce le grand nom de la royauté. Je tiens à le citer textuellement :

« Le plus digne, le plus modéré, le plus sûr, le meilleur, en un mot, des gouvernements, est le gouvernement royal. Mieux qu'aucun autre, il garantit à la société, l'unité, la stabilité, la liberté.

« Ceci s'entend de la royauté chrétienne, laquelle mérite seule, à proprement parler, le nom de gouvernement royal. On peut rencontrer, dans certaines sociétés, le pouvoir d'un seul, c'est-à-dire une certaine forme de monarchie, sans qu'il y ait, en ces sociétés, rien de la royauté véritable. Le césarisme s'exerce d'ordinaire par la domination d'un seul; mais il repose sur un principe d'absolutisme qui répugne à la royauté.

« La royauté donne, à une nation, l'unité dans la vie historique. Le peuple se personnifie en quelque manière par sa dynastie. Dans ses monarques, il se retrouve lui-même, à travers la succession de ses générations. Le roi est d'ailleurs le centre autour duquel se meuvent toutes les forces de la vie publique. En lui réside la puissance modératrice qui maintient chaque chose à sa place et donne la règle à toute activité. C'est par l'unité du commandement monarchique que les lois sont uniformément et fermement exécutées ; que tous les intérêts particuliers sont ramenés à l'intérêt général; que la force légitime a constamment raison des expansions inconsidérées ou coupables de la liberté des individus. C'est aussi par le monarque que la nation se montre aux autres nations avec toute sa grandeur et qu'elle déploie vis-à-vis d'elles toute sa puissance.

« La stabilité de l'institution monarchique fait la stabilité politique du peuple. La royauté est essentiellement héréditaire. Une royauté, soumise à l'élection, n'est qu'une ombre de royauté; elle ne donne qu'un repos précaire, périodiquement compromis par l'explosion des passions et par les brigues des partis. Le monarque héréditaire est le gardien de toute la tradition politique de l'Etat ; il est plus intéressé que personne à le préserver des atteintes de l'inconstance et des emportements populaires. La grandeur de l'Etat, c'est sa dynastie, et sa dynastie, c'est lui-même. « Nos enfants, disait Louis XIV, demeurent après nous sur le trône, nous laissent, pour ainsi dire, un intérêt immortel dans la solidité des établissements que nous faisons, et semblent nous obliger par un nouveau titre à mesurer nos soins à la durée de notre postérité [1]. »

Vivre en société est la condition naturelle de l'homme. L'homme naît dans une famille et se développe au sein d'une nation. Les nations, rattachées les unes aux autres par toutes les solidarités de l'ordre moral et de l'ordre matériel, forment cette vaste société des hommes de toute race et de toute langue qu'ont aperçue tous les grands esprits, qu'ont désirée toutes les âmes généreuses, à laquelle le Christ lui-même nous convie lorsqu'il nous parle du bercail unique, gouverné par le pasteur unique, mais que la révolte des passions contre l'autorité de son Eglise a rendue jusqu'à présent impossible. Notre auteur a encore, là-dessus, quelques chapitres sur les lois des nations, sur la paix et la guerre, sur la constitution des peuples au sein de la chrétienté. Nous retrouverons, plus à propos, toutes ces questions, en parlant d'un autre ouvrage sur l'*ordre international*.

Tous les âges ont eu le pressentiment d'une grande unité qui embrasserait toute la race humaine. Le monde païen la demandait à la force ; le monde chrétien la demande aux principes qui établissent la communauté entre les esprits. Notre siècle, plus qu'un autre, en a l'idée et le désir ; et jamais pourtant les hommes n'ont plus travaillé, par leur incrédulité et leur orgueil, à la rendre impossible. Ils ne pourront y être conduits que par la justice et la charité du Christ,

[1] *Les lois de la société chrétienne*, t. II, p. 368.

dont l'Eglise catholique leur dispense la lumière et leur assure la grâce.

Le 1er février 1875, le grand Pontife Pie IX donnait, à cet ouvrage de notre héros, cette approbation qui défie toute objection et écarte tout subterfuge :

« Alors que la société civile estime que le progès de la civilisation, progrès qu'elle croit avoir atteint, demande qu'elle se constitue, se gouverne et se dirige en dehors de Dieu et de la religion de Dieu ; alors que par là, ayant démoli le fondement de la vie sociale, elle prépare sa dissolution ; c'est avec une très grande opportunité que vous lui avez remis en mémoire, par votre remarquable travail sur *les Lois de la Société chrétienne*, que la religion et la société humaine ont un même fondateur, que la loi du Juste est une et éternelle ; que cette loi a été édictée, aussi bien pour les hommes réunis en société que pour les hommes pris individuellement, et que, par conséquent, c'est de l'observance de cette loi une que les nations doivent attendre l'ordre, la prospérité, l'avancement.

« Difficile, certes, et d'un rude labeur est l'œuvre que vous avez entreprise ; mais, pour l'accomplir, vous avez été aidé tant par les sciences spéciales que, depuis longtemps déjà, vous enseignez avec un si grand succès, que par la force, la pénétration, le discernement de votre esprit, et surtout enfin par la religion, par une fermeté qu'aucune contradiction ne peut ébranler, par l'amour de la justice et par une soumission absolue aux lois de l'Eglise et au magistère de cette chaire de vérité.

« Aussi, bien que n'ayant pu parcourir que peu de pages de vos deux volumes, nous avons pensé qu'il était juste de louer la clarté et la liberté avec lesquelles vous exposez, expliquez et défendez les purs principes, et avec lesquelles, traitant de tout ce qui, dans les lois civiles, peut s'écarter de ces principes, vous condamnez certaines de ces déviations et vous enseignez que certaines autres, si elles ont été introduites sous l'empire des circonstances pour éviter des maux plus graves peuvent, à la vérité, être tolérées, mais non élevées à la dignité de droits, vu qu'il ne peut y avoir aucun droit contre les éternelles lois de la justice.

« Et plût à Dieu qu'ils le comprissent, ceux qui se vantent d'être catholiques, bien qu'ils adhèrent avec une telle opiniâtreté aux libertés de conscience, des cultes, de la presse et autres du même genre, proclamées par les révolutionnaires à la fin du siècle dernier, et constamment proscrites par l'Eglise, que non seulement ils prétendent qu'on doit les tolérer, mais encore qu'on doit les tenir pleinement pour des droits, et les favoriser et les défendre comme nécessaires à la condition présente des choses et à la marche du progrès : comme si ce qui est en opposition avec la vraie religion, ce qui fait l'homme autonome et l'affranchit de l'autorité divine, ce qui ouvre la voie large à toutes les erreurs et à la corruption pouvait rapporter aux nations prospérité, profit et gloire.

« Si les hommes de cette espèce n'avaient pas mis leur sens propre au-dessus des enseignements de l'Eglise; s'ils n'avaient pas ainsi, peut-être sans s'en rendre compte, tendu une main amie aux adversaires haineux de l'autorité religieuse et de l'autorité civile, s'ils n'avaient pas ainsi divisé les forces unies de la famille catholique, les machinations et l'audace des perturbateurs eussent été contenues, et les choses n'en seraient pas arrivées à ce point que le renversement de tout ordre est à craindre.

« Mais, bien qu'il n'y ait absolument rien à espérer de ces hommes qui ne veulent pas écouter l'Eglise, votre ouvrage fournira des forces et des armes à ceux dont les idées sont droites; il pourra éclairer ceux qui hésitent, relever et raffermir ceux qui chancellent. Pour vous qui, sans craindre le choc des opinions contraires, et méprisant les séductions de la faveur, avez librement écrit pour la vérité, vous ne manquerez pas de recevoir de Dieu la récompense que vous avez certainement méritée. Nous le prions, en attendant, de vous combler... »

Bien peu d'auteurs ont obtenu, du Saint-Siège, de plus explicites et de plus nobles témoignages. Après la production d'un tel document, toute réflexion est inutile et toute louange ne pourrait que pâlir.

XXIII

L'individu isolé a sa loi ; la famille a sa loi ; la tribu a sa loi ; la société a sa loi ; les sociétés entre elles ont également une loi, réglée par un droit sacré, produisant l'ordre international.

La question sociale est la grande préoccupation de notre temps. La multitude ne la découvre guère que dans l'ordre économique ; elle n'arrête son attention que sur la misère croissante qui envahit les régions du travail et sur les relations, chaque jour plus troublées, des ouvriers avec les patrons. C'est trop restreindre l'arène où se livre le grand combat, qui doit décider de l'avenir des peuples. L'existence politique des nations est aussi menacée que l'ordre économique ; et l'ordre international subit le contre-coup de tous les désordres intérieurs. Pour qui porte son regard seulement sur l'évolution des temps modernes, il est manifeste que l'Occident, après les invasions des barbares, n'était qu'une fourmilière de petits peuples. Ces peuples furent un temps contraints par la force externe de la monarchie militaire ; puis vint la féodalité qui éparpilla, sur la face de l'Europe, un nombre considérable de petites principautés. Petit à petit, sous l'influence de causes diverses, se formèrent des unités et s'agglomérèrent des races. Depuis trois siècles ce double phénomène se poursuit : d'un côté, les nations essaient de se fortifier à l'intérieur; de l'autre, elles visent à s'étendre au dehors et à envahir le monde. Ce travail gigantesque peut rétablir des sociétés aussi vastes que l'empire romain. Mais si vous regardez au cœur de ces colossales entreprises, vous verrez que le monde revient à Nemrod. Pendant que l'industrie embrasse le monde pour l'exploiter, la puissance militaire veut mettre la main dessus pour le voler. Nos hymnes au progrès, nos extases sur les expositions universelles des arts et de l'industrie, les visites des princes et leurs congrès offrent de réjouissantes apparences. Au fond, les peuples entre eux en sont aux exploits du brigandage. Les Etats-Unis trouvent à leur convenance d'enlever à l'Espagne Cuba et les Philippines; ils les enlèvent. L'Angleterre trouve bon de supprimer l'indépendance du Transvaal pour exploiter ses mines d'or; l'Angleterre supprime le Transvaal. On arrête encore le voleur, doublé d'un assassin qui vous attaque au coin d'un bois en criant : La bourse ou la vie; le gouvernement qui se porte au même attentat et qui vole un peuple, a fourni matière à la lyre des poètes et aux élucubrations des historiens. Le raisonnement du pirate à Alexandre est devenu un phénomène de la nouvelle civilisation ; c'est le retour des peuples aux pratiques des ogres. Les gros mangent les petits et ne s'en portent que mieux.

Ces horreurs reportent nos pensées sur les temps antiques. Sans parler des tueries des rois de Babylone, de Ninive, de Memphis et d'Ecbatane, Marius extermine, dans une seule bataille, deux cent mille Cimbres et Teutons. Mithridate fait égorger quatre-vingt mille Romains ; Sylla en tue quatre-vingt-dix mille. Puis les guerres civiles et les proscriptions. César, à lui seul, fait mourir sur le champ de bataille un million d'hommes ; Alexandre avait eu, avant lui, ce funeste honneur. Auguste ferme un instant le temple de Janus, puis le rouvre pour des siècles. Sous l'empire du doux Titus, six cent

mille hommes périssent au siège de Jérusalem. Sous Constantin, Licinius perd vingt mille hommes à Cibalée, trente-
quatre mille à Andrinople, cent à Chrysopolis. Les Goths, les
Huns, les Alains, les Vandales, les Lombards, les Francs
déchirent successivement l'empire. Attila met l'Europe à feu et
à sang. Les Francs lui tuent deux cent mille hommes à Châlons;
les Goths, l'année suivante, lui font essuyer une perte plus considérable. En moins d'un siècle, Rome est prise et saccagée
trois fois; dans une sédition à Constantinople, quarante mille
personnes sont égorgées. Les Goths s'emparent de Milan et y
tuent trois cent mille hommes. Totila fait massacrer les habi-
tants de Tivoli; et quatre-vingt mille hommes au sac de
Rome.

Mahomet paraît; le glaive et l'Alcoran parcourent les deux
tiers du globe. Les Sarrazins courent de l'Euphrate au Gua-
dalquivir; ils détruisent Syracuse de fond en comble; perdent
trente mille hommes près de Constantinople; et en voient
tomber vingt mille sous les coups de Pélage. Ce n'est rien;
le torrent vient s'offrir, près de Poitiers, à l'épée des Francs;
au milieu de trois cent mille cadavres, le fils du premier
Pépin attache à son nom l'épithète qui le distingue encore.
La lutte des chrétiens et des musulmans est, en Espagne, un
combat de huit siècles. Plusieurs batailles y coûtent, vingt,
trente, quarante et jusqu'à quatre-vingt mille vies.

Ces tueries nous donnent une idée de l'ordre international
des temps antiques. De prime abord, c'est le pillage, l'asservissement, l'extermination des hommes, l'anéantissement des
villes. La conquête du monde oriental par Alexandre n'est
plus une œuvre de dévastation; c'est une conquête par les
armes, sans doute, mais il s'y mêle un ombre d'humanité.
Les peuples recouvrent une indépendance que favorise le génie
hellénique. Des relations commerciales s'établissent entre
le monde pélasgique et des peuples qui, de l'Ethiopie à la Bac-
triane, formaient l'Orient. Rome, qui doit fondre dans l'unité
l'Orient et l'Occident, continue les traditions d'Alexandre. Le

monde romain est une sorte de fédération des peuples sur laquelle règne, comme arbitre souverain, armée du droit de contrainte par les armes, la cité qui s'est réservé le droit d'imposer la paix à ceux que la guerre lui a soumis.

Rome tombe. Les Wisigoths, les Francs, les Saxons, les Vandales s'emparent des provinces de l'empire d'Occident. A ce moment décisif, où le vieux monde finit et où se forme un monde nouveau, un grand Pape poursuit l'œuvre à laquelle ont travaillé ses prédécesseurs depuis Constantin et Théodose. Le cardinal Pitra, dans la préface de saint Léger, a tracé, du pontificat de saint Grégoire le Grand, un admirable tableau. Le Pape est le créateur de la civilisation chrétienne ; il inaugure le Moyen Age et prélude aux temps modernes. C'est lui qui fixe les principes du droit chrétien et jette les bases de la législation canonique. Les droits de Dieu trouvent, en ce saint pontife, un intrépide défenseur ; il réclame, pour l'Eglise qui les exerce, cette liberté spirituelle dont les pouvoirs humains se font trop facilement les adversaires, et qui est, pour les peuples, la source de tous les biens, la garantie de toutes les libertés.

« Par l'exercice de son autorité spirituelle, dit très noblement notre auteur, l'Eglise tendait à prendre le gouvernement moral de cette société, victime depuis si longtemps des caprices de la force. L'Eglise seule se trouvait pleinement et fortement organisée au milieu de ce monde en dissolution. Les pouvoirs temporels, qui avaient conscience de leur faiblesse, *appelaient eux-mêmes* l'intervention de l'autorité pontificale. On le vit bien lorsque Brunehaut et son petit-fils Théodoric sollicitèrent de saint Grégoire un exercice rigoureux de la justice ecclésiastique, contre les rois qui pouvaient être déclarés déchus, s'ils violaient les privilèges concédés à certaines institutions religieuses par le Saint-Siège. C'était donc sur la demande des *princes eux-mêmes* que s'introduisait cette juridiction du Pontife romain sur les souverains, qui deviendra, dans la société internationale catholique, une des premières, on peut dire la première de toutes les garanties de justice et d'ordre. Lorsque l'Eglise établissait ce tribunal pontifical devant lequel seront cités les peuples et les princes ; lorsque, dans ses conciles, elle délibérait sur des questions d'ordre temporel introduisant l'esprit d'équité et de charité chrétienne dans la législation moderne, elle répondait *à toutes les aspirations* politiques du temps [1] » et à tous les besoins des peuples.

Pépin le Bref constitue matériellement la chrétienté politique. La victoire place sous son autorité tous les Etats du continent européen, issus de la conquête barbare ; ceux mêmes que le chritianisme n'a qu'à peine envahis, cèdent à son influence. L'Eglise reconnaît en lui le chef des nations qu'elle a devoir de conduire dans les voies de Dieu ; elle répand l'onction sainte sur la tête de Pépin. Lui, par la donation au Pape des territoires qui formeront le patrimoine de saint Pierre, fonde cette souveraineté temporelle, sans laquelle manquerait de l'indépendance nécessaire l'autorité souveraine pour exercer, sur les peuples et sur les princes, le gouvernement.

Lorsqu'il mit sur la tête du fils de Pépin la couronne impériale, Léon III constitua la société des peuples chrétiens ; il conféra, à l'empereur, un pouvoir spécialement armé pour faire prévaloir la loi, portée au nom de Dieu, par le successeur de saint Pierre.

Un historien caractérise ainsi la constitution de l'empire catholique d'Occident. « Dans l'ordre spirituel, le titre d'empereur imposait à celui qui le portait la charge de défenseur de la sainte Eglise, et, dès lors, de tous les intérêts chrétiens, et, d'une manière particulière, de l'Eglise romaine, en sa qualité de patrice. Le caractère du nouvel empereur ne nous montre pas seulement une restauration de l'ancien empire d'Occident (encore moins une participation à l'empire grec de Byzance) ; mais un empire

---

[1] *L'ordre international,* p. 32.

nouveau, fondé sur des *bases* et avec des *éléments* d'un ordre plus élevé, en un mot, l'empire chrétien. Cet empire, inauguré par le Pape, nous présente tout l'Occident comme une grande confédération, dont l'empereur est le chef politique et dont le Pape est comme le *lien* et la *vie*. Tous les Etats catholiques, sans rien perdre de leurs droits souverains et de leur puissance, en font naturellement partie. Dans la nouvelle constitution sociale, tout s'élève. La souveraineté, n'importe sa forme locale, remonte à une origine divine. L'obéissance se divinise elle-même. La volonté de l'homme disparaît, et, avec elle, l'arbitraire et le despotisme. L'Eglise, dépositaire des lois divines, règle tout, et le Pape, son chef visible, devient l'arbitre surnaturel des nations, ainsi que des peuples eux-mêmes et de leurs chefs. Réunis sous cette puissance morale toute paternelle et protégés par son autorité, les peuples et les Etats ne forment plus qu'une vaste république; l'unité chrétienne et la fraternité catholique en forment les caractères. Il n'y a plus qu'un grand corps social qui est la société chrétienne, prise dans une plus haute acception [1]. »

Ce fut de son autorité propre, *en vertu de son pouvoir apostolique* (pas du tout par concession des princes ou des peuples, comme l'a prétendu faussement le sulpicien Gosselin,) que le Pape établit, en la personne de Charlemagne, la puissance impériale, chargée de se servir du glaive, pour faire respecter, dans le monde chrétien, les droits de l'Eglise et les règles de la justice. A l'autorité instituée de Dieu, il appartient, en effet, de dire le dernier mot sur toutes choses dans l'ordre spirituel, de prononcer en dernier ressort sur toutes les questions de morale et de justice, qui peuvent s'élever, soit entre les souverains, soit, dans chaque Etat, entre les princes et les sujets. A cette puissance qui juge tout sur la terre et que personne ne juge, il appartenait, par conséquent, d'instituer le pouvoir international, chargé de prêter main forte pour l'exécution de ses arrêts. Cette juridiction suprême du Vicaire de

[1] *Histoire apologétique de la papauté*, t. IV.

Jésus-Christ sur les princes et sur les peuples, a sa source dans l'Evangile ; saint Ambroise en a formulé et pratiqué solennellement la loi ; saint Grégoire en use largement dès le vi⁰ siècle. L'organisation de l'empire lui donne, en déterminant son application régulière, une sanction précise, une forme nouvelle, une magnifique puissance d'action. C'est le gouvernement de l'humanité dans son ensemble, constitué dans la perfection possible ici-bas : c'est Dieu, reconnu politiquement maître du monde ; c'est Jésus-Christ, préposé par son Vicaire, dans la plénitude de la puissance Apostolique, au gouvernement des âmes et des nations.

Un personnage qui a fait quelque bruit, le prélat Maurice d'Hulst, dans la préface de son opuscule sur l'Encyclique *Immortale Dei*, déclare, selon l'esprit de son école, qu'il n'avait jamais regardé cette forme de gouvernement surnaturel que comme une théorie pure, une utopie de perfection irréalisable. L'Encyclique prouve que ce gouvernement a existé en droit depuis Charlemagne jusqu'à Luther ; il s'est même poursuivi, en fait, mais par partie seulement, jusqu'à la Révolution de 89; et, parce que la perfection n'est pas de ce monde, à l'époque même où il était reconnu en principe, il subissait, en fait, les malversations des particuliers et surtout des princes. Le gouvernement du monde, sous l'autorité du Pape et de l'empereur, dans les conditions déterminées plus haut, n'en est pas moins, selon la foi catholique, la vraie formule du droit chrétien, l'expression exacte du droit, surnaturel et souverain, de l'Eglise catholique et des Pontifes Romains.

En dehors de cette conception chrétienne, qui fait de l'humanité une famille de frères et de la terre, son habitacle commun, il n'y a que la division, la séparation, l'hostilité. Cette division est le fait de toutes les sectes, qui, d'ailleurs, relèvent toutes, le type augustal des Césars. Mais que César ou Brutus prévalent, il n'importe ; le monde, en son gouvernement, est logiquement, fatalement, ballotté, tiraillé entre l'anarchie et le despotisme. Or, Dieu, Jésus-Christ et l'Eglise ont mis tout l'ordre possible d'ici-bas, les hommes n'ont su que préconiser le désordre et préparer les ruines.

En fait, l'empire ne réalisa jamais, complètement et parfaitement, la grande conception catholique, qui avait présidé à sa fondation. D'abord une partie du monde chrétien resta, dès le commencement en dehors de son autorité. Sans parler de l'empire byzantin, qui n'en fit jamais partie, l'Espagne et l'Angleterre ne reconnurent pas sa juridiction. D'ailleurs les dangers politiques, inhérents à l'institution, par l'effet des passions de l'homme et de l'imperfection de ses œuvres, mirent obstacle à la parfaite constitution de l'empire. La monarchie universelle n'était ni dans l'esprit, ni dans la pratique des peuples chrétiens. Une société composée de tous les peuples ne pourrait, en dehors des règles chrétiennes, subsister que par l'absolutisme. Le césarisme renaissant chasserait la liberté chrétienne. Les nationalités elles-mêmes disparaîtraient sous le niveau militaire d'un empire universel. L'idéal chrétien, en fait d'ordre international, est tout autre ; il suppose l'existence de nations souveraines et indépendantes, sous l'autorité d'une puissance d'ordre supérieur, parlant au nom de « Celui qui règne dans les cieux » et « du Roi immortel des siècles » : puissance qui régit les peuples dans l'ordre de la morale et de la justice, sans les absorber ni les assujettir dans l'ordre politique.

C'est même sous l'empire chrétien que se constituèrent, dans la liberté, les nations de l'Europe ; pour plus de sûreté, elles voulaient même devenir fiefs de l'Eglise et du bienheureux Pierre. La paix et la trêve de Dieu, la chevalerie, les croisades, l'expulsion des Sarrazins et des Normands, furent les fruits mémorables de ce régime. Les xe et xie siècles ne furent pas pour cela exempts de désordres ; la barbarie n'était pas vaincue. La papauté ne dut que lutter davantage pour faire respecter les droits de la puissance spirituelle, et soumettre à l'empire de la force morale un monde où tendait à prévaloir la force matérielle. Les Pontifes Romains posèrent les bases sur lesquelles s'élèvera l'édifice international des temps modernes.

L'un des grands ouvriers de cette œuvre providentielle fut saint Grégoire VII. On sait l'usage qu'il fit de son droit contre Henri IV d'Allemagne : il le déposa, délia ses sujets du serment de fidélité et le frappa même d'excommunication. Par ces actes mémorables de la juridiction pontificale, grâce à la sainte fermeté et au génie d'Hildebrand, les fondements du droit public étaient posés ; la société des peuples chrétiens avait trouvé son principe d'ordre et de justice.

Aussi longtemps que le Saint-Siège exercera, sur les peuples, avec une indépendance souveraine, sa divine juridiction ; aussi longtemps que les légats porteront partout les décisions du pouvoir institué pour la protection des faibles et des opprimés, le droit, dans le monde chrétien, primera la force.

Ce n'était point, comme on se plaît à le dire, la monarchie universelle au profit de Rome ; c'était le garant de la division des pouvoirs et du sage exercice de l'autorité. La monarchie universelle eut engendré la servitude des peuples. Le pouvoir universel des Papes ne peut même pas opprimer, puisqu'il est spirituel et n'a pas en lui la force d'imposer ses jugements ; il n'a de vrais sujets que ceux qui consentent à lui obéir. Le Pape juge les souverains de par l'autorité de la loi divine ; mais il respecte leur indépendance politique et leur laisse, pour le gouvernement, toute liberté, aussi longtemps qu'ils n'offensent pas la justice. Cette juridiction, que les Papes possèdent en vertu de la délégation faite à Pierre par le Christ lui-même, les successeurs de saint Grégoire VII, dans la plénitude de leur autorité, l'exerceront jusqu'au jour où la révolte protestante brisera le lien religieux de la société catholique et octroiera l'absolutisme aux princes. Les règnes d'Innocent III, d'Alexandre III, de Boniface VIII, de Pie V, de Sixte-Quint, marquent les étapes de ce glorieux régime. Grâce à la persistante énergie des Pontifes Romains, la société internationale des peuples baptisés avait, pour son ordre général et essentiel, une loi et un pouvoir.

Innocent III marque l'apogée du régime chrétien. Les droits de Dieu, exercés par la Sainte Église, sont reconnus au xiiie siècle, point culminant du progrès, autant que le permet l'éternel obstacle de l'humaine misère. L'Église n'a pas vu de plus grand règne que celui d'Innocent III, digne continuateur de saint Grégoire VII et de saint Grégoire le Grand. Jamais la juridiction suprême du Saint-Siège sur les princes et sur les peuples, avec la sanction de l'interdit des royaumes, de la déposition des monarques et de l'excommunication, n'a reçu une organisation plus vaste et plus efficace. De la Norvège à la Sicile, avec une vigilance infatigable, Innocent maintient les droits de l'Église et l'obéissance aux droits canoniques, défend la vérité mise en péril par le manichéisme albigeois, impose aux souverains la justice envers les peuples, aux peuples la fidélité envers les souverains. Jamais on ne vit appliquer, avec une fermeté plus paternelle, ces droits de la puissance ecclésiastique. Boniface VIII, le pape jurisconsulte, en a fixé les droits dans des bulles mémorables. A mesure que les Etats ont conquis l'indépendance à l'égard de l'empire, et que leurs forces respectives sont devenues moins inégales, la juridiction des Souverains Pontifes sur la république chrétienne s'exerce avec une plus entière liberté. La constitution catholique de la société internationale s'approche davantage du type ordonné par l'Eglise et pour la liberté des peuples chrétiens.

Le régime international de la chrétienté supposait l'unité de foi et l'obéissance au Souverain Pontife. Au xvie siècle, le protestantisme avec ses sectes rejette le principe même de la foi et l'autorité qui le représente pour l'ordre de la chrétienté. Désormais chaque Etat prétend à l'indépendance que le protestantisme accorde même à la conscience individuelle. La politique générale n'a plus dès lors d'autre règle que l'intérêt, seule raison d'agir que puisse admettre la conscience humaine, qui n'a plus la vérité révélée pour loi. Les peuples n'ont plus ni loi certaine ni pouvoir constitué pour imposer, aux puissances souveraines et indépendantes, le respect du droit. L'Europe, socialement parlant, se constitue donc en état d'apostasie ; mais Pierre n'abdique pas son droit. C'est en vertu de ce même droit que Pie VII excommuniait Napoléon Ier en 1809 et que Pie IX excommuniait, en 1860, Napoléon III, et bien que, dit-on, les saints canons ne tirent plus, on voit qu'ils tuent toujours. Les peuples peuvent se révolter ; Jésus-Christ reste sur son trône et son Vicaire exerce toujours sa puissance. Il n'y a rien de plus grand au monde que cette affirmation du pouvoir pontifical, si noblement exprimée par Boniface VIII.

Du protestantisme est née la Révolution. La Révolution nie Dieu et affirme l'homme. L'homme établit sa prépotence, par la sécularisation de la vie sociale à tous les degrés. Non seulement il n'y a plus de pouvoir international, il n'y a plus même de pouvoir antérieur et supérieur à la société. La société se constitue elle-même ; et si elle se donne des chefs, c'est par un mandat éphémère et toujours révocable. Ce serait l'anarchie pure ; pour s'y soustraire, on décerne à l'Etat une toute-puissance anonyme et sans limites. L'Etat est seul et il est tout ; au-dessous de lui, il n'y a que la poussière humaine. Représentant suprême de la raison dans la société, l'Etat porte en lui, par délégation, le principe de toute autorité ; il a le droit de tout ordonner et de tout exiger ; tout ce qu'il commande est juste par cela seul qu'il le commande. C'est, dans l'ordre social, en bas, l'anarchie de la libre-pensée, en haut, le despotisme d'un Brutus ou d'un César. C'est ce qu'on appelle le droit nouveau.

D'après ce droit, tout Etat, par cela seul qu'il est une aggrégation d'êtres humains sous un pouvoir politique, possède une foi et une conscience nationales, symbole naturel, principe de son Code. Qu'une nation soit chrétienne ou païenne, peu importe, elle a une conscience quelconque et un titre à prendre place dans la famille des nations ; quelle que soit sa croyance, c'est un facteur de la conscience universelle. Cette conscience, manifestée par les peuples, a seule le pouvoir sur eux. L'humanité entend régner seule, sans reconnaître Dieu au ciel, ni l'Eglise sur la terre ; mais, bien plus, en se flattant de les nier et en s'efforçant de les détruire. On pense, malgré soi, à ces peuples du Nord, qui n'avaient de dieux que les nuages et qui ne savaient verser que du sang sur les autels.

Dieu ôté, la société internationale des peuples existe comme fait ; elle n'a plus ni principe, ni raison d'être, ni loi ; elle n'a plus d'autre dieu que la force, d'autre inspiration que les sept péchés capitaux. Qu'on forme des vœux de paix ; qu'on se réunisse, à cette intention, dans des comédies de congrès, soit. L'ordre international a pour gardien des millions d'hommes armés jusqu'aux dents, des milliers de canons chargés avec des poudres foudroyantes, tout un attirail pour l'extermination du genre humain : l'olivier de la paix future est planté sur des pierres à fusil, mais les fusils ont des cartouches dont la balle porte à quatre mille mètres. J'aime mieux, malgré ces frappantes garanties, le temps où l'on chantait : Gloire à Dieu au plus haut des cieux et paix sur la terre aux hommes de bonne volonté ! Et je veux espérer que les peuples, décimés par la nouvelle artillerie ; volés, écorchés par les gouvernements, asservis par les factions ou par l'étranger, trouveront plus économique de chanter encore le *Rorate cœli desuper et nubes pluant justum*.

Notre auteur ne se borne pas à esquisser l'histoire de la société chrétienne ; il en indique les conditions constitutives, il en esquisse les traits généraux ; il expose comment la doctrine catholique fonde la paix sur la justice ; il montre comment l'ordre et le progrès ressortent de la situation faite aux pouvoirs et aux institutions sociales ; enfin comment la Révolution athée, s'inspirant de toutes les impuretés de l'esprit humain, détruit les gages d'ordre, de justice et d'harmonie assurés aux peuples par le christianisme.

Sur la loi internationale, le vénérable auteur réfute, en

autant de paragraphes, les écoles qui cherchent la loi de paix
en dehors des principes chrétiens; il combat nommément
Grotius, Puffendorf, Burlamaqui, les représentants de l'école
du droit de la nature; il répudie l'école humanitaire du droit
nouveau, dont les Italiens et les Allemands offrent de si
beaux échantillons; il rejette l'évolution idéaliste de Hégel,
l'évolution positiviste de Comte, le transformisme de Littré
et de Darwin, l'atavisme de Spencer et l'évolutionnisme de
Sumner-Maine. La conséquence de ces réfutations, c'est
qu'on ne peut que dans les dogmes chrétiens, à l'école et
sous l'autorité de l'Eglise, trouver les éléments d'une vraie
loi internationale, ses sources autorisées, sa stricte justice,
son efficace sanction.

« Dans les théories du droit nouveau, dit l'auteur, tout est
faussé; le caractère de la société internationale, la notion de
sa destinée suivant l'ordre providentiel, la nature même des
lois qui déterminent son mode d'existence et qui président
aux rapports des nations. Sous prétexte de grandir l'humanité, en lui attribuant le droit de faire d'elle-même, souve-
rainement, la loi sur toutes choses, on a mis partout la confusion, l'instabilité, l'impuissance, la loi qui doit établir
l'ordre dans la société humaine, n'ayant plus ni certitude, ni
autorité. Par le désir aveugle de soustraire l'homme à toute
souveraineté qui n'aurait point sa source dans la raison, on
l'a fait esclave, tantôt d'une idée absolue, d'une force immanente à l'espèce, animant, poussant, gouvernant tout;
d'autres fois, d'un instinct qui obéit à l'influence des circonstances et des milieux; si bien que, sous l'action d'un fatalisme libérateur, parce que l'on met son principe dans la seule
nature humaine, l'ordre de la liberté a fait place à l'ordre
absolu de l'évolutionnisme hégélien, ou du déterminisme
positiviste, et que, dans ce renversement de toutes les données
fondamentales de la vie humaine, le droit a péri en même
temps que la liberté. — Quel sort attend les peuples dans
cette effroyable ruine de tout le monde moral ? Comment

échapperont-ils à la domination de la force qui s'impose irrésistiblement, dès que le droit a perdu son empire ; la force ne peut pas rencontrer grande résistance, lorsqu'elle est si pleinement justifiée par la logique du fatalisme panthéistique [1] ».

Un dernier trait à noter en faveur de ce livre, c'est que, outre son orthodoxie parfaite et son application à tout faire tomber sous la loi du Christ, l'auteur ne s'applique pas seulement à flétrir les plus grands excès des sophistes contemporains ; mais tout le long de son ouvrage, ici, comme dans tous ses autres livres, il sépare les principes chrétiens des compromissions libérales, qui, sous couleur de diminuer la rigueur du christianisme, ne font que le trahir. Ce n'est pas de l'habileté des hommes et des concessions malvenues de quelques pauvres prêtres, c'est de l'Eglise et de l'Eglise seule que notre auteur attend le salut des nations. « Les principes chrétiens, a dit Léon XIII, possèdent une merveilleuse efficacité pour guérir les maux du temps présent, ces maux dont on ne peut se dissimuler ni le nombre, ni la gravité, et qui sont nés en particulier de ces *libertés tant vantées* et où l'on avait cru voir des germes de salut et de gloire. Si l'on cherche le remède, qu'on le cherche dans le rappel aux saines doctrines, desquelles seules on peut attendre, avec confiance, la conservation de l'ordre, et, par là même, la garantie de la vraie liberté. »

Ce ne sont pas de vaines félicitations que nous voulons offrir au savant professeur et au docteur irréfragable ; c'est une gloire que nous entendons consacrer, en honorant un dévouement aussi intelligent qu'absolu aux principes de la plus rigoureuse orthodoxie. Nous savons que, pour les avoir justement et utilement défendus dans les combats, il a dû se démettre de sa chaire. Après avoir été le confesseur des saines doctrines, il en a été volontairement le martyr. Nous ne

[1] *L'ordre internat.....al*, p. 495.

songerons jamais à le consoler de l'aveuglement et de l'ingratitude des hommes. Un temps vient où il ne nous restera
plus que Jésus-Christ ; ce jour-là, il nous sera doux de n'avoir
servi, en ce monde, avant tout et après tout, que la cause de
Dieu. En attendant, c'est une consolation de souffrir pour
une telle cause, après l'avoir si noblement défendue ; c'est plus
qu'une consolation, c'est une gloire.

XXIV

L'ENCYCLIQUE SUR LES OUVRIERS

Nous sommes au soir de la vie. Le professeur de Louvain a publié tous ses ouvrages ; il entre dans le souvenir des jours anciens et la préoccupation des années éternelles. C'est l'heure, ce semble, pour jouir des fruits de son travail. Malgré son application à soumettre, aux principes de l'Evangile, les phénomènes du monde économique, à ce moment lui vient, de Rome, une confirmation solennelle de son enseignement ; et de Paris, des critiques, qui, par des courbes rentrantes, doivent l'amener au même résultat. D'un côté, critique ; de l'autre, ratification d'autorité ; d'abord les ténèbres des passions ; puis l'octroi de la pleine lumière.

Par une initiative vraiment digne d'un Pape, Léon XIII publie une Encyclique sur la condition des ouvriers, c'est-à-dire sur la question du travail. Le travail est la première, pour ne pas dire l'unique question de l'économie politique. Une Encyclique n'est pas un traité d'école ; c'est un résumé substantiel de ce que les écoles peuvent enseigner. Par le fait, c'est l'approbation officielle du Pape pour tous les ouvrages de Charles Périn, le seul écrivain qui, à cette date, ait traité, d'après les principes chrétiens, de la somme des doctrines économiques. C'est à ce titre que notre professeur publie son testament professoral : *L'économie politique d'après l'Ency-clique de la condition des ouvriers.*

« L'action, dans la vie sociale comme dans la vie individuelle, dit-il, est régie par les principes. Un des grands malheurs de notre temps, un des grands obstacles à la reconstitution éco-nomique dont tout le monde proclame la nécessité, c'est l'*incertitude*, parfois même la *division* sur les principes et ce mal, les meilleurs même n'en sont point exempts.

« Les écoles vont cherchant, chacune dans la *voie particu-lière* qu'elles se sont tracée, des solutions que seules peuvent nous donner la vérité catholique *intégrale*, et l'Eglise, qui, de *science certaine*, proclame cette vérité.

« L'encyclique nous offre la *synthèse* de l'ordre économique, suivant *les lois divines* qui régissent la conduite humaine. Pour obéir pleinement à son impulsion, il faut laisser de côté les *préoccupations d'écoles* et renoncer à *l'exclusivisme* des *systèmes* et des *œuvres*.

« Désormais cette science économique a, pour les catho-liques, des bases *certaines*; l'encyclique nous en fournit les *éléments* avec une *souveraine* autorité. Il n'est plus admissible qu'étant *catholique* on aille s'égarer dans les labyrinthes de tel ou tel enseignement *particulier*. Il y a la voie, toute grande ou-verte, de la morale *sociale*, *enseignée par l'Eglise*, et de l'ac-tion *conforme* à cette morale. On ne comprendrait pas que ceux qui croient au magistère de l'Eglise, allassent chercher ailleurs les solutions sociales et les principes qui les justi-fient.

« Supérieur à toutes les préoccupations d'école, le Pontife Romain donne au monde, par un acte d'enseignement solennel, la vérité *catholique* sur l'ordre économique. Les écoles peuvent retrouver, dans l'Encyclique, sous forme de *notions*, de *con-sidérations*, d'*appréciations*, la trace du progrès qu'elles ont fait faire à la science, mais elles n'y retrouveront jamais la *trace* de leurs préoccupations exclusives. — Dans l'Encyclique, nous avons la doctrine *catholique*, appliquée aux faits de l'ordre économique, et tirant d'*elle-même*, de sa propre vertu, la solution des difficultés qui embarrassent la marche des sociétés contemporaines et peuvent mettre en péril leur existence » (P. 5, 6 et 7).

A l'appui de cette homologation solennelle d'une encyclique pontificale, nous pourrions invoquer une double confirmation : 1° le fait que les ouvrages de notre auteur ont été traduits dans les principales langues de l'Europe et qu'il est considéré comme l'un des représentants, des patriciens autorisés de l'intelligence catholique ; 2° le fait que la plupart des grands journaux ont voulu spontanément relever, par leurs articles, les mérites de ses œuvres. Nous citerons ici notamment des articles de Coquille dans l'*Univers*, d'Onclair dans la *Revue catholique des institutions et du droit*, de Claudio Jannet dans la *Réforme sociale*, de Fernand Butel, dans la *Bibliographie catholique*, du P. Martin, dans les *Etudes religieuses* des Pères jésuites, d'Auguste Charaux dans la *Revue catholique* de Bordeaux, d'André Gairal dans l'*Université catholique* de Lyon, d'Octave Larcher dans le *Monde*, d'Antonio Pony Ordenas à Barcelone, de l'*Osservatore cattolico* à Rome, de la *Gazette* de Liège, de la *Vérité* et de la *Croix* à Paris, du *Mois* bibliographique de Solesmes, de la *Semaine religieuse* de Cambrai, et de nous-même dans la *Correspondance catholique* de Bruxelles, publiée par Ghislain Van Doren.

Quant aux critiques, elles se résument dans l'imputation de socialisme, imputations formulées par les économistes Baudrillart et Courcelle-Seneuil, ainsi que par un rédacteur de la *Revue des Deux-Mondes*. Cette imputation nous étonne : entre le socialisme et l'Eglise, il y a, non seulement différence essentielle, mais opposition radicale. Le socialisme supprime l'ordre de charité ; l'Eglise fait, du précepte de la charité, le correctif nécessaire de la propriété quiritaire et de l'ordre de justice.

Nous citons, sur ce sujet, une étude d'Hervé Bazin, alors

professeur d'économie politique à l'Université catholique
d'Angers. Ce professeur était l'élève de Charles Périn ; il est
mort ; son compte rendu est une relique, où la reconnaissance de l'élève s'allie à l'autorité du maître.

C'est, dit-il, à ces attaques qu'a voulu répondre l'éminent
professeur d'économie politique à l'université de Louvain. Il a
fait justice des accusations élevées contre la doctrine catholique, en exposant, dans le style noble et clair qu'on lui
connaît, d'une part la théorie socialiste, qu'il définit « un
système de règlementation communiste inspiré par la passion
utilitaire et par la passion égalitaire », et, d'autre part, les
principes chrétiens en matière d'intervention de l'Etat.

« Du côté des catholiques, dit-il avec raison, les jugements
sur le socialisme n'ont jamais varié. Pour nous, le socialisme,
c'est l'ennemi. Lorsque nous nous efforçons de soustraire le
peuple qui travaille aux pernicieuses conséquences de l'individualisme libéral, c'est à la liberté que nous faisons appel,
et rien n'est plus opposé à la liberté que le socialisme, par
lequel l'absolutisme révolutionnaire tente de réaliser ses plus
insolentes prétentions. »

M. Ch. Périn attaque l'ennemi de front, sans omettre un
seul des arguments invoqués contre nous par les écrivains de
la *Revue des Deux-Mondes* ou du *Journal des Economistes*.
C'est un à un qu'il les expose et les réfute avec une verve
et une chaleur d'argumentation qui, nous devons le dire,
manquent absolument à nos adversaires. Il résume, en ces
termes, la théorie et la pratique des catholiques : « D'abord,
dit-il, ils font appel à toutes les formes d'association compa-
tibles avec l'état présent de la société ; ensuite, ils repoussent,
comme entaché de vice révolutionnaire, le principe absolu
du *laisser faire, laisser passer*. Peut-on trouver, dans cette
pratique de l'association et dans cette adhésion à une certaine action règlementaire des pouvoirs publics en matière
économique, les caractères du socialisme ?»

Mais pour que la réponse à la question ne reste douteuse

dans aucun esprit, M. Périn établit successivement le caractère propre du socialisme, la doctrine des écoles catholiques
sur l'intervention du pouvoir dans le monde du travail, et les
traits caractéristiques qui distinguent l'association catholique du socialisme. En quelques lignes remarquables, for-
mant le chapitre II, l'auteur de la brochure résume et définit,
avec une clarté qu'on chercherait vainement ailleurs, l'évolution socialiste, de Saint-Simon à Karl Marx ; et, dans les
chapitres suivants, il oppose à ces théories subversives les
doctrines que nous professons. Il montre « comment, en
principe, l'économie chrétienne entend la règlementation »,
et il fait voir ensuite « que cette règlementation tutélaire n'a
pas toujours le caractère socialiste, et que l'école catholique
ne l'admet qu'à la condition qu'elle n'ait en aucune façon ce
caractère ».

Ces belles pages se recommandent d'elles-mêmes à toute
l'attention des économistes : nous n'avons pas besoin d'insister sur l'intérêt qu'elles offrent. Le professeur de Louvain
fait ici une remarquable application des principes exposés
dans son beau livre de la *Richesse dans les nations chrétiennes*.
Ceux qui l'ont lu savent comment M. Périn fait de la liberté
dans l'ordre économique le moteur de la richesse sociale, et
comment il établit que l'intervention du pouvoir dans l'œuvre
collective de la production est un fait dont la légitimité ne
saurait être contestée. Si, dans le corps de sa brochure,
M. Périn se voit contraint de repousser quelques vues ha-
sardées de certains écrivains catholiques, c'est toujours afin
de bien montrer que nos œuvres ouvrières, considérées dans
leur organisme et dans leur mode d'action, sont loin de faire,
comme on le prétend, « du socialisme chrétien ».

Les conclusions de M. Périn sont nettes et précises :

« Noùs repoussons, dit-il, l'assujettissement officiel avec
une égale énergie, qu'il nous vienne du libéralisme ou qu'il
nous vienne du socialisme. Nous cherchons la solution de la
question économique par l'union de toutes les forces sociales,

sous la loi de la pleine et réelle liberté du bien... Nous demandons la solution de la question ouvrière à toutes les forces que nous offre l'organisme social, à la liberté et à la puissance publique, dans la juste mesure de leur droit et de leur influence. Nous repoussons de toutes nos forces des systèmes dans lesquels la justice égalitaire ne laisse de place ni à la liberté ni à la charité. »

Ces conclusions, fortement motivées, justifieraient, à elles seules, la thèse de l'illustre écrivain. Mais l'auteur a cru devoir les faire suivre du *Discours* qu'il prononça l'année dernière au congrès de Chartres et de l'importante *Déclaration* signée et publiée récemment par un groupe nombreux d'industriels du Nord. A notre avis, M. Périn a bien fait de mettre ces deux documents sous les yeux des lecteurs ; ce sont les pièces du procès, et les lecteurs sont des juges : nous parlons de ces lecteurs qui lisent un écrit sans parti pris d'avance et qui y cherchent plutôt des raisons que des mots. Le discours de Chartres et la déclaration des industriels du Nord indiquent nettement « que l'école catholique repousse tout système de règlementation tutélaire qui aurait pour conséquence de conduire nos sociétés à rompre avec le régime de la liberté du travail. »

Mais il ne suffit pas de connaître ces conclusions : il faut assister de près à cette lutte, où l'avantage reste invariablement du même côté ; il faut applaudir à ces pages éloquentes dans lesquelles les doctrines du christianisme en matière économique sont si noblement et si pleinement vengées.

Après avoir exposé la doctrine, M. Périn défend, contre d'injustes reproches, les principales associations catholiques. Entre toutes il en choisit deux : l'*Œuvre des cercles catholiques d'ouvriers* et la *Corporation chrétienne*. « Il suffit, dit-il, d'en considérer les traits généraux pour reconnaître que la sollicitude paternelle pour le bien de l'ouvrier s'allie dans ces œuvres à l'esprit de hiérarchie, et que le sentiment de l'égalité chrétienne, que la charité y répand, est radicalement différent de la passion égalitaire dont [l'envie démocratique est la source. »

Ainsi parle l'homme éminent qui a pu juger de haut et de loin, sans passion politique et sans préjugé national, les caractères distinctifs de nos œuvres chrétiennes. C'est en ces termes sympathiques qu'il qualifie notamment l'œuvre des Cercles : « ... Fidèle à l'esprit catholique, elle s'appuie sur le principe des devoirs d'après l'ordre hiérarchique, lequel est de l'essence de toute vie sociale ; une des principales fins qu'elle se propose est de renouer le lien de la mutuelle charité entre les grands et les petits, suivant le rang que la Providence leur a départi dans l'harmonie générale de la société. »

C'est avec une joie sincère que nous signalons, aux amis des doctrines et des œuvres catholiques, la brochure de M. Ch. Périn. C'est sans restriction et sans réserves que nous donnons notre adhésion aux théories qu'elle expose, aux réfutations qu'elle présente, aux éloges qu'elle distribue à ces associations chrétiennes, dont nous avons pu voir le magnifique développement au congrès d'Angers. En travaillant de la sorte, les uns par la plume, les autres par la parole, tous par l'action, nous amènerons peu à peu les sociétés modernes à reconnaître, qu'en dehors du libéralisme, qui a fait banqueroute, et du socialisme, qui ne promet que des ruines, il n'y a de salut pour elle que dans l'ordre chrétien.

Peu à peu, nous détruirons les préjugés entassés contre nous par la Révolution ; nous rendrons un peu de courage à ces pauvres timides qui se méfient encore de nous, et nous ouvrirons les yeux à tant d'aveugles qui marchent sans hésiter vers l'abîme du despotisme césarien. Nous croyons que la brochure de M. Ch. Périn fera du bien à la grande cause de l'Eglise, que nous servons tous dans la mesure de nos forces, et nous le félicitons de ce résultat, qui est le seul but d'un écrivain chrétien.

XXV

Quel jugement porter sur le créateur de l'économie politique chrétienne ?

L'économie politique, depuis son apparition au xviiie siècle, s'était fractionnée en deux écoles : l'école *libérale* et l'école *socialiste*. La première en date, l'école libérale, était partie du droit quiritaire, du droit absolu de la propriété privée, du *jus utendi et abutendi*, et avait demandé son application exclusive à la formule du *laisser faire et du laisser passer*. Le propriétaire était absolument libre d'exploiter sa propriété au mieux de ses intérêts ; mais ce droit, poussé à ses dernières limites, aboutit parfois à des conséquences désastreuses. En présence de ces conséquences malheureuses, l'ouvrier est sans recours ; il doit les subir ; ou si cela lui déplaît ou ne lui est pas possible, il n'a qu'à prendre ses bras et s'en aller. Sous le principe du droit absolu, par la division du travail, l'emploi des machines, la concurrence, le crédit, le propriétaire peut devenir de plus en plus riche, et l'ouvrier de plus en plus pauvre. De là les crises de l'industrie, le paupérisme, la taxe des pauvres, tous les expédients qu'une société aux abois peut mettre en œuvre, pour se dérober à la fatalité de la misère. Et si la crise devient aiguë, si la famine se fait sentir, le chef de l'Etat s'enveloppe la tête dans son manteau et traverse stoïquement la crise.

En présence de cette philosophie de l'égoïsme et des calamités de la misère, l'école *socialiste* nie la propriété privée et la remplace par la propriété collective. L'Etat seul est propriétaire; il se constitue par la formation de corps d'agriculteurs, de corps d'industriels et de corps de commerçants; ces corps de métiers constituent un corps de syndicats pour procéder à l'exploitation du sol et des richesses que peut créer le travail. L'Etat, constitué en syndicat social, surveille la production, la distribution et la consommation des richesses, selon les lois d'une scrupuleuse justice, en subordonnant la libre initiative des citoyens à l'initiative de l'Etat et à son contrôle. — Ce régime n'a jamais pu s'établir et, suivant toute apparence, ne s'établira jamais; toutefois depuis la république de Salente, il a prêté matière à nombre de théories et de rêves; il promet des profusions de prospérités dont la poursuite n'a pas répondu à ses espérances.

En présence des conflits de ces deux écoles et des misères produites par l'économie du *laisser faire*, Lamennais, le premier, vit que ces misères et ces conflits étaient nés du défaut de coordination entre l'action de l'Eglise et l'action de l'Etat. L'Etat a, pour domaine propre, l'établissement de la justice; l'Eglise a, pour fonction spéciale, la prédication et la pratique de la charité. L'Evangile de Jésus-Christ est venu apporter au monde la loi de charité; le Décalogue, donné à Moïse sur le Sinaï, lui a intimé la loi de justice. L'Evangile ne détruit pas la loi, il l'amène à la perfection; il en fait la loi de vie complète, et, autant que possible, parfaite. Par la grâce et la lumière de l'Evangile, il y a donc lieu de trouver, pour l'ordre matériel et les intérêts respectifs du travail et du capital, un ordre analogue à celui que fait régner dans le monde des intelligences, l'autorité de l'Eglise et du Saint-Siège. Le monde des corps et le monde des esprits doivent se mouvoir et s'harmoniser selon l'ordre de Dieu.

Lamennais, qui avait partagé à ses disciples l'empire de la science, avait confié l'économie politique à Charles de Coux;

Charles de Coux, devenu riche par un mariage, transmit cette charge à un plus jeune travailleur, à Charles Périn. Pendant cinquante ans, Charles Périn tint la tête des économistes catholiques, ou, pour mieux dire, fut le créateur de cette science. La mission difficile et délicate qu'il a su remplir, dans un siècle de libéralisme et de socialisme, doit lui mériter la reconnaissance de l'Eglise et les hommages de l'histoire.

Pour entreprendre une telle œuvre, pour mener à bonne fin une telle entreprise, il fallait un homme prédestiné de Dieu par ses qualités naturelles, sa science acquise et ses solides vertus. Charles Périn était un chrétien de l'antique roche, non pas de ces chrétiens qui mettent, à la loi de Dieu, des adoucissements illicites, mais de ceux qui n'en trouvent le joug suave et le fardeau léger, qu'à la condition de le porter dans toute sa rigueur. Instruit dans la mesure de l'éducation scolaire, lettré sous la loi du travail et par l'exception du talent, formé par l'instruction supérieure à la carrière juridique, il possédait les éléments naturels du succès, l'art de connaître les choses et de les bien exprimer. A la connaissance spéculative du droit, il fallait joindre la science politique de ses applications ; il fallait posséder la science politique, dans ses évolutions à travers les vicissitudes de l'histoire. « En effet, dit le vicomte Gabriel de Chaulnes, pour comprendre dans toutes leurs délicatesses les enseignements de la théologie et les appliquer, sans imprudence, à toutes les thèses si complexes de la science économique, il fallait un esprit large, élevé, discipliné et singulièrement rompu aux évolutions de la politique moderne. A ces qualités maîtresses, devait se joindre une connaissance profonde de la théologie dogmatique et morale : dogmatique afin de ne sacrifier aucun des droits de la doctrine révélée ; morale afin d'élucider les nombreux cas de conscience que posent les conditions nouvelles de la société en face des principes de la loi naturelle. M. Charles Périn comprit d'emblée sa haute mission et la remplit avec une merveilleuse prudence. Enfant soumis de l'Eglise, il ne resta jamais en deçà, n'alla jamais au delà de l'orthodoxie. Faire la part légitime de la liberté accordée par Dieu aux hommes et aux sociétés, sans affaiblir les principes supérieurs d'autorité, sans lesquels la liberté se transforme en licence, tel fut son invariable programme. »

La longue et scrupuleuse analyse que nous venons de faire des ouvrages du vénérable maître nous décharge de toute critique et nous dispense de tout éloge. Périn est le législateur, le créateur, le saint Thomas d'Aquin, le Bellarmin et le Suarez de l'économie politique : il a christianisé cette science, née matérialiste et charnelle ; il en a parcouru toutes les sphères, non point par une *Somme unique*, suivant les usages de la scolastique ; mais il en a décrit toutes les provinces dans des ouvrages séparés ; il a fait connaître les lois de l'ordre économique, de l'ordre politique et de l'ordre international ; il a expliqué les évolutions qui avaient bloqué la science économique dans un cul-de-sac ; il a traité à part les principales réformes qui doivent nous relever de ces disgrâces ; il a même expliqué, par une pédagogie d'immédiate application, par quelles vertus et pratiques le *patron* peut résoudre le problème social. Périn est le maître des sentences économiques ; le docteur fondé de toute pratique, parce qu'il est irréfragable dans ses applications. C'est l'oracle.

J'admire combien le monde, tout bouché, distrait et frivole qu'il est, sait, par une espèce d'instinct fatidique, apprécier ce qui est vrai, juste et bon. C'est, si je ne me trompe, en 1849 que parut le premier travail de Périn ; c'était un opuscule où il mettait les économistes libéraux et socialistes à l'épreuve des doctrines chrétiennes ; il y posait, dès lors, cette thèse du renoncement de l'Evangile, devenu pour lui le grand principe de la science de l'ordre matériel. Entre les deux écoles d'erreur qui se disputaient alors et qui se disputent encore l'empire du monde, il posait une science maîtresse, la science économique d'après l'Evangile, la science qui répudie toutes les erreurs d'application, parce que seule, elle part des principes divins du Christianisme. Par cette petite brochure, Périn était déjà un maître, et fut salué comme tel par tous ceux qui savent, sous l'écorce de la lettre, discerner la vie puissante des doctrines de vérité.

Depuis, la publication de ses grands ouvrages sur l'économie politique chrétienne, sur les lois de la société chrétienne, sur l'ordre international fut saluée comme un événement par tous les penseurs catholiques. Le monde n'y prit point garde, parce qu'il hait la lumière qui le délivrerait de ses dépravations ; mais les humbles serviteurs de la vérité se firent un devoir de préconiser de tels enseignements. Les Jésuites, qui ont un grand sens des choses humaines, en particulier le P. Marquigny, recommandaient la propagation de ces pages étincelantes de clarté, de profondeur et d'élévation. Nombre d'autres surent en discerner le mérite et en propager les doctrines. De ce nombre fut Louis Veuillot, l'homme au grand sens de l'orthodoxie. Le comte de Chambord, qui avait aussi sa grandeur chrétienne, le prince dont les méditations politiques n'étaient un mystère pour personne, écrivit, à l'économiste belge, une des plus flatteuses lettres. Mais personne ne surpassa Pie IX, le pontife à l'esprit si droit, au cœur si généreux, qui savait discerner les plus humbles mérites, en soutenir la résolution et en décupler, par ses encouragements, les nobles forces. Par la grâce de Pie IX, aucune particule de bien n'a péri sous son règne, dans la chrétienté ; et s'il n'a pas triomphé davantage, ce n'est pas qu'il ait négligé un seul atome de lumière, c'est que les triomphes de la vérité, trahie par la politique, ne doivent venir qu'au terme de plus longues épreuves et quand éclatera le secours de Dieu. — Pie IX, qui a passé sa vie à rappeler à la société civile les lois de la société chrétienne, écrivit plus d'une fois, au professeur de Louvain ; par autant de brefs qui forment la plus haute sanction de ses ouvrages, il voulut, à la suite du docteur belge, mulcter le libéralisme et le socialisme. Périn est comme le bras droit de Pie IX au département de l'économie politique.

Les ouvrages de Périn eurent une autre sanction ; ils furent dédaignés des socialistes et honnis des libéraux. Non seulement ils ourdirent contre lui la conspiration du silence ; mais ils le firent fuir les congrès de Malines, où l'importance de ses enseignements n'avait pu passer sans éclat. Nous savons par quelles misères ils essayèrent de l'abattre plus tard ; ces misères, qui honorent autant ses vertus que son savoir, prouvent tout juste que les libéraux n'ont ni l'un ni l'autre ; ils sont encore plus obtus que susceptibles. C'est très glorieux pour l'irritabilité de leur esprit et de leur épiderme.

Cette haute situation dans le monde de la pensée, cette impassible aurore de la vérité catholique, cet art profond de poursuivre, dans leurs derniers retranchements, le libéralisme et le socialisme, suscitèrent, à l'auteur, de vives contradictions dans le clan rationaliste. Ne pouvant nier ni sa compétence, ni sa profondeur, ni surtout la décision de ses enseignements, les rédacteurs de la *Revue des Deux-Mondes* et du *Journal des Economistes* se crurent quittes en qualifiant l'auteur de socialiste chrétien. Dans une brochure parue après le congrès catholique de Chartres, l'éminent professeur fit, de ces critiques misérables, une exemplaire justice.

Depuis, dans son propre camp, nous avons vu, à notre étonnement particulier, renouveler ces critiques. Des jeunes gens qui n'étaient pas nés quand Périn éclairait déjà le monde de son flambeau, et dont il n'est pas bien sûr qu'ils connaissent l'économie politique, font dater d'eux cette science, et s'en constituent les oracles. On trouve cette prétention fréquemment énoncée par les Cercles catholiques, soit dans leurs harangues, soit dans des articles de l'*Association*. Le 3o mai 1897, l'*Ami de l'ordre* combattait cette prétention malvenue. Depuis, la *Revue sociale catholique*, publiée à Louvain, réitère ingénuement, mais plus expressément, cette prétention. On la retrouve également dans la *Revista inter-*

nationale, organe modéré des socialistes chrétiens d'Italie. Cet article a même été traduit et reproduit dans les *Conférences d'études sociales* et publié à part chez Ducolombier, à Lille, sous ce titre : *Le concept chrétien de la démocratie*, par Giuseppe Toniolo. Je pourrais citer, dans le même sens, des articles de la *Liberté de Fribourg*, rigoureusement réfutés par le *Courrier de Bruxelles*. Evidemment, il y a, dans cette école de démocrates chrétiens, un mot d'ordre, peut-être une manie. Cette prétention serait justifiée, s'il n'y avait d'économie catholique, que celle qui accepte plus ou moins les solutions du socialisme. En réalité, bien que l'on ne veuille point en convenir, n'est-ce pas là qu'on en est. Mais avant d'offrir des leçons au vieux patriarche, il faudrait aller encore un peu à l'école.

En sens contraire, un des grands services rendus à la société contemporaine, par Charles Périn, c'est d'avoir formé des disciples qui propagent ses enseignements ; c'est d'avoir porté si haut le crédit de ses œuvres, que personne ne peut essayer d'y mordre impunément. Pour nous, notre devoir est de tenir fermement à ce patrimoine et d'en recueillir les bénéfices comme nous en revendiquons la gloire.

Il est, en effet, plus que jamais nécessaire de démontrer à l'infatuation de la libre-pensée et à l'orgueil du rationalisme, qu'ils n'ont pas le monopole de la culture intellectuelle. A l'Eglise seule, ainsi que ne cessait de le répéter Léon XIII, il appartient de résoudre pleinement les problèmes sociaux. L'Eglise a, sans doute, son cortège de docteurs qui, depuis dix-huit cents ans, enseignent la vérité avec une victorieuse éloquence ; mais il est indispensable qu'il se trouve aujourd'hui, parmi les fidèles, des hommes fortement instruits, noblement intelligents, assez au courant des sciences morales et politiques, pour tenir tête dans nos parlements, dans nos académies, dans nos chaires d'instruction supérieure, aux coryphées du rationaliste athée et aux missionnaires du socialisme.

Mues par cette pensée, nos nouvelles Facultés catholiques s'empressèrent d'accueillir à bras ouverts les disciples de Charles Périn ; il en est plus d'un qui font honneur à leur maître. Charles Périn aime la France ; il admire son grand rôle dans l'histoire et espère que la France contemporaine saura le continuer un jour. A deux ou trois reprises, nous l'avons vu, ce vénérable vieillard, venir assister à nos congrès catholiques ; leur départir les sages conseils et les fortifiantes espérances. Sans doute, il déplore les aberrations révolutionnaires et les criminels attentats ; mais il applaudit à toutes les initiatives généreuses qui essaient d'arracher, à ces tendances perverses et à ces aveugles emportements, notre chère et malheureuse patrie.

Nous autres, catholiques, nous ne savons pas assez mettre à profit les richesses amoncelées dans nos arsenaux. Que d'arguments lumineux, que d'aperçus incomparables, que de synthèses éloquemment exposées, restent enfouies dans nos bibliothèques ! On dirait que nous n'avons pas le courage d'étudier la politique et l'économie sociale, là où elles ont été enseignées d'après les vrais principes et avec une science supérieure. Je ne parle pas seulement des ouvrages spéciaux d'Alban de Villeneuve et des grands traités de Charles Périn ; je parle des ouvrages des grands maîtres du dernier siècle, J. de Maistre, L. de Bonald, F. de Lamennais, James Balmès, Juan de Valdégamas, Blanc Saint-Bonnet ; je parle des prêtres versés dans les sciences ecclésiastiques et dans les sciences profanes, Gaume, dom Guéranger, Martinet, Moehler, don Sarda y Salvany ; je parle de nos grands évêques, Gousset, Gerbet, Plantier, Parisis, Salinis, Pie, Freppel, Berthaud. Voilà les porte-flambeaux du dernier siècle, voilà ceux dont les ouvrages projettent sur l'avenir des rayons lumineux et nous ont fourbi des armes pour le grand conflit des doctrines, qui doit finir par le triomphe de la vérité.

Charles Périn occupe, dans cette pléiade, une place de choix, et, pour l'économie politique, le premier rang. Charles

Périn est le créateur de l'économie politique chrétienne; le premier en date et le premier par le mérite des représentants de l'école des économistes purement et simplement catholiques; des économistes qui puisent, dans l'Evangile, les lois de l'ordre matériel, comme ils y prennent les lois de l'ordre intellectuel, moral et social. Nous citons, pour confirmer cette appréciation, le jugement de la *Civilta Cattolica*. L'autorité doctrinale de cette Revue, sa position spéciale près du Saint-Siège, son crédit dans tout l'univers donnent, à ses jugements, une irréfragable autorité. Or, dans sa livraison du 20 décembre 1895, voici ses paroles sur les *Principes d'économie politique* de Ch. Périn : « Il n'est pas un problème de la science économique que l'auteur ne soumette, d'une manière ou d'une autre, au contrôle de la morale catholique ; pas un cas où il ne jette une pleine lumière sur les difficultés particulières résolues par les principes de cette morale ; faisant ressortir comme ils sont partout nécessaires pour la préservation des mœurs, le respect de la justice, la conservation de la paix sociale... Notre illustre auteur a le mérite et la grande gloire d'avoir, le *premier*, sans hésitation, enseigné l'économie politique telle qu'elle est véritablement et telle qu'elle doit être comprise, » d'après les lois du Christianisme.

Mais sur quel point fondamental, sur quel principe régulateur, sur quel fait prépondérant, Périn a-t-il pris son point de départ, pour appliquer, à l'ordre économique, les vérités du Symbole, les préceptes du Décalogue et les devoirs du salut ; comment a-t-il subordonné l'économie politique à l'Evangile? C'est la dernière question de ce travail et sa naturelle conclusion.

Lorsque les socialistes chrétiens reprochent aux économistes catholiques de tout demander à la charité, c'est-à-dire à l'accomplissement des devoirs *imparfaits*, sans tenir compte des devoirs *parfaits*, lesquels créent pour la société et pour les individus des obligations de justice, ils posent la question sur son véritable terrain. La distinction entre les devoirs *parfaits* et les devoirs *imparfaits* est élémentaire en matière de droit. Pothier, dans son traité des obligations, formule nettement, dès le principe, cette distinction essentielle. Les devoirs parfaits ;sont les obligations de stricte justice que réclame impérieusement l'ordre de la société ; les devoirs imparfaits sont des obligations morales que la justice ne peut pas prescrire sans altérer cet ordre et dont l'accomplissement doit s'attendre des honorables initiatives d'une juste liberté.

C'est sur un point aussi simple que chopent les téméraires novateurs d'aujourd'hui. Les uns, idolâtres de la liberté, se retranchent dans l'individualisme jusqu'à vouloir résoudre l'organisme social ; les autres, épris de réglementation, veulent tout soumettre au pouvoir de l'Etat ; d'autres, envahis par le scepticisme, se réfugient dans l'inaction et même dans le désespoir. Pour avoir affiché l'étrange prétention de faire dater d'eux-mêmes une science où ils se sont improvisés maîtres, avant d'avoir été disciples, ces novateurs se sont égarés jusqu'aux confins du socialisme, jusqu'aux aberrations de l'évolutionnisme d'un Comte ou d'un Spencer.

La société ne date pas d'aujourd'hui ; elle repose depuis longtemps sur la notion naturelle des devoirs parfaits et des devoirs imparfaits ; elle prospère, dans son fonctionnement, par l'observation connexe de la justice et de la charité. L'Eglise et l'Etat ont chacun sa mission à part, son œuvre propre. L'autorité et la liberté, par un juste équilibre, maintiennent l'ordre et assurent le progrès. A ces vieux principes, le libéralisme et le socialisme viennent contredire et forment comme deux pôles d'erreurs. Le libéralisme demande tout à la liberté, aux impulsions de l'intérêt propre ; le socialisme demande tout à la réglementation des pouvoirs publics et met toute l'activité privée à la merci de l'Etat. Erreurs en sens contraire, qui conduiraient la société, si elles pouvaient y régner un jour, à des troubles, à des agitations stériles, à des ruines d'une difficile réparation.

L'Etat et l'Eglise, par leur mutuel concours, assurent donc le règne prospère de la justice et de la charité. L'Etat consacre, par ses lois, les droits divins de propriété, de mariage, de famille, d'ordre et de gouvernement. A ces devoirs de justice rigoureuse, l'Etat peut, s'il le juge utile, joindre des règlements sur l'hygiène et la morale des ateliers, sur le travail des enfants et des femmes. Par extraordinaire et provisoirement, il peut exercer la charité légale. Mais peut-il, par exemple, régler, par ses lois, la participation de l'ouvrier aux bénéfices du patron, les retraites ouvrières, la durée ordinaire du travail, le minimum de salaire? Non, parce que, dans ces circonstances, il porte atteinte au droit de propriété et incline sur la pente du socialisme. Dès qu'il veut rendre obligatoires des devoirs imparfaits, il s'expose à troubler l'ordre dans ses nécessaires conditions d'existence.

Suivant notre conception, la classification des devoirs parfaits et imparfaits s'établit d'après ce principe social : que c'est, en général, par la liberté, que l'homme accomplit sa destinée. Toutes les observations de l'économiste, toutes les conséquences qu'il en tire, quant au bien-être du grand nombre, desquelles se forme la science économique, supposent toujours un régime de liberté, non d'une liberté absolue, mais d'une liberté qui comporte des exceptions.

« Toute l'étude de l'économiste, dit un écrivain belge, a pour point de départ ce fait incontestable : Que c'est par l'activité de sa personnalité naturellement libre, par l'emploi de toutes les forces de cette personnalité, mise en jeu par sa libre volonté, que l'homme pourvoit à ses besoins dans l'ordre matériel. Toute l'étude, toutes les recherches de l'économiste conduisent à reconnaître que c'est, en général, par le légitime et juste emploi de ses forces et de ses ressources, que l'homme parvient à la plus grande aisance possible ; et que le principe général de la liberté du travail domine tout l'ordre économique et toute la science qui en expose les lois [1] ».

[1] *Le fond du socialisme chrétien,* p. 17.

Pour nous, et c'est le dernier mot de ce travail, nous qui voulons rester, dans l'ordre économique, comme ailleurs, absolument, mais simplement catholiques, tout en nous appuyant sur la justice, prise en son sens spécial et juridique, pour réprimer les abus, hélas! trop fréquents parmi les hommes, nous tendons à réaliser, de plus en plus, par la charité, le règne de la justice supérieure, de cette justice qui répond à l'ordre providentiel, tel que l'a fixé la volonté divine, tel que nous le propose l'Eglise, organe suprême en ce monde de cette volonté souveraine. Nous ne voulons pas oublier que, des deux forces, également indispensables à la conservation et au progrès social, la justice et la charité, c'est la charité qui tient le premier rang.

L'Encyclique *Rerum novarum* qui donne, sur toutes les questions économiques, les solutions du bon sens et de la sagesse pratique, se termine par cette solennelle déclaration : « C'est d'une abondante effusion de la charité qu'il faut principalement attendre le salut ».

TABLE DES MATIERES

—

	Pages
AVANT-PROPOS	V
I. — Biographie	12
II. — La situation de la Belgique	15
III. — Le premier dissentiment	22
IV. — La *Correspondance catholique*	33
V. — La *Revue catholique de Louvain*	40
VI. — Le *Cours de droit civil ecclésiastique*	46
VII. — L'ouvrage sur *l'Église et l'État*	52
VIII. — Incident sur le *balanisme politique*	63
IX. — Une instruction en Cour de Rome	68
X. — Divulgation illicite d'une correspondance secrète	74
XI. — Voyage à Rome	88
XII. — Quelques explications	98
XIII. — Une lettre de Léon XIII	104
XIV. — Vie privée	112
XV. — Vue générale des ouvrages	120
XVI. — Premiers principes de l'économie politique	130
XVII. — Le problème du travail	138
XVIII. — La corporation	144
XIX. — L'œuvre du patron	150

Pages

XX. — Vues politiques   156
XXI. — La richesse dans les sociétés chrétiennes   166
XXII. — Les lois de la société chrétienne   183
XXIII. — L'ordre international   200
XXIV. — L'Encyclique sur la condition des ouvriers . . .   215
XXV. — Conclusion   222

ERRATA

Page 26, *Lire :* Goubau et non pas Gonbau.
— 94, — Pour un certificat qui pouvait être *refusé* et qui le fut.
— 130, — L'*inamissible* grandeur du créateur de l'économie politique.
— 143, — Elle détruisit *son* organisation chrétienne.
— 157, — Nous *venons* maintenant à tracer.
— 175, — L'ordre moral est le *lien* de la vie des peuples.

Le lecteur indulgent, s'il trouve d'autres fautes, voudra bien les excuser ou les pardonner.

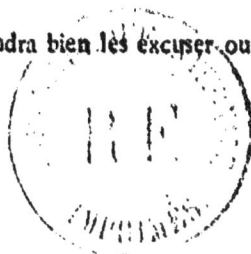

SAINT-AMAND (CHER). — IMPRIMERIE BUSSIÈRE

www.ingramcontent.com/pod-product-compliance
Lightning Source LLC
Chambersburg PA
CBHW071630200326
41519CB00012BA/2240